일본적 영성

난잔종교문화연구소 연구총서 6

일본적 영성

스즈키 다이세츠 지음
박연주·김윤석 옮김 | 김승철 감수·해설

日
本
的
靈
性

동연

서 문

　일본적 영성이라고 부를 만한 것을 생각해볼 수 있지 않을까 하여 이 책을 집필하였다. 이 책의 전편은 모두 시론試論으로, 체계적으로 모아 엮은 것은 아니지만 필자의 의도만큼은 어느 정도 분명하게 드러날 것이라고 믿는다. 다만 일본적 영성이라는 관점에서 바라본 선禪에 대해서는 별도로 논의해야 한다고 생각한다. 본서에서 다룬 선 사상의 주된 내용은 『금강경金剛經』에 의존하여 일반적으로 서술한 것에 지나지 않는다.

　제3편의 정토계 사상에 관한 부분은 쇼와 17년 여름 가나자와시 히가시혼간지東本願寺 별원에서 당시 그 절의 린반輪番(절의 사무를 맡아보는 승려) 가네다 레이도 스님의 주최로 열렸던 강연회에서의 기록을 토대로 한 것이다. 그러나 이 책에서는 원래의 속기를 전부 다시 고쳐 썼다. 거의 원래의 형태가 보이지 않는다고 해도 좋을 것이다.

　제5편 『금강경의 선』은 쇼와 18년 겨울부터 19년 봄에 걸쳐서 소수의 뜻있는 사람들을 위해 도쿄 시부야의 세이와회관淸和會館에서 열렸던 다섯 차례의 강연 노트를 수정한 것이다. 여기서는 선을 특별히 일본적 영성의 표현으로서 설명하고 있지는 않으나 그런 논의로의 준비 단계

쯤으로 볼 수 있을 것이다.

솔직히 얘기하자면 이 책을 꿰뚫고 있는 사상, 곧 일본적 영성이라고 할 그것을 일본 종교 사상사적인 맥락에서 더듬고 싶은 것이 필자의 바람이다. 다만 그것을 좀 더 체계적으로 서술하는 것이 한정된 시간상 불가능할 뿐이다. 나중을 기약하자고 말하고 싶지만, 그것도 어떻게 될지 알 수 없기에 이 기회에 일종의 서론으로 이 책을 세상에 내놓게 되었다. (본서의 독자에게는 이하 명기한 서적의 참고를 부탁드린다. 『禅と日本文化』(선과 일본문화, 岩波書店 昭和 15년; 『浄土系思想論』(정토계사상론), 法蔵館´昭和 17년; 『宗教経験の事実』(종교경험의 사실), 大東出版社, 昭和 18년.)

昭和 19년 초여름 쇼난湘南의 야후류 암자也風流庵에서

스즈키 다이세츠鈴木大拙

제 2 쇄 서 문

이 책의 초고는 쇼와 19년 봄 무렵부터 가을에 걸쳐 집필되었다. 그 당시와 오늘을 비교해 보면 정말로 감개무량하다. 고작 1년간의 일이라고 하지만, 무릇 일이 이루어지는 것도 망하는 것도 하루아침에 되는 것이 아니거늘 수년간 배양되었던 것이 드디어 무르익어 일시에 터져 나온 것이다. 그리고 범람하는 흙탕물은 어디까지 퍼지게 될지 알 수 없고, 그저 그 세력에 맡기는 것 외에는 별도리가 없어 보인다. 일본의 지금 상태가 바로 그와 같다. 군국주의를 일단 결산시켜야 하는 것도 그렇고, 국민은 여러 방면에서 말로 다 하지 못할 고난을 겪을 수밖에 없게 되었다. 도의가 무너졌다는 것은 군벌, 관료, 재벌, 즉 군벌주의의 3요소 그 자체로부터 폭로되어 왔다. 제도나 기관 내에 잠복해 있던 붕괴의 요소들이 바깥으로 터져 나온 것이다. "백성의 신뢰 없이는 다스릴 수 없다"라고나 할까. 그런 믿음이란 것이 군벌 기구 안에는 없다. 오직 무력으로 성립된 것은 그것이 무너지게 되면 정말 보는 것이 참기 힘들 만큼 추한 꼴을 드러내고야 만다. 오늘날 경제·정치의 면은 말할 것도 없이 크고 작은 사회 기구를 통틀어 소위 도의의 붕괴는 위가 아래를 믿지 못하고, 아래도 위를 믿지 않는다고 하는 것에서부터 시작되었다. 오늘날 일본의 모습은 외부의 힘에 의해 간신히 지탱되어 온 것이라 할 수 있다.

이는 필경 일본인의 세계관 및 인간관에 깊이와 넓이가 결여되어 있었던 데에 기인하는 것이다. 우선 우리는 일본의 역사를 과학적으로 연구하지 않았다. 편협하고 고루한 국학자들, 과학도 철학도 종교도 이해하지 못한 국학자들의 역사관을 유일한 것으로 받아들이고, 그들 이외의 의견은 각종 힘에 눌려 질식되었다. 그 힘은 군국주의, 제국주의, 전체주의라고 일컬어지는 것들의 상징이다. 고루하고 편집적이고 얕은 생각의 극치에 다다른 국학자들의 '신도神道'적 이데올로기는 저러한 각종 주의에 사상적 배경을 공급했다. "사람이 모이면 하늘에 이기는 것 같아도, 하늘이 정하면 사람을 이긴다"라고 할까. 일단 군집 심리적 태도의 유행이 확립되면, 그 폐단과 독이 파급되는 바가 실로 예측을 불허한다. 엄밀한 비평적·철학적 태도의 결여나 투철한 독립적·사색적 관습이 확립되지 않은 면모는 꼭 어리석은 한 사람이 어리석은 다수를 이끌어 간다고 하는 현상을 낳게 되어 있다. 이제 우리가 일본을 어떻게 건설해야만 할 것인가 하는 문제에 당면한바, 이 시점에서 깊은 성찰을 해봐야만 한다고 나는 생각한다.

다음으로 우리 일본인의 종교의식이라는 것이 충분히 발전하고 있지 않다는 점에 국민의 주목을 요한다. 소위 신사神社신도라고 하는 것은 오늘날까지 원시적 종교 형태를 그대로 보존하고 있는 것인데, 이것은 일면 향토적·사교적 조화의 중심 지대가 되어 평화적 의의를 지니고 있기는 하나 다른 면에서는 조상, 특히 군국적 국가 경영에 공훈을 세운 선조를 기린다든가, 신화적 존재라는 것 외에는 하등의 종교적 혹은 윤리적 가치를 지니지 않은 것들을 제신으로 숭배한다든가 또 그중에 생물적 번식력의 상징이라고밖에는 생각할 수 없는 것들을 섞거나 하고 있다. 그리고 그것들이 국가 및 정치의 통제력에 결부되어 민중 억압의 기관으로까지 변모해 왔던 것이다. 대체 이러한 신도의 어디에 서 영성적인 것을 발견할 수 있다고 할 법한가. 그럼에도 저들은 이것을 가지고 '초^超종교'라든가, '종교라고는 하지만 (그) 범주에는 해당되지 않는 것이다'든가 하고 있다. 이 단어들의 사용에는 역시 어떠한 구체적 의의가 깃들어 있는 것이라고 봐야 하는 것일까. 어느 쪽이든 엄밀한 과학적 검토의 대상이 될 수 없는 범위의 것이다.

한편 다음으로 불교에 대해서인데, 불교인들은 불가사의하게도 불 교의 근본적 의미에만 집중하여 스스로의 사명에 세계성을 지니는 것 에 무관심했다고 볼 수 있다. '진호국가^{鎮護国家}'라고 하는 좁은 범위에만 보궁^{保躬1}의 기술을 강구하는 데에만 급급했다. 그래서 불교는 '국가'와 결부되어 때때로 정치적 유력체의 보호를 받아서 일본이라고 하는 섬 나라 가운데서 서식하는 것을 최후의 목적과 같이 생각했다. 최근 들어 군국주의의 유행에 따라 그와 보조를 맞추어서 전체주의가 어떠니, 신 화 속의 존재가 어떠니, '황도^{皇道}' 불도^{佛道}가 어떠니 하며 자꾸만 당대 권력층의 기분을 상하게 하지 않으려고 애를 썼다. 그러면서 불교인들 은 자신들에게 부과되었던 역할에 민중성·세계성을 불어넣는 것을 잊 었다. 한편 전부터 본래 불교에 포함되어 있던 철학적·종교적인 요소, 영성적 자각이라고 할 것들을 일본적 종교의식의 가운데서 일깨우는 것을 소홀히 했다. 그리하여 불교는 '일본적'인 것이 되었을지는 몰라도

---

1 『시경』(詩經)의 대아(大雅), 증민(蒸民)에 나오는 말로서, 사리에 밝아 자신을 위험한 처지나 욕된 곳에 빠뜨리지 않고 잘 보전하는 것을 가리킨다. 明哲保身 또는 明哲保躬 이라고도 한다.

일본적으로 영성적인 것은 후퇴하게 되었다. 그 가운데 머금어져 있던 세계성과 같은 것들은 외연적으로도 내포적으로도 충분히 발전하는 기회를 잃게 되었다. 일본 붕괴의 중대한 원인은 실로 우리 모두 일본적 영성에 대한 자각을 결여한 데 있다고 나는 믿는다.

이 책은 일본이 연합군에 대하여 무조건 항복하기 전에 집필된 것으로 상기의 의미는 아직 확실히 표현되어 있지 않다. 그것은 본서가 주로 학문적으로 일본적 영성의 문제를 논의하고, 그에 덧붙여 아주 체계적이지는 않지만 어떻든 내 견해의 일단을 서술한 것이기 때문이다. 항복 문서 조인 후에 폭로된 각종의 사건들을 보고 들을 때마다 우리 일본이 정말이지 영성적 자각이라는 면에 대하여 아직도 소아성小我性의 영역을 크게 벗어날 수 없는 부분이 있음을 절실히 느끼게 된다. 그래서 본서의 제2쇄를 계획함과 동시에 속편이라고 할 만한 것을 역시 이와노 군의 도움을 받아 조만간 출판하고 싶다는 생각을 하고 있다. 본서는 아주 적은 부수밖에 출판할 수 없었으나 그나마도 일부는 올봄 초의 공습 때 불타버리고 말았다.

선악을 가리지 않고 초토화시킨 전화戰火의 흔적, 문자 그대로 불타버린 들판이 되어버린 많은 도시를 보거나 참호 생활이나 머리가 닿을 듯 말 듯한 함석지붕 밑에서 지내는 우리 동포들을 볼 때마다 그리고 정부 당국의 정말이지 무기력함과 무통제력을 보게 될 때마다 우리는 이제부터 어떻게 다시 살아갈까 하는 걱정과 두려움마저 든다. 영성적 일본의 건설에 도대체 얼마나 많은 희생을 치러야 했던 것인가!

쇼와 20년(1945년) 10월 가을

〈난 잔 종 교 문 화 연 구 소 연 구 총 서 〉를 펴 내 면 서

1974년에 창설된 난잔종교문화연구소(南山宗教文化研究所, Nanzan Institute for Religion and Culture)는 일본 나고야^{名古屋}에 있는 난잔대학^{南山大學} 내에 설치되어 있다. 난잔대학은 '하느님의 말씀의 수도회'(神言修道會, SVD, Societas Verbi Divini)에 의해서 설립된 대학으로, 난잔종교문화연구소는 가톨릭교회의 제2차 바티칸공의회에서 천명한 기독교와 타 종교와의 대화 정신을 실현해나가고 있다.

동 연구소에서는 연구회, 심포지엄, 워크숍, 출판 활동 등을 통해서 동서의 종교 간의 대화, 문화 간의 대화, 다양한 사상과 철학 사이의 대화 그리고 일본과 아시아의 종교에 관한 연구에 매진하고 있다. 해마다 국내 외의 많은 연구자가 연구소를 방문하여 연구 활동을 하면서 활발히 교류하고 있으며, 연구 성과는 저널이나 서적을 통해서 다양하게 출판되고 있다.

일련의 시리즈로서 계획되어 출판되는 '난잔종교문화연구소 연구총서'는 동 연구소가 종교 간의 대화를 실천하는 가운데 축적해 온 연구 성과들을 한국에 소개함으로써 한국과 일본에서의 종교 간의 대화를 더욱 진작·보급하며, 양국의 연구자들 사이의 활발한 교류를 촉진하려는 목적에서 기획되었다. 특히 일본에서 이루어지는 기독교와 불교의 대화는 일본의 불교적 전통을 바탕으로 서구의 종교와 철학을 수용하였던 교토학파(京都學派)의 사상을 매개로 하면서 이루어져 왔다는 특징이 있으므로 본 '난잔종교문화연구소 연구총서' 시리즈에서는 난잔종교문화연구소의 연구 성과들을 번역·출판함과 동시에 교토 학파의 대표적인 사상가들을 소개하는 일을 겸하게 될 것이다.

이러한 취지하에서 그동안 다음과 같은 책을 번역·출판해왔다.

〈난잔종교문화연구소 연구총서 1〉

니시다 기타로西田幾多郎, 『장소적 논리와 종교적 세계관』(김승철 역, 정우서적, 2013년)

〈난잔종교문화연구소 연구총서 2〉

난잔종교문화연구소편, 『기독와 불교, 서로에게 배우다』(김승철 외 4인 공역, 정우서적, 2015년)

〈난잔종교문화연구소 연구총서 3〉

다나베 하지메田邊元, 『참회도로서의 철학』(김승철 역, 도서출판 동연, 2016년)

〈난잔종교문화연구소 연구총서 4〉

난잔종교문화연구소편, 『정토교와 기독교: 종교에서의 구제와 자각』(김호성·김승철 공역, 도서출판 동연, 2017년)

〈난잔종교문화연구소 연구총서 5〉

이야나가 노부미彌永信美, 『환상의 동양 ― 오리엔탈리즘의 계보』(김승철 역, 도서출판 동연, 2018년)

그리고 이제 〈난잔종교문화연구소 연구총서〉 제6권으로서 스즈키 다이세츠의 『일본적 영성日本的靈性』을 번역·출판하는 바이다.

　〈난잔종교문화연구소 연구총서〉의 발행을 통해서 아시아와 서구의 만남, 한국과 일본, 나아가서는 아시아에서 종교 간의 대화가 보다 보다 활발히 진행되는 계기가 되기를 간절히 바라면서, 연구자들과 독자 여러분의 성원을 부탁드리는 바이다.

2022년 12월

난잔종교문화연구소

김승철

차 례

일본적 영성에 관하여

I. 정신精神의 자의

이제 일본적 영성이라고 할 만한 것에 대해 생각해보려고 하는데, 그 전에 영성과 정신을 구별해야 한다. 영성이라고 하는 단어는 그다지 쓰이지 않으나 정신은 끊임없이, 특히 근래에 많이 쓰이고 있다. 정신이라고 하는 말 안에 함축된 의미를 명확히 하면 저절로 영성의 뜻도 분명해질 것이다.

사실상 정신이라고 하는 단어는 다양한 의미로 사용되고 있기 때문에 때때로 우왕좌왕 헷갈리는 경우가 있다. 우리 일본인이 어렸을 때, 즉 메이지 초기에 종종 들었던 문구에 "정신일도 하사불성精神一到 何事不成"이라는 것이 있었다. 이때의 정신은 의지의 뜻으로 쓰는 것으로, 강경한 의지력을 지니면 무엇이든 못 해낼 것이 없다는 의미이다. 원래 넓은 의미로 의지는 우주 생성의 근원력이라고 할 수 있기에 그것이 자신들, 곧 개개의 인간에게 나타날 때 심리학적 의미의 의지력으로 이해되는 것이다. 이 의지력이 강하면 강한 만큼 일이 잘된다고 하는 생각을 말하는 것일 터이다. 주자가 "양기를 발하면 금석도 뚫는다"라고 하며 정신의 힘을 강조하는 것도 같은 맥락이다. 불경에도 "마음을 제어하여 한곳에 모으면 무슨 일이든 이루지 못할 것이 없다"라고 하는 말이 있는데, 의지는 결국 주의력과 다르지 않기 때문이다. 정신은 주의력이라고 해도 좋을 것이다. 그러나 오늘날 우리 귀에 들리는 '일본 정신'이나 '일본적 정신'이라는 말에는 주의력 또는 의지력의 의미가 내포되어 있지 않은 듯하다. 의지나 주의에는 일본이다, 중국이다, 유대다 하는 것들이 없기 때문이다.

정精이라고 하는 것도, 신神이라고 하는 것도 원래는 마음을 뜻하는 것이라고 생각된다. 그런데 이 마음이라고 하는 것이 또 상당한 문제를 품고 있는 말이라서 정신이 마음이라고 말한들 그것으로 정신이 무엇인지 이해되는 것도 아니다. 『좌전』(『춘추좌씨전』) 소공昭公 25년조에 "마음의 정령, 이를 가리켜 혼백이라고 한다"(心之精爽, 是謂魂魄)라고 쓰여있는 것을 볼 때, 여기 '정상精爽'에서의 정은 곧 신이라고 하는 것을 알 수 있다. 그러면 정신이라는 단어가 고착되긴 했어도 결국은 신이라는 한 글자로 돌아가게 되는 셈이다. 그리하여 신이라고 하는 것은 형상, 즉 '물物'이라고 하는 것에 대조되는 것이기에 신은 마음이라고 해도 좋을 것이다. 『어초문대漁樵問對』에 "기가 움직이면 곧 신과 혼이 섞이고, 형체가 되돌아가면 정백이 남는다. 신혼은 하늘로 올라가고 정백은 땅으로 돌아간다"라고 했으므로 혼백, 정신, 마음(心), 그 어느 쪽이든 이자동의異字同義, 즉 같은 뜻을 가진 글자들이라고 봐도 무방할 것이다. 이러한 것을 세세하게 문헌에서 탐색하는 것은 물론 매우 유익할 것이고, 오늘날 유행하는 정신의 의미를 밝히는 데도 큰 도움이 될 것이나 지금은 그것까지 하는 것이 불가능하기에 여기서는 오늘의 일본인이 보통 어떤 식으로 정신이라는 두 글자를 숙어로 쓰고 있는지를 살펴보는 것에 머물고자 한다.

요컨대 정신이란 마음, 영혼의 핵이라는 것에 해당한다. 그러나 영혼이라고 해서 반드시 정신에 해당되는 것도 아니다. 마음도 마찬가지다. 무사武士의 혼이라든가, 일본 혼이라고 할 때, 그것을 즉시 사무라이의 정신 또는 일본 정신으로 치환할 수는 없다. 같은 부분도 있지만, 영혼 쪽은 오히려 구상적(구체적)인 울림이 있고, 정신은 추상성을 띠고 있음이 명확히 느껴진다. 그것은 영혼이란 일본말, 정신은 한문학漢文学에서 왔기 때문일지도 모른다. 대체로 일본어에는 추상적, 일반적, 개

넘적인 말이 적은 것처럼 생각된다. '영혼'이라고 하면 뭔가 구슬 같은 것이 굴러가고 있는 것이 연상된다. 정신은 오히려 광활하고 모양이 없는 것이 아닌가 하고 생각된다. '정신만복'(정신의 충만함)이라고 하면 대개 구체적이고 감성적인 느낌이지만, 그렇다고 그것이 우리의 눈앞에서 굴러다니고 있는 것처럼 느껴지지는 않는다.

그래서 '시대(의) 정신'이라는 말은 있어도 '시대의 영혼'이란 뭔가 표현이 불충분한 것 같다. 영혼이란 역시 개인적인 것이 본래의 자의가 아닐까. 중국에서 정신은 혼백을 의미하지만, 일본에서는 반드시 그렇지는 않다.

그렇다면 정신을 늘 마음과 하나라고 볼 수는 없을 것 같다. 정신과학이 반드시 심리학인 것은 아니다. 입법의 정신이 이러니저러니 할 때, 여기서 정신이란 말을 곧바로 마음으로 대체할 수는 없다. 이 경우 정신에는 주장, 조리, 논리 등의 의미도 포함되어 있기 때문이다.

말에 천착하다 보면 길에서 벗어날 두려움이 없는 것도 아니다. 일본에서는 원래의 야마토 고토바(말) 위에 한자를 사용했고 또 그 위에 구미에서 온 말에다가 대부분의 경우 한자로 번역한 말을 붙였으므로 오늘의 일본어라는 것은 복잡기괴하기 짝이 없다. 야마토 고토바, 즉 일본 문화가 독자적인 발달을 채 이루기도 전에 육지로부터의 문화가 그 문자 그리고 사상과 함께 일본으로 유입되었기 때문에 우리는 아무래도 파행적인 행보를 계속해야만 했다. 거기에 메이지의 초반부터 서양 문화가 마구 밀려들어 왔기 때문에 무엇이 어쨌든 닥치는 대로 문자를 조합해 그것들을 자신들의 머릿속에 밀어 넣는 것만으로도 시간이 부족할 지경이었다. 이는 오늘날까지도 행해지고 있는 실정이다. 따라서 정신이 마음을 의미하든, 영혼을 의미하든 간에 문자의 조합에 따라

어감이 재미없다고 하는 이유로 의식적으로 또는 무의식적으로 무차별적인 숙어가 문화의 각 방면에 걸쳐 새로이 제작되었다. 이는 아직도 계속되는 행태인데, 그렇게 일단 그런 숙어가 만들어져서 얼마 동안 사용하게 되면 거기에 기득권이 생기고, 쉽게 바꿀 수 없게 된다. 다소 불편이 있거나 기성어가 반드시 타당하지 않아도 그 생존이 고정되어 버리는 것이다. 이런 방식으로 정신이란 두 글자도 여러 가지 의미를 포함하게 되었다. 하지만 대체로 말하자면 다음과 같은 의미로 쓰였다고 하면 좋을 듯하다.

일본 정신 등에서의 정신은 철학 또는 이상이다. 이상은 반드시 의식되지 않을 수도 있다. 역사 속에 잠복해 있는 것이 그때그때 시세의 전환에 따라 의식으로 떠오르면 그것이 정신이다. 일본 정신이라는 것이 민족 생활의 시작부터 계속 뚜렷이 의식되고 있는 것은 아니다. 또한 항상 같은 방식으로 역사적 배경 위에 출현하는 것도 아니다. 이상이라고 하면 장래, 즉 목적을 생각하지만, 정신에는 오히려 과거가 얽혀 있는 것으로, 사실상 정신은 언제나 미래를 잉태한 채 의식된다. 미래로 이어지지 않는 정신, 회고적으로만 높이 찬양할 수 있는 정신은 살아 있지 않기 때문에 실제로는 정신이 아니다. 그것은 죽은 아이의 시신만 부둥켜안고 있는 어머니의 맹목적 사랑에 지나지 않는다. 일본 정신은 일본 민족의 이상이어야 한다. 일본 정신은 또한 윤리성을 가지고 있다. 이상은 항상 도의적 근거를 가지고 있어야 하기 때문이다. 우리가 정신적이라고 말할 때, 이는 물질적인 것들과 대척적인 입장에 있다는 의미가 된다. 반드시 종교성을 가진 것은 아니다.

정신가란 형식에 얽매이지 않는 사람을 말한다. 형식주의나 물질만능주의 등에 사로잡히지 않고 무언가 하나의 도의적 이념을 가지고 만사에 임하려는 사람이다.

정신사라고 하면 문화사와 동일하게 취급되기도 하는데, 인간이 자연으로부터 분리되어 자연 위에 가하는 인간적 공작의 전반을 정신사의 대상으로 한다. 사상사는 사상의 방면에 한정되는 것으로 정신사보다도 좁은 것이다.

결국 정신이라고 말할 때, 그것은 반드시 물질과 어떤 형태로든 대항하는 면모를 보여주는 것이라고 할 수 있다. 즉, 정신은 언제나 이원적 사상을 그 안에 내포하고 있는 것이다. 만약 물질과 상극적이지 않다고 해도 물질에 대해 우위를 차지하거나 우월감을 가지게 되는 것이다. 정신은 그 안에 물질을 포함하고 있는 것이 아니다. 하물며 정신이 물질, 물질이 정신이라고 하는 사상은 정신의 측에서는 결코 말할 수 없는 것이다. 정신이 물질과 대치되지 않는 경우에 전자는 반드시 후자를 발 아래로 밟고 있는 것이다. 혹은 그렇게 하려는 태도를 명백히 드러낸다. 이원적 사상이 없는 곳에는 정신이 없다고 생각해도 좋다. 바로 여기서 정신이라는 개념의 특이성을 발견하게 된다.

II. 영성靈性의 의미

이러한 견해에 큰 오류가 없다면 이제 영성이란 무엇을 말하는 것인가를 설명할 차례에 들어선다. 영성이라는 글자는 그다지 많이 쓰이지 않는 것 같지만, 여기에는 정신이라든지 또 통상 말하는 '마음' 속에 감쌀 수 없는 것을 포함시키고 싶은 희망이 있다. 정신 또는 마음을 사물(물질)에 대조해서 생각해본다고 할 때, 정신을 물질 속에 포함시키거나 물질을 정신에 포함시킬 수는 없다. 정신과 물질 사이의 깊은 곳에 있는 무언가를 봐야 한다. 정신과 물질과의 안쪽에 자리한 뭔가를 봐야 하는 것이다. 이 둘이 대치하는 한 모순, 투쟁, 상극, 상쇄 등의 일은 면할 수 없다. 뭔가 이 두 가지를 모두 포함한 채 둘이 아니라 하나이며 또 하나면서 그대로 두 가지라는 것을 볼 수 있도록 해야 한다. 이것이 영성이다. 지금까지의 이원적 세계가 상극하거나 상쇄하지 않고 서로 보완하고, 교환하고, 상즉상입相卽相入하게 되는 차원에 이르기 위해서는 인간의 영성이 각성되어야 하는 것이다. 말하자면 정신과 물질의 세계 안쪽에 전자와 후자가 서로 모순되면서도 조화를 이루는 어떤 하나의 세계를 느끼게 되는 것이다. 영성적 직관 또는 자각에 의해 이것이 가능해진다. 영성을 종교의식이라고 해도 좋다. 다만 종교라고 하면 보통 일반적으로 오해를 일으키기 쉽다. 일본인은 종교에 대해 그다지 깊이 이해를 하고 있지 않은 듯하고 종교를 미신의 다른 이름처럼 생각하거나 종교도, 아무것도 아닌 것을 종교적 신앙으로 받들거나 한다. 그래서 종교의식이 아니라 영성이라고 말하는 것이다. 그러나 원래 종교라는 것은 그에 대한 의식이 환기되지 않는 한 무엇인지 이해할 수 없는 것이다. 사실 이는 어떤 것에 대해서든지 그렇게 말할 수 있는 것이긴 하지만, 일반 의식상의 사상事象이라면 어떻게든 얼마간의 추측이나 상상이나 동정이 허락될 수 있을 것이다. 다만 종교에 대해서는 아무래도 영성이라고 할 만한 작용이 나오지 않으면 안 될 것이다. 다시 말해서 영성에 눈을 떠야 종교를 알 수 있다.

영성이라고 해서 특별한 일을 하는 힘이나 무언가가 있는 것은 아니지만, 그것은 보통 정신이라는 것과는 다른 것이다. 정신에는 윤리성이 있지만, 영성은 그것을 초월한다. 여기서 초월은 부정의 의미가 아니다. 정신은 분별 의식을 기초로 하고 있지만, 영성은 무분별지無分別智이다. 이것도 분별성을 잊어버리고 그로부터 나온다는 뜻이 아니다. 정신은 꼭 사상이나 논리를 매개로 하지 않고도 의지와 직접적 각성으로 매진하기도 하므로 이런 점에서 영성과 닮은 점도 있다. 그러나 영성의 직관력은 정신보다 고차원의 것이라 할 수 있다. 그리고 정신의 의지력은 영성이 뒷받침되어 있을 때 비로소 자아를 초월한 것이 된다. 이른바 정신력이 되는 것은 이미 그 안에 불순한 것, 즉 자아—여러 가지 형태를 취하는 자아—의 잔재가 존재한다. 이러한 것들이 있는 한 '이화위귀以和為貴'(조화를 귀하게 여기다)의 참뜻에 충실할 수 없는 것이다.

III. 영성과 문화의 발전

영성은 민족이 어느 정도의 문화 단계로 나아가지 않으면 각성할 수 없다. 원시 민족의 의식에도 어떤 의미의 영성이 없다고는 할 수 없지만, 그것은 지극히 원시적인 것에 지나지 않으며, 이것을 순수하게 정련된 영성 그 자체라고 착각해서는 안 된다. 그러나 문화가 어느 정도 향상된 후에도 그 민족 구성원 모두가 각성한 영성을 지니고 있다고는 할 수 없다. 즉, 일본 민족에 대해서 말해 봐도 오늘날의 일본 민족의 한 사람 한 사람이 모두 영성에 눈을 뜨고 있고, 그것을 정확히 이해하고 있다고 할 수는 없는 것이다. 오늘날에도 이를 원시적 종교의식 이상으로 여기지 않는 사람들도 얼마든지 있는 것이다. 이런 사람들은 오히려 순수한 영성을 그 원시성 속에서 느끼려고까지 한다. 영성의 각성은 개인적 경험으로서 가장 구체성이 풍부한 것이다. 그것은 민족문화가 발전함에 따라 각 개인에게 나타나는 것이므로 특정한 개인은 그 경험을 다른 사람에게 전파하고, 다른 사람들은 또 그 사람을 추종할 수도 있는 것이지만, 민족 구성원 모두가 그런 식으로 경험하는 것은 아니다. 어떤 사람들은 영성의 각성을 경험하는 기회를 만나지 못하기도 하는 것이다. 설령 기회를 조우해도 내적으로 충분한 준비가 되어 있지 못한 경우도 있다. 따라서 그들은 비록 원시적 종교의식에 대한 동경과 친밀감은 가질 수 있어도 그 이상으로 영성 자체에는 닿지 못하는 것이다. 시는 시인을 향해 읊는 것이 좋고, 술은 지기와 함께 마시는 것이 맛있다는 것처럼 직접 경험하지 않고서는 그 안의 정취를 알 수 없는 것은 아무리 설명해도 알 수가 없다. 원시성의 심리는 꽤나 뿌리 깊게 우리의 마음과 의식을 지배하는 것이다.

IV. 영성과 종교의식

대체로 지금까지의 설명으로 영성이라고 하는 것을 이해할 수 있다고 생각하지만, 그래도 영성이라는 것을 정신의 밖에 두고, 물질과 정신과의 대립 위에 또 하나의 대치를 생각하는 사람이 있을지도 모른다. 그렇게 하면 머리 위에 머리를 겹치는 셈이고, 매우 돌아서 가는 것이 된다. 그러므로 간단히 말해 영성은 정신 속에 잠재해 있는 작용으로, 이것이 깨어나면 정신의 이원성은 해체되어 정신은 그 본체 위에서 감각하고 사유하며, 의지하고 행위할 수 있게 되는 것이라고 말해도 좋을 것이다. 즉, 보통 정신은 정신의 주체, 자기의 정체 그 자체에 닿아있지는 않다고 말해도 좋다. 종교라고 하는 것으로부터 보면 그것은 인간의 정신이 그 영성을 인득認得하는 경험이라고 할 수 있을 것이다. 종교의 식은 영성의 경험이다. 정신이 물질과 대립하여 끈질기게 고민하면서 스스로의 영성에 닿는 때가 오면 대립 상극의 괴로움은 자연스럽게 녹아내리는 것이다. 이를 진정한 의미의 종교라고 할 수 있다. 일반적으로 이해하고 있는 종교는 제도화된 것으로, 개인적 종교 경험을 토대로 하여 그 위에 집단의식적 공작을 가한 것이다. 거기에서도 영성을 찾을 수 있기는 하지만, 대부분의 경우 단순히 형식적인 것에 그치고 만다. 종교적 사상, 종교적 의례, 종교적 질서, 종교적 정념의 표상 등도 반드시 종교 경험 그 자체는 아니다. 영성은 이 경험 자체와 연관되어 있다.

V. 일본적 영성

지금까지의 서술로 영성이 무엇을 의미하는지 대략 알 수 있을 것이라고 생각한다. 영성과 정신의 개념에 관한 부분도 얼마간 밝혀졌을 것이다. 게다가 종교의식의 각성이란 영성의 각성이며, 그것은 또한 정신 그 자체가 그 근원에서부터 움직이기 시작했다는 것을 의미한다는 것도 다소 밝혀졌을 것이라 생각한다. 그러므로 영성은 보편성을 지니고 있으며, 어느 민족에 한정된 것이 아님을 알 수 있다. 한漢민족의 영성도, 유럽 제민족의 영성도, 일본 민족의 영성도 그것이 영성인 한 서로 다른 것이어서는 안 된다. 그러나 영성의 각성에서 그것이 정신 활동의 여러 사상 위에 나타나는 양식은 민족에 따라 차이가 있다. 즉, 일본적 영성이라고 말할 만한 것이 있다는 말이다.

그렇다면 일본적인 영성이란 무엇인가? 내 생각으로는 정토계 사상과 선이 가장 순수한 모습의 그것이라고 말하고 싶다. 그 이유는 간단하다. 정토계도, 선도 불교의 한 부분을 차지하고 있는데, 불교는 외래의 종교이기 때문에 순수하게 일본적인 영성의 각성과 그 표현이 아니라고 생각될지도 모른다. 하지만 나는 무엇보다 불교를 외래 종교라고는 생각하지 않는다. 따라서 선도, 정토계도 외래성을 가지고 있지 않다. 사실 불교는 긴메이欽明 천황 시대에 도래했다고 한다. 그러나 이때 도래한 것은 불교적 의례와 그 부속물이었다. 그러므로 이른바 도래는 일본적 영성의 환기라는 것을 수반하지 않는다. 당시 불교 수용에 대해 투쟁이 있었다고 하지만, 그것은 정치성을 가진 것으로 일본적 영성 그 자체와는 관계가 없다. 그 후 불교는 건축 및 그 밖의 예술 및 과학의 방면으로 영향을 끼쳤지만, 그것도 일본적 영성의 문제가 아니라 대륙 문화의 각 방면의 도입인 것이다. 일본인의 영성은 아직 움직이지 않았다. 불교와 그것과는 생생한 관계가 없다. 불교의 영향으로 일본 민족에게 진정한 종교의식이 당도해 그 표현이 불교적 형태를 취했어도 그것은 역사적 우연으로, 일본적 영성 그 자체의 진정한 몸체는 이 우연한 것을 관통하여 그 아래에서 찾아야 한다. 신도神道의 각파가 오히려 일본적 영성을 전하고 있다고 생각해도 좋을 듯하다. 하지만 신도에는 아직 일본적 영성이 그 순수성을 드러내지 않는다. 그리고 신사신도神社神道 또는 고신도古神道 등으로 불리는 것은 일본 민족의 원시적 습속이 고착화된 것으로 영성에는 접하고 있지 않다. 신도에는 일본적인 것이 충분히 많지만, 영성의 빛은 아직 나오지 않는다. 영성이 충분하다고 생각하는 사람이 전혀 없는 것도 아닌 듯하지만, 내가 보건대 없다고 생각한다. 영성의 문제는 어떤 점에서 논의를 허락하지 않는 바가 있기 때문에 결말이 나지 않고 끝나는 논의에 그칠 수 있다.

VI. 선禪

선이 일본적 영성을 표상하고 있다는 것은 선이 일본인의 삶 속에 뿌리 깊게 얽혀 있다는 의미가 아니다. 그보다는 차라리 일본인의 생활 자체가 선적이라고 하는 것이 옳을 것이다. 선종의 도래는 일본적 영성에 발화의 계기를 부여했지만, 발화해야 할 주체 그 자체는 그 무렵 충분히 성숙했다. 선은 한민족漢民族의 사상이나 문학이나 예술에 실려서 일본으로 왔지만, 일본적 영성은 이러한 도구에 눈을 빼앗기지 않았다. 나라 시대에 불교 문학 및 사상이 들어온 것 같은 양상은 아니었다. 나라 시대나 헤이안 시대의 불교는 일본의 상층 계급의 생활과 개념적으로 연관된 것에 불과했다. 선은 이에 반해 가마쿠라 시대의 무사 생활의 한 가운데에 뿌리를 내렸다. 그래서 무사 정신의 깊은 곳에 있는 것으로 가꾸어져 싹을 틔웠다. 이 싹은 밖에서 전래된 것이 아니고 일본 무사의 생활 그 자체로부터 나온 것이다. 아까 뿌리를 내렸다고 했지만, 그것은 올바른 표현이 아니다. 일본적 무사적 영성이 싹을 틔워 나오려는데 선이 그 통로를 막고 있는 것을 없애버렸다고 하는 편이 맞다. 줄탁啐啄의 순간이란 것을 여기서 보게 되는 것이다. 그래서 일본의 선종은 한문학의 제압을 받는 것을 감수했지만, 일본의 선 생활은 일본적 영성 위에 꽃피우게 되었다. 무로마치 시대부터 에도 시대를 통해 선적 표현은 일본인 생활의 여러 방면에 전개되어 갔다. 가장 일본적이라고 생각되고 있는 신도 자체가 선화禪化해 간 것은 이 때문이다. 그리하여 이 선화가 무의식이었다는 점에서 더욱 선의 일본적 영성으로서의 성격을 볼 수 있는 것이다. 신도가들은 이 '무의식' 이면의 사실을 의식적으로는 인정하지 않으려 한다. 그러나 인간 의식의 특이성을 조금이라도 연구한 사람이라면 이 부정이 그 본체의 차원에서 긍정과 다르지 않다는 것을 알 것이다.

VII. 정토계 사상

정토계 사상, 특히 진종眞宗 신앙의 일본적 영성을 알기 위해서는 진종이라는 교단과 그것을 기초로 하고 있는 진종 경험을 분명히 구별할 필요가 있다. 이 구별이 충분히 인식되지 않는다면 진종 신앙만큼 일본적이지 않은 것도 없다는 느낌마저 가능할 것이다. 그것은 정토계의 사상은 모두 정토 삼부경의 내용에 근거하는데 이 내용은 그야말로 인도印度적이라고 단정할 수 있기 때문이다. 그러나 이것은 사물의 표면만을 보는 사람들의 생각으로, 그들의 안광은 얇은 종이 속조차 간파할 수 없다고 말할 수 있다. 진종 교도는 정토삼부경을 소의 경전으로 삼고 있는데, 진종은 왜 중국 또는 인도에서 발전하지 않았을까. 정토교의 발생은 중국의 육조 시대라고 생각된다. 그로부터 오늘에 이르기까지 적어도 1,500년이 경과하고 있다. 그럼에도 1,500년 전 중국의 정토교는 1,500년 후의 중국 정토교이다. 이는 진종적 횡초(타력왕생) 경험과 아미타의 절대 타력적 구제관을 낳지 않았다. 이에 반해 일본에서는 호넨 쇼닌法然上人이 정토종을 천태天台 교리로부터 독립시켜 하나의 독립된 종으로 유지하려 했고, 바로 그의 휘하에 신란 쇼닌親鸞上人이 출현했다. 그렇게 해서 그의 교설을 엄청나게 비약·발전시킨 것이다. 가마쿠라 시대의 일본적 영성의 활동은 호넨의 정토관에 머무르는 것을 허용하지 않고, 신란이 나올 때까지 만족하지 않았던 것이다. 이것은 결코 우연한 사건이라고 생각해서는 안 된다. 일본적 영성이 아니라면 이 비약적 경험은 정토계 사상 속에서 나올 수 없었던 것이다. 정토계 사상은 인도에도 있었고, 중국에도 있었지만, 일본에서 처음으로 그것이 호넨과 신란을 거쳐 진종적 형태를 갖추게 되었다는 사실은 일본적 영성, 즉 일본적 종교의식의 능동적 활현에서 비롯된 것이라고 이해해야 한다. 만약 일본적 영성이 단지 수동적인 것이었다면 이런 작용은 없었을 것이다. 단지 밖에서 왔다거나 수입되었다거나 하는 것을 그대로 받아들였을 것이다. 일본적 영성의 각성과 그 각성에 기회를 준 외연은 따로따로 생각하지 않으면 안 된다. 단순히 받아들이는 수동성의 경우에도 받아들이는 쪽에서 뭔가 적극적인 것을 생각해야 하는데, 진종적 신앙의 왕생 경험의 경우에는 적극적이라는 것만으로는 부족하다. 대단히 유력한 힘의 작용이 일본적 영성 속에서 나왔다고 단정하지 않으면 안 되는 것이다. 이 작용이 정토계 사상을 통해 표출되어 정토 진종이 태어났다. 진종 경험은 실로 일본적 영성의 발동과 다름없다. 그것이 불교적 구상 속에 나왔다는 것은 역사적 우연이며, 진종이 본질적으로 일본적 영성이라는 사실을 방해하는 것은 아니다.

VIII. 선과 정토계 ─ 직접성

일본적 영성의 감정적 · 정서적 측면에 현현한 것이 정토계적 경험이다. 또 그 지성적 측면으로 출두한 것이 일본인 생활의 선화이다. (감)정성과 지성이라는 구별은 그리 만족스럽지 않지만, 개념의 혼란이 생길 수도 있기에 지금은 잠시 그대로 둔다. 일본적 영성의 정성적 전개라는 것은 절대자의 무조건적인 대(자)비를 가리킨다. 무조건적인 대자비가 선악을 초월하여 중생을 광명으로 인도하는 그 이유와 논리를 가장 과감하고 가장 선명히 보여준 것이 호넨-신란의 타력 사상이다. 절대자의 대비는 악에 의해서도 방해받지 않고, 선에 의해서도 확장되지 않을 정도로 절대적으로 무연하며 분별을 초월하고 있다는 것은 본질적인 영성이 아니면 경험할 수 없는 것이다. 그런 연유로 신란이 일본적 영성의 교주로서 쇼토쿠 태자를 지목하는 것이다. 신란은 호넨에 의해 정토 사상에 눈을 뜨게 되었지만, 그는 호넨이 완벽히 설명하지 못했던 절대 타력의 경험을 통해 그 영성에 대해 이해하게 되었다. 따라서 신란은 호넨으로부터 소급하여 쇼토쿠 태자에까지 나아간 것이며, 이를 보면 신란이 자신의 영성의 일본성을 의식하고 있었다고 봐야 할 것이다. 이런 의식이 인도나 중국에서 생성된 것이 아니라 오직 일본에서만 가능했다고 하는 사실로부터 뭔가 일본적 영성이라는 것의 특이성을 발견하게 되지는 않을까.

아무런 조건의 개입 없이 중생이 최고의 진리, 무상존無上尊과 직접 교섭한다는 것은 이원적 논리의 세계에서는 불가능한 일에 속한다. 그것을 일본적 영성이 아무런 구애도 없이 달성한 것이다. 이 불가사의는 또한 우리의 선적 생활 위에서도 발견된다. 선의 특이성은 그 직재直裁적인 데 있으므로 이 점에서는 진종 경험과 동일한 맥락에 있다. 불광국사가 호조 도키무네北条時宗에게 가르친 '마쿠모우소우莫妄想'도 민키 스님(明極和尙)이 두스노키 마사시게楠正成를 격려한 "裁斷兩頭一劍倚天寒"도 같은 말을 하고 있다. 이원적인 것에 매개자를 넣지 않는다는 말이다. 아무것도 소유하지 않고, 그 몸 그대로 상대의 품속으로 뛰어든다는 것이 일본 정신의 순수한 부분이긴 하지만, 이는 영성의 영역에서도 이야기될 수 있는 것이다. 영성은 실로 이 밝은 것을 가장 근원적으로 드러낸 데서 나타나는 것이다. 밝은 마음, 맑은 마음이라는 것이 의식의 표면에 움직이지 않고 그 가장 깊은 곳에 가라앉아 무의식적으로 무분별하게 '망상'없이 움직일 때 일본적 영성이 인식되는 것이다. 일본적 영성의 특질은 그 '무상념'의 특징 위에 나타나므로 일본적 생활면에서도 그것이 발견된다. 이것을 보통 선 사상의 침투, 확산이라고 하고 있지만, 그보다는 일본 민족의 입장에서 볼 때 일본적 영성이 선 형태로 말해지며 나타나고 있다고 해도 좋을 것이다. 선은 중국에서 발생하였으나 그것은 한민족의 실제 생활 속으로 깊숙이 파고들지 않았다. 화엄이나 천태나 유식 같은 것으로는 도저히 중국 민족에게 동화되지 않아 중국 불교는 선과 정토가 될 수밖에 없었다. 선불교가 발전함으로 송유의 이학을 대성시키고 명나라 양명학을 일으켰다. 그러나 중국 민중의 일반적 생활 속에는 불교는 선으로서 침투하지 않고 인과응보의 가르침으로 널리 퍼져 있다. 북방 민족으로서의 한인漢人의 사상과 정서에 영향을 받는 국민에게는 남방계의 선 사상보다 논리성을 띤 선인선과설이 더 효과적일 것이다. 그렇기에 정토 사상도 신란의 왕생 체험으로 체득되지 않았던 것이다. 일본적인 것에는 아무래도 남방계의 사고방식이라는 것이 기조를 이루고 있는 것이다. 그런 점에서 일본인과 선은 스스로 친숙한 경향을 가지고 있다고 해도 좋다. 무치의 그림이 본국이 아닌 일본에서만 보존된 사실도 앞에서 설명한 이유에 의한 것이라고 보아야 할 것이다.

　모토오리 노부나가本居宣長가 중국식 논리에 치우치는 것에 불만을 가져 '야마토의 마음'을 주장하고, 사물을 있는 그대로 받아들이는 것을 취했다고 하는 것도 필경 북방계와 남방계는 그 사고방식, 그 움직임

방식에 있어서 서로 같지 않은 것이 있기 때문일 것이다. '간나가라'神な がら라는 말도 이 '무상'적 남방계 사상의 표현임이 틀림없다. 신도계 사상이 다소 노장풍으로 기울어진다는 것도 이 때문일 것이다. 다만 선은 단순한 무상이 아니라 인도에 뿌리를 두고 중국에서 이루어진 것이고, 단순한 '신의 마음 그대로'(간나가라)라는 개념 위에 일종의 사유적 세련이 더해져 있음을 간과해서는 안 된다. 선은 남방계의 인도 사상에 그 뿌리를 두고, 그로부터 북방계 한민족 사이에서 성립되어 그곳에서 북방적으로 발전하여 충분한 실증성을 획득하고, 거기서 동쪽으로 건너가 남방계의 일본적 영성과 접촉하였다. 따라서 일본적 영성은 한편으로는 한민족의 실증적 논리성을 수용했지만, 그보다 남방계의 인도 민족적 직관성이라 할 수 있는 것을 선 안에서 간취했다. 그리고 거기에 자신들의 영성의 모습이 옮겨져 있는 것에 일종의 만족을 느꼈던 것이다. 일본적 영성에는 처음부터 선적이라고 볼만한 것이 있었다. 그것이 우연히 선의 도래로 환기되었기 때문에 선을 외래의 것이라고 하는 것은 인과관계를 혼치한 시각이다. 아무래도 이런 식으로 보지 않으면 선이 가마쿠라 시대에 곧바로 깊이 무사 계급의 심리에 공명한 이유를 설명할 수 없다. 일본적 영성이 가마쿠라 시대 전까지는 일종의 동면 상태에 있었기 때문이다. 민족과 대지의 관계가 가마쿠라 시대에 처음으로 긴밀해졌고, 양자 간에 영성의 숨결이 교차되었다. 그래서 호넨과 신란도 그 시대에 일어났고, 가마쿠라 무사는 선원에 드나들었다. 그리하여 무로마치 시대를 거치면서 선은 더욱 깊어졌고, 일본적 생활 자체의 표현이 되었다. (전술한 논의의 세세한 부분에 관해서는 후일을 기약하고 싶다. 졸저 『선과 일본문화』 및 『정토계 사상론』은 이 점에 대해 참고가 될 것이다.)

제1장

가마쿠라 시대와 일본적 영성

(여기서는 일본적 영성이 가마쿠라 시대에 처음 각성되었다는 것을 설명하고자 한다. 이는 과거 "일본 정신사의 한 단면"이라는 제목으로 『신도信道』[나고야 신도회관名古屋信道会館 발행]라는 잡지에서 최근 발표됐으며, 이후 『문화와 종교』에 수록되었다. 이 논문은 원래 넓은 의미의 일본 정신사를 쓰고 싶다는 의도하에 지극히 개관적으로 가마쿠라 시대를 서술한 것에 지나지 않는다. 지금 이를 본서에 수록하면서 다소 수정했다. 이전 글에는 '일본적 영성'이라는 말을 사용하지 않고 '종교의식'으로 표현되어 있는 곳도 있다. 당시에는 주로 그런 면에서 일본 정신사를 보고 있었기 때문이다. 그리고 일본적 영성, 즉 종교적 충동 또는 종교의식의 대두를 오로지 정토종 방면으로 한정시킨 것도 독자의 다수가 거기에 지대한 관심을 가지고 있었기 때문이다.)

결론부터 먼저 말하자면 이렇다. 고대의 일본인에게는 진정한 종교가 없었다. 그들은 지극히 소박한 자연의 아이들이었다. 헤이안 시대를 거쳐 가마쿠라 시대에 들어서면서 비로소 그 정신에 종교적 충동을 환기시켰다. 즉, 이때 일본적 영성의 깨어남을 볼 수 있는 것이다. 이 '충동'의 결과로 한편으로는 이세신도伊勢神道가 일어나고 다른 한편으로는 정토 계통의 불교를 주창하게 되었다. 일본인은 이때 비로소 종교에 눈을 뜨고 자신의 영성을 깨달았다. 대체로 이런 얘기를 하고 싶지만, 이 소편에서는 어쩔 수 없이 대강 이 정도로 그쳐야 할 듯하다.

I. 정성적^{情性的} 생활

1. 『만엽집^{万葉集}』

고대의 일본인에게 심오한 종교의식이 없었다는 것은 그 문학을 보면 알 수 있을 것이다. 1,200년 전에 편찬되었다고 알려진 『만엽집』은 우리 조상들의 정신생활을 적나라하게 노래한 것이다. 위로는 궁실에서 아래로는 서민에 이르기까지의 시가를 담고 있어 이 책은 대체로 고대 일본인들이 어떤 정신생활을 했는지 보기에 가장 좋은 자료이다. 이 책이 어떤 생활을 노래하고 있는지 한마디로 말하면 고대의 순박한 자연생활이다. 산을 사랑하고 물을 사랑하고, 이별을 슬퍼하며 싸움에 용맹하며, 남자는 여자를, 여자는 남자를 사랑하고 그리워하며, 죽은 자를 애도하고, 임금을 공경하고, 신을 경외하는 등 모두가 자연인의 마음을 노래하고 있다. 이는 타고난 인간의 정서 그대로, 아직 이것들은 한 번도 시련을 겪지 않았다. 어린아이와 같은 성질을 전혀 벗어나지 않았다고 해도 좋을 것이다. 이는 종교학자가 말하는 아직 태어나지 않은 영혼의 생활이다. 잠깐 예를 들어 보자.

일본인이 옛날부터 자연미의 애호자였다는 것은 누구나 알고 있다. 야마베 아키히토^{山部の赤人}의 유명한 『타코노 우라^{田子の浦}에 나와 보면』(『만연집』, 318)이나 『와카노우라^{和歌の浦}에 물이 차오르면』(『만연집』, 919)과 같은 것은 정말로 일본인 취향의 대표적인 노래이다. 우리 조상들은 또한 매화도 벚꽃도 달도 사랑했다.

매화[꽃] 흩날리며 지는 뜰

하늘에서 눈이 흩날리는 것인가?(822)

매화라고 분명히 말해놓고선 하늘에서 뜰로 떨어지는 눈일까라니, 좀 이상하다고 생각될 수도 있다. 그러나 저자로서는 실제 이런 느낌이 드는 것이다. 매화와 휘파람새가 함께 붙어서 연상된 것이 이미 이 무렵부터 있었다.

우리 뜰의 매화 밑가지에서 놀면서
우는 휘파람새 앵앵 소리도 흩어지니 아쉽구나(842)

눈 또한 그들 노래의 제목이 되었다.

하늘 아래 모든 것을 이미 덮어버리며
내리는 눈의 빛을 보니
내 마음은 경이로 가득차네(3923)

남녀의 사랑 노래는 전집의 대부분을 차지하는데, 이는 지극히 자연스러운 것이다. 남녀의 사랑은 감정이 가장 강렬한 것이므로 특히 고대인들은 적나라하게 이 감정을 노래했다. 나중에는 사랑이라는 것이 시작詩作의 연습용 소재처럼 되었고, 속세를 버린 스님마저도 이를 불러 가찬집歌撰集 중에 골라 넣었다. 상고시대에는 아직 그런 일이 없었다. 그리고 실제 그 감정은 순박했다. 사랑의 곡절에 관한 기교라고 할 만한 것은 거의 찾아볼 수 없다. 만남의 기쁨, 이별의 슬픔, 죽은 자에 대한 그리움 등이 주제일 뿐 연애 자체에서 오는 슬픔에 대한 반성이나 사색

같은 것은 『만엽집』 속 어느 작품에도 보이지 않는다. 어린아이다운 자
연애의 경지를 아직 벗어나지 못한 것이다. 연애의 비극은 인간을 종교
로 내모는 하나의 계기가 되는데, 그러나 이를 위해서는 성숙한 두뇌가
필요하다. 인간은 무언가에 불평이나 실망, 고민 같은 것을 하게 되었
을 때 종교까지 갈 수 없는 경우에는 술에 취한다. 술은 중독적이고 생
리적인 방식으로, 생명의 긍정적인 면을 일시적으로 강조한다. 어떤 의
미에서 술은 종교성마저 풍긴다. 그런데 고대의 일본인은 이런 의미로
술을 즐기지는 않았던 것 같다. 중국의 주선酒仙들에게는 종교적 배경이
있었다. 페르시아인의 종교에도 이런 측면에서 술의 덕을 기린 것이 있
다. 일본인에게는 그런 것이 없다. 『만엽집』 속 술꾼은 죽림칠현竹林七賢
이나 음주하는 팔선八仙을 본뜬 것으로 그 정신에 깊은 것이 보이지는
않는다. 다만 술에 취하면 재미있다는 감정 정도로 '벚꽃 아래에서 오늘
도 놀자'의 경지를 넘어서지는 않는다.

헛된 것을 생각 말고 탁한 술이나 한 잔 마시자(338)

단지 이 정도이다. 더 이상의 깊이 있는 정신적인 것은 없다. 하지만
삶과 죽음에 대한 생각도 없지는 않다. 내생을 운운하기도 하는데, 그
러나 관념적이고 깊은 종교적 성찰의 흔적은 없다.
살아있는 것들이 끝내는 죽는다면
지금 살아있는 동안 즐기리라(349)

이와 같거나 또는

지금 이생에 즐거울 수 있다면

내생에 벌레나 까마귀가 되어도 어떠리(348)

이처럼 하나는 생자필멸生者必滅, 하나는 육도윤회六道輪廻의 사상을 담고 있다고 할 만은 하지만, 이승에 대한 그 긍정적 태도 속에는 아무래도 감각적인 것밖에는 보이지 않는다.

죽은 사람을 애도하는 만가挽歌 중에는 단지 슬프다는 것 외에 무상이라든가, '이렇게 가는 것인가'라든가, '거품이 사라져 흔적 없다'라는 생각도 담고 있지만, 아무래도 깊은 것은 없는 것 같다. 죽음의 신비성이라든가, 영원한 생명, 생사를 초월한 존재, 물거품이 되지 않는 것, 비추는 달처럼 차거나 기울지 않는 것에 대한 동경, 미지의 것을 파악하려는 바람, 노력 또는 고민 등은 『만엽집』에서는 찾아볼 수 없다. 기다리는 연인, 드디어 만난 연인, 다시는 만날 수 없는 연인, 밤에 홀로 침상에 누운 쓸쓸함, 연인 없이 갑자기 우는 아침과 밤, 지금 다시 만날인연이 없는 그대, 이런 탄식들은 사람의 아름다운 감정임이 틀림없으나 이는 오직 현세적, 감각적, 향락적, 시간적인 심정일 뿐이다. 뭔가 영원의 여성을 찾으려는 영혼 깊은 곳의 외침은 이 대목에서 찾아볼 수 없다. 남녀의 사랑의 경우에도 성과 성애를 초월하는 무언가가 포착돼야 하는데 그런 것이 없다. 그와 마찬가지로 삶 자체에 대해서도 만엽의 가인은 종교적 깊이를 나타내지 않는다. 그들의 생사관에 대해서는 대개 아래와 같은 것을 전형적인 것으로 봐도 좋을 것이다.

세상은 공허하다는 듯

저 비추는 달은 가득 차 있구나(442)

달의 차고 이지러짐을 보며 제행무상을 깨닫고자 하는 것이다. 평범한 시로서 무언가 본보기와 같은 것을 따르고 있는 듯하다.

마키무쿠卷向의 산에 소리가 울려 퍼지는데
세상의 사람들도 물거품 같으니(1269)

이것도 그저 몽환적이고 상상적이며 관념적인 것으로, 거품으로 사라지지 않는 무언가를 찾아보려 하는 마음이 보이지 않는다. 불교 수행자인 만제이滿誓의 노래에

세상을 무엇에 비유하리오
아침에 닻을 올린 배가 떠나니
그 흔적도 없는 것과 같구나(351)

라는 시가 있는데, 만제이는 퇴직 후 출가해서 입도했다고 하니 물론 불교에 소양이 있었을 것이다. 그러나 이것도 그저 이 정도 뿐으로 여기에 종교는 없다. 다음의 시 두 수에는 피안에 대한 지향이 있다. 이는 가하라데라河原寺 불당 내에 있던 일본 거문고 표면에 써 붙인 것이라고 하는데, 한 스님의 진정한 영적 동경을 엿볼 수 있게 한다.

삶과 죽음 사이에서 물결치는 이 세상이 싫어져
조수에 상관없는 산을 꿈꾸네(3849)

세상이라는 번거로운 임시적인 세상에 오래 살아

가게 될 나라도 어떤 데인지 모르네(3850)

'조간의 산'(조수를 거역하는 산)이란 생사의 큰 바다의 거친 파도가 없는 열반의 산이라는 마음일 것이다. '가게 될 나라'라는 것도 열반의 피안을 가리킨다. 이는 불교 사상의 전형적인 것으로, 물론 반야적 경지까지는 이를 수 없지만, 속세를 피하는 마음, 치안을 구하는 마음, 곧 현세 부정의 길이며, 종교는 이 부정 없이 최후 긍정의 세계로 들어갈 수 없다. 그 마음을 철저히 한다면 종교적 영성적 생애는 그로부터 가능해진다. 피하지도 않고, 구하지도 않는 『만엽집』의 가인들은 대부분 인간 마음의 깊은 움직임을 느끼지는 않았다고 할 수 있다. 그들의 '신'은 아직 가마쿠라나 무로마치 시대까지 발전한 이세^{伊勢} 신령적인 것은 되지 않았다. 이는 그럴 수밖에 없는 것이다. 구름에 가려 번개 위의 궁에 거주하는 신이란 물리적 사상의 인격화다. 힘의 화신이다. 그러나 이러한 신의 권능마저도 나의 의지를 도울 뜻을 보이지 않는다면 인간은 신에게 헌납한 물건조차 되찾으려 할, 낮은 수준의 신격화라 할 수 있다. 바로 오늘날 우리가 이나리^{稲荷} 신에게 토리이^{鳥居}를 교환 조건으로 현세의 이익을 기원하는 것과 같다.

위대한 신의 제단에 바친 제물을 돌려받으리
연인을 만나게 해달라는 내 기도를 들어주지 않는다면(558)

자신의 연인을 만날 수 없으니 신에게 드린 폐(제물)는 물리겠다는 신에 대한 원망이다. 이러한 신은 인간 이상의 존재는 아니다. 인간보다 힘은 있는 것 같지만, 신의 마음은 무언가 교환조건에 따라 얻을 수

있는 낮은 수준의 것이다. 어떻게든 신에게 의지한다고 하지만, 신에게
는 무엇이든지 소원을 빌게 된다. 『만엽집』의 시인은 특히 연정에 관심
이 많았기 때문에 신이 여기에 불려 나오는 것이다.

연인을 다시 만나게 해달라고
신의 제단에 빌지 않는 날이 없구나(2662)

그러나 일단 이 소원이 이루어지지 않으면 소원을 빈 쪽은 상당히
난폭한 언사를 한다. 자신을 버리는 신이라면 이 목숨도 아끼지 않을
테고, 무슨 짓을 할지 모르니 기억하고 있으라는 것이다.

상서로운 신조차 나를 치고 버렸으니
이젠 목숨조차 아깝지 않구나(2661)

거룩한 신의 울타리를 넘으려는 지금
이제 내 이름 따위 아깝지 않네(2663)

두 시는 모두 자포자기의 태도를 보인다. 신의 존엄성에 대해서도
마찬가지다. 여기에 절대의 종교는 없다. '입 밖에 내어 말하는 것도(삼
가하는)', '무한히 경외(하는)' 등 신들은 있으나 이익 교환이 이루어지지
않을 때는 이쪽의 목숨도 버리고 신의 힘에 부딪히려고 한다. 그러한
신들, 경외스러운 신은 힘의 신일 뿐이기 때문이다. 종교에는 무언가
다른 차원이 없으면 안 된다.

나키사하^{哭沢} 신사의 신께 술을 드려 기도했건만
우리 대군은 돌아가셨구나(202)

이것은 사랑 시가 아니고, 만가^{挽歌}체라고도 해야 할 것이므로 성애
의 열렬함은 없다. 따라서 이름이나 목숨도 필요 없다는 자포자기성도
여기엔 없다. 신단의 신성성도 범하겠다는 모욕적인 격정은 보이지 않
지만 이익 교환성은 명백하다. 『만엽집』 가인들의 종교 사상은 대개 이
정도를 넘지 않는다. 그리고 이 정도의 '종교'는 오늘날 우리한테서도
볼 수 있는 것이다. 내 목숨을 줄여서라도 아들을 구하고 싶다거나 내가
좋아하는 것을 끊을 테니 이렇게 해달라, 저렇게 해달라는 기도를 한다.
만엽인의 마음이 곧 오늘의 우리의 것이다. 혹자는 이것을 종교적이라
고 할지 모르지만, 그것은 진짜 종교-영성적 자각이 무엇인지 모르는
사람의 말이다.

이 글은 소논문이므로 만엽의 종교 사상을 철저히 근본적으로 연구
하는 것은 아니다. 그래서 그들의 사후 생활에 관한 사상을 대표하는
다음 노래를 소개한다. 오키소메 노 아즈마비토라는 사람이 덴무 천황
의 아들 유게 황자를 애도하는 노래를 불렀다.

두루 국토를 다스리시는 우리 대군
그 높이 빛나는 날의 황자가
아득히 하늘나라 궁궐에 거룩히 신으로 자리하셨으니
경외에 가득 찬 마음으로 낮에는 비틀고
밤에는 밤새도록 누워서 한탄하노니
_ 반가^{反歌}(답가) 한 수

대군은 신이시니 구름이 겹겹이 쌓인 밑에 숨어버렸구나

　이로 미루어보아 황자는 이 세상에서 죽었는데, 오백 겹으로 쌓인 하늘 구름의 저쪽에 궁거하여 '그대로 신으로서 신들과 함께 자리하고' 사람들은 그것을 '경외하여' 밤낮을 가리지 못하고 탄식하고 있는 것이다. 그러나 그렇다고 마음껏 탄식했다고는 할 수 없다는 것이 이 노래의 취지인 것 같다. '하늘의 궁'이란 상천의 저편에 있는 것이나 '그대로 신으로서'(神隨)란 어떤 상태인지 또 '신과 앉으면'이라는 것은 '신과 함께 앉는다'의 의미인지 아니면 '신으로서 앉는다'의 뜻인지 국학에 어두운 나로서는 확실히 알지 못한다. 어쨌든 유게 황자는 이 세상으로부터 숨어서 지금은 상천에 머물 것이라는 것이다. 그런데 이는 누구나 사후에 겪는 일인가, 황자에게만 국한된 것인가. 또 이 세상에 남겨진 일반 신하들은 매일 밤낮으로 탄식하지만, 그 탄식이 하늘의 궁에 신과 함께 자리한 분에게 통할까. 한탄은 그저 자신의 사사로운 정일 뿐인가, 한탄하는 사람은 그 심정이 한탄의 대상에 전달되는 것으로 알고 한탄하는가. 또 천상의 생활이란 어떤 것인가, 이런 부분에 이르러서는 전혀 알 수 없다. 그러나 어쨌든 오키소메 노 아즈마비토는 이렇게 노래한 것이다. 여기에 종교가 있다고 해도 좋을까? 종교심의 맹아는 있다. 그런데 그것은 유교나 노장이나 불교 등에서 따오거나 그것들을 본뜬 것은 아닌 것 같다. 우리 조상이 일본인으로서 순수하게 느낀 것이다. '신도'는 여기서 앞으로 더 발전할 것으로 보인다. 그러나 여기서는 겨우 그 싹을 볼 뿐이다. 진일보의 기회는 아직 충분히 보이지 않는다. 그 한탄은 좀 더 세련되고 성숙되어야 하므로 진정한 의미로는 아직 종교적인 것이 되지 않는다. 오키소메 노 아즈마비토는 전통적인 원시적 감정

으로부터 아직 한 발짝도 나오지 않았다. 그것은 동시대의『만엽집』시인이 덴무 천황의 아들 쿠사카베 황자가 숨었을 때 부른 노래를 보면 알 수 있다. 황자의 가신 23명이 함께 지은 노래가『만엽집』에 실려 있다. 그러나 그 어느 쪽에도 단순한 '탄식과 상처'를 넘어 종교적 성찰을 띠는 것은 없다. 이상하게도 없다. 하늘의 궁에 거주하는 신이라는 생각조차 언급하지 않았다. 그저 헛수고일 뿐이다. 더없이 슬프다고 가슴을 치고 우는 것만으로는 정말 순박한 감정의 경지를 벗어나지 못한다. 탄식하는 것은 일종의 의례로, 아마도 그렇게 해야 하는 것이 신하의 길이라고 생각했을지도 모른다고 짐작할 수 있다. 오키소메 노 아즈마비토의 애가에는 단순한 탄식 외에 돌아가신 황자의 행위를 규정하는 내용도 있다. '대왕은 신으로서 앉는다'는 것, 신은 구름의 저편에 있다는 것, '그대로 신'(かむながら)의 상태로 있을 것(이 카무나가라^{かむながら}는 쉽지 않은 문제이지만 죽는다는 것은 '영혼의 숨음', 즉 '천궁'에 오르는 것 또는 하늘에 올라가는 것), 이런 단순한 전통적인 관념이 아무런 성찰 없이 오키소메의 뇌리를 오갔다고 할 수 있다.

그런데 이 신이란 과연 무엇인가. '신으로 올라 자리한다'는 게 무슨 뜻인가. 그런 뒤에 남겨진 '부드러운 피부'를 지닌 이 세상에서의 육신은 신과 어떠한 관계인가. '오랜 하늘의 강변에 팔백만 천신들이 모여앉아' 있는 분들은 '갈대밭 벼 이삭의 나라'를 (신의) 수호할 때 아무것도 하지 않는데, 여기서 신의 수호란 어떤 종류의 것인가. 정치적, 민족적, 물질적, 국민 도덕적 이외의 것을 포함할 수 있는가. 물론 이들 및 이외의 문제에 대해서『만엽집』의 시인들은 말하지 않는다. 한마디로 그들의 정신세계에는 아직 종교가 들어 있지 않다. '청명심'의 일본인에게는 아직 반성과 내적 관조의 기회가 오지 않았다. 외국으로부터의 사상은 아직 일본의 풍토에 순응한 생명으로 육성되지 못했다. 일본적 영성이지만 각성은 아직 없었다. 『만엽집』 시내 사람들의 '종교' 사상이 헤이안 시대의 오랜 도야를 받고 드디어 깊은 내성^{內省}에 들어가 처음으로 일본적으로 종교적 자각에 도달하는 것, 그것은 가마쿠라 시대임을 이제 설명하고자 한다.

2. 헤이안 시대 문화

헤이안 시대는 꽤 길다. 그리고 초기를 제외하고는 외국 문화의 영향을 받지 않았던 시대이므로 특히 일본적인 것이 발달했다. 문화의 중심은 교토로 국한되었고, 문화를 육성하기에는 아직 충분히 개척하지 못한 일본 전역이 있었다. 교토에는 정치가 있었고, 문예가 있었으며, 미술, 종교, 학문 등 문화의 각 방면은 화려하게 전개되어 갔다. 그리고 이러한 문화재를 창조하고 향유하며 감상하는 것은 사회 상층부에 국한되었다. 궁궐을 중심으로 하여 이를 둘러싼 귀족들의 문화가 당시 일본 문화의 전부였다. 그런 점에서는 매우 세련되었지만, 일본 전역을 배경으로 물질적 향락을 타고났던 귀족의 퇴폐적 성향이 반영되어 있다. 헤이안 문화의 특징은 누구나 말하듯 섬세하고 여성적이며 우아하고 감상적이다. '오미야인^{大宮人}'이라는 글자 안에 이것이 포괄되어 있다고 해도 좋다. 여기에는 또 형식적 경화의 그림자가 깃들어 있다. 『만엽집』이 헤이안 이전의 일본적 정서라고 할 수 있다면, 『고금집^{古今集}』은 헤이안인의 정서라고 할 것이다. 『고금집』 20권 중 자연을 찬양하는 이른바 사계절 노래가 6권, 연가^{戀歌}가 5권을 차지하고 있다. 이를 통해 물질적인 귀족 생활의 쾌락적, 유희적 성향이 얼마나 왕성했는지 알 수 있다. 그리고 이들은 얼마나 눈물이 많은가. 무슨 말만 하면 울고 있다. 그들의 긴 소매는 언제나 젖어 있다. 『겐지모노가타리源氏物語』 같은 문학적 작품은 세계에 없다지만 이런 것으로 일본 정신이, 그것이 무엇이든 대표된다면 한심한 노릇이다. 귀족 생활의 연애 갈등, 정치적 음모, 관능적 쾌락, 문학적 유희, 수사적 기교 등으로 충실한 작품은 그다지 찬양할 만하지 않다고 생각한다. 작가는 여성이기 때문에 충분한 경의를 표하고 싶지만 그 이상은 나올 수 없다. 『마쿠라노소시枕草子』라고 해도 마찬가지로 겐지의 중후함에 비해 날카로움과 재치는 있지만 그뿐이다. 사상이라든가 열정, 의기, 종교적 동경, 영성적 소망 등의 측면에서 배울 것은 아무것도 없다. 이 여성들 및 여러 가지 일기, 이야기 유의 작자를 낸 헤이안 문화는 우아하고 어떤 의미의 품위를 나타냈다는 것 외에는 장점이 없다고 본다.

한학漢學 및 한자 문화에 대한 반동으로 일본 글자와 일본어 문화가 생긴 것은 고마운 일이지만, 언어는 차치하고라도 문자는 우아하고 섬세한 것이다. 헤이안 문화는 여성이 지배하고 있었기 때문에 어쩔 수 없었던 면이 있다지만, 공경 대부들이 의욕조차 없었던 것은 놀랍다. 물론 남자라고 항상 어깨를 으쓱이며 반항적 태도로 있어야 할 이유는 없지만, 어느 정도 지성과 깊이가 있었다면 좋았을 것이다. 깊은 창조는 결국 아무래도 남성적인 것 같다.

헤이안 시대의 남성은 지방에 숨어버리고, 중심의 문화는 여성화된 귀족의 손으로 넘어갔다. 정치는 물론 학문도 예술도 형식화하고 경화됐다. 이른바 '일기'라는 것은 선례의 기록이다. 의식에 대한 참고서일 뿐 거기에 살아있는 정치란 없다. 임명 의식이 '정사政事'의 전부라고 해도 좋을 정도였다. 그리고 그것이 가부장 제도에 긴밀히 묶여 있었다.

흔히 그것이 300년이나 400년 동안 지속되었던 것으로 생각되는데, 이는 당시 일본이 아직 경작되지 않은 땅이 많았고, 외국과의 교섭도 없던 섬나라였기 때문에 실현되었을 것이다.

향락주의가 현실에서 긍정되는 세계에는 종교가 없다. 『만엽집』의 시대는 아직 유치한 원시성 그대로이므로 종교는 자라지 않는다. 헤이안 시대에 와서는 일본인들도 어느 정도 종교에 관심을 기울였던 듯하지만, 수도의 문화교육자는 너무나 현세적이었다. 외부 자극이 없으니 반성과 성찰의 기회가 없었던 것이다. 물질적인 것은 충분히 공급됐기 때문에 예술적 방면에는 발전이 있었으나 그것에도 깊이는 없었다. 일본인은 원래 우아하고 세련된 성향이긴 하지만 그뿐으로, 무언가 속에서 강하고 깊게 나오는 것은 없었던 것이 아닐까 싶다. 어쨌든 헤이안기에는 종교의식의 전개는 볼 수 없다. 일본적 영성적 자각은 아직 빛나지 않았다.

종교라는 이름은 있으나 그렇다고 해서 꼭 종교의 열매가 있는 것은 아니다. 불교는 긴메이 천황 때부터 도래했고, 후세의 신도가 되는 원래의 형태도 있었지만 일본인은 아직 종교적으로 영성의 자각을 갖지 못했다. 나라 시대에는 절이 생겨 불경론이 독송되고 연구되었다. 또한 불상 등 훌륭한 것이 만들어졌으며, 불교적 의례도 왕성하게 거행되었다. 그로부디 헤이안 시대에는 전교대사伝教大師와 홍법대사弘法大師를 비롯해 훌륭한 불교학자와 불교 승려도 꽤 나왔다. 그러나 우리 일본인은 당시 아직 불교를 알지 못했다. 불교를 활용하고 응용할 만한 것을 아직 우리 안에 갖고 있지 않았다. 물질에 혜택을 입고 정치적 권력에—그것이 위계의 전진, 향상에 지나지 않는다고 해도— 가까이 가는 귀족들로 다져진 문화재 안에서는 종교는 태어나지 않고, 영성은 솟아나지 않는

다. 아름다운 여자가 태어나지 않아서 존귀한 신분과 권력에 접근할 수 없는 고민, 지위가 오르지 않기 때문에 뽐낼 수 없는 고민, 문예의 재능이 없고 남자다운 모습이 없어서 이성에게 인기가 없는 고민, 종교는 그런 고민 정도로 태어나지 않는다. 종교는 현재 세계를 부정하는 성격을 가지고 있는 것이다. 그러나 그것은 마음속 깊은 곳에서 느껴지는 것이어야 한다. 영성 그 자체의 삶이 아니면 안 된다. 헤이안 시대의 많은 '이야기' 또는 '가집歌集' 중에서 볼 수 있는 것과 같은 우수, 무상, 모노노아와레モ/の哀れ라고 하는 것은 모두 옅은 감정이다. 인간의 영혼 속에서 나오는 듯한 외침은 어디에서도 들리지 않는다. 종교는 현세 이익의 기도에서 나오지 않는다. 국토의 안녕은 영성의 생활과 직접적인 관계를 갖지 않는다. 헤이안 시대의 현세적 종교 행사란 대개 이들 집단생활에 관련된다. 정토를 동경하고 아미타를 사모한다는 형식이나 사상적 표현은 있어도 그것은 감정적 심미관이나 개념적인 것으로 현세의 연장에 불과한 관념적 유희에 지나지 않는다. 헤이안인의 정토란 이 세상의 연장과 같은 것이어서 이들에게 보살들은 궁궐 안팎을 누비는 공경들, 왕녀들을 관념화한 것에 불과하다. 가무에 나타나는 보살은 사실 그들 자신이다. 종교는 단지 미래를 말하는 것이 아니다. 종교 생활, 영성 생활은 과거, 현재, 미래의 3세를 섭렵한다. 미래는 그 일부일 뿐이다. 어떤 사람들은 미래를 말하지 않으면 종교가 아니라고 생각하지만, 종교는 실로 초시간성을 가진다. 그런 의미에서 미래는 그 안에 포함되어 있다고 해도 좋다. '신도'는 결코 시간성과 공간성을 벗어나지 않는다. 거기에는 미래도 과거도 없다. 따라서 그 현세도 진정한 의미의 현세가 아니다.

종교는 하늘에서 오는 것이라고 할 수 있지만, 그 실질성은 대지에 있다. 영성은 대지를 뿌리로 살아 있다. 돋아나는 싹은 하늘을 가리키지만, 뿌리는 깊고도 깊게 대지에 박혀 있다. 따라서 헤이안 문화에는 종교가 없다. 헤이안인은 땅을 밟고 있지 않은 귀족이다. 교토를 기르던 대지는 어딘가 먼 곳에 있는 것이다. 그 먼 곳으로 떠나는 것은 교토의 귀족에게 달갑지 않은 일이었으며, 하는 수 없이 가는 것이었다. 빨리 싫은 역할을 끝내고 향락적인 수도인이 되고 싶다는 것이 지방관의 바람이었다. 일본인이 오늘날에도 해외에 나가기를 꺼리는 것도 이 시대에 길러진 습성일지도 모른다. 사백 년의 헤이안 시대는 꽤 긴 기간이다. 아시아 대륙으로부터 분리되어 비록 작은 일본이긴 했지만, 아직 미간척된 밭과 토지를 충분히 갖고 있었던 교토의 문화인들은 마음껏 그 '문화' 생활을 즐겼다. 그러나 그것은 대지에 뿌리를 두지 않았다. 거기에 종교적 생명인 영성이 결여되어 있음은 물론이다.

3. 대지성大地性

태양은 고마운 것임이 틀림없다. 태양 없이는 생명도 없다. 생명은 모두 하늘을 향하고 있지만 뿌리는 어떻게든 땅에 내려야만 한다. 땅과 관계없는 생명은 진정한 의미에서 살아 있지 않은 것이다. 하늘은 경외하되 대지와는 친하고 사랑해야 한다. 대지는 아무리 밟아도 두드려도 성내지 않는다. 태어나는 것도 대지에서다. 죽으면 물론 그곳으로 돌아간다. 하늘은 어떻게든 숭앙하지 않으면 안 된다. 그러나 우리 자신의 몸이 수용되지는 않는다. 하늘은 멀고 땅은 가깝다. 대지는 아무래도 어머니다. 사랑의 대지이다. 대지처럼 구체적인 것은 없다. 종교는 실로 이 구체적인 것에서가 아니면 발생하지 않는다. 영성의 깊숙한 사원은 대지에 자리하고 있다. 헤이안인은 자연의 아름다움과 측은함을 느꼈지만, 대지에 대한 노동, 친밀감, 안심은 알지 못했다. 따라서 대지의 무한한 사랑, 그 포용성, 어떤 것도 용서해 주는 모성을 느끼지 못했다. 태양은 시체를 썩게 만들며 추하고 흉측한 잔여물을 남긴다. 그러나 대지는 그런 것을 모두 받아들여 아무런 불평도 하지 않는다. 오히려 그것들을 깨끗하게 만들어 새 생명의 숨결을 되살린다. 헤이안인은 아름다운 여자를 사랑해서 안았지만, 죽은 아이도 껴안는 자애로운 어머니를 잊었다. 이것이 그들의 문화 어디에도 종교가 보이지 않는 이유라고 할 수 있다.

인간은 대지의 앞바다에서 자연과 인간의 교섭을 경험한다. 인간은 그 힘을 대지에 쏟아 농산물 수확에 힘쓴다. 대지는 인간의 힘에 응해서 이를 돕는다. 인간이 힘을 다하지 않으면 대지는 협력하지 않는다. 정성이 깊으면 깊은 만큼 대지는 이를 돕는다. 인간은 대지의 도움 여하에 따라 자신의 정성을 가늠할 수 있다. 대지는 속이지 않으며 또한 속지도 않는다. 인간의 얼굴을 비추는 거울처럼 인간의 마음을 정직하게 비춘다. 땅은 또한 서두르지 않는다. 여름은 반드시 봄 다음에 온다는 것을 안다. 뿌린 씨앗은 때가 되지 않으면 싹이 트지 않는다. 잎이 나오지 않는다면 가지 치지도 않으며, 꽃을 피우지 않는다. 당연히 열매를 맺지도 않는다. 대지는 자연의 질서를 어지럽히지 않는다. 따라서 인간은 대지로부터 사물의 질서와 참고 견뎌야 할 것을 배운다. 대지는 인간에게 크나큰 교육자이다. 대훈련사다. 이러한 대지로부터 인간은 감성을 얼마나 이루었을까.

사람은 대지로 인해 태양의 생각을 알 수 있다. 빛나는 태양의 힘을 대지 없이는 느낄 수 없다. 대지는 인간의 부름에 직접 응하지만, 태양은 멀어서 손이 닿지 않는다. 기도는 받지만 그 이상은 인간의 힘이 미치지 못한다. 인간은 하늘에 대해서는 절대적으로 수동적이다. 하늘은 인간이 경외하는 만큼 우리를 사랑하지는 않는다. 인간은 하늘에 항복하는 것만을 알 뿐이다. 인간이 하늘의 사랑을 친숙하게 느낄 수 있다면 그것은 땅을 통해서이다. 하늘과의 직접적인 교섭에 있어서는 하늘의 행동을 우리는 그대로 받아들일 수밖에 없다. 태양이 타오르면 나무 그늘이 없는 한 타는 그대로다. 바람이 불고 비가 온다. 이를 피하려면 바위 밑 동굴밖에 없다. 모두 대지의 도움에 의하지 않으면 안 된다. 그리고 봄의 따뜻함은 대지에서 피어나는 풀과 꽃을 통해 친근하게 느껴진다. 그러나 단순히 이 따뜻함이 몸의 기분을 좋게 하는 것만으로는 태양의 고마움이 보편성을 가질 수 없다. 대지와 함께 그 은혜를 받을 때 태양은 이 몸, 이 한 인간의 밖으로 나와 그 사랑의 평등성을 확인하게 해준다. 진정한 사랑은 개인적인 것 속에 나도, 타인도 수용할 곳이 있어야 한다. 여기에 종교가 있다. 영성의 생활이란 것이 있다. 종교의식은 태양만으로 깨어날 수 없고, 대지를 통하지 않으면 안 된다. 대지를 통한다는 것은 대지와 인간과의 감응이 있는 곳을 통한다는 의미이다. 창공에 둥둥 떠 있어서는 태양의 은혜도, 아무것도 모른다. 사람은 발을 대지에 디딘다. 그리고 그 대지는 어떻게든 사람의 손으로 일하는 것을 통해 태양을 느낄 수 있다. 이런 식으로 하늘의 행동은 대지에 의해 인간과 교섭한다. 하늘에 대한 종교의식은 오직 하늘에서만 생겨난다. 하늘이 땅으로 내려올 때 인간은 그 손을 통해 하늘에 닿을 수 있다. 하늘의 따뜻함을 인간이 아는 것은 사실 그 손에 닿은 후부터이다. 대지가 경작될 수 있는 것은 하늘의 빛이 땅에 비추어지기 때문이다. 그러므로 종교는 대지 위에서 친숙하게 생활하는 인간, 즉 농민 중에서 나올 때 가장 진실성을 가진다. 궁정 대신들은 대지를 몰랐고, 알 수도 없었다. 그들에게 대지는 관념이다. 노래와 이야기상에서만 접할 수 있는 그림자이다. 그러므로 헤이안의 정서는 종교와 상당히 거리가 있다. 불교인이라는 사람들에게도 종교는 출세의 매개체일 뿐이었고, 자신의 마음속 깊이 파고드는 안내서는 되지 않았다. 나라와 헤이안의 불교 모두 인간적 진실성이 결여되어 있다. 직접 대지에 닿아 있지 않기 때문이다. 400년간의 동면은 꽤 길긴 하지만 역사적·정치적·지리적 조건들이 그 오랜 동면을 피할 수 없게 만들었다. 그러나 이 잠은 헛되지 않았다.

헤이안 시대는 한편으로 오미야인들이 사랑의 애틋함이나 자상하다는 관념 세계에 빠져드는 것을 허용하고 있었지만, 또 다른 한편으로는, 즉 지방에서는 농민과 무사들이 대지와 가장 직접적인 교섭을 계속할 수 있도록 했다. 후자는 그래서 생명에 직면해 있었던 것이다. 따라서 헤이안의 오미야인들을 대체했던 것은 농민을 직접 지배하던 계급, 즉 무사였다. 생명의 진실을 알고 있는 자만이 집단생활의 지도자가 되는 것이 허용된다. 중앙에 뜻을 얻지 못한 자가 지방에 갔다고 하는데, 그 무렵의 뜻이란 대신이 되거나 납언納言이 되는 것이었다. 약간 기개가 있는 야마토 남아들이 그 시절에도 다소나마 있었던 것은 틀림없지만, 그들은 그런 하찮은 일에 대해 고민할 필요도 없이 그럴 수만 있다면 외국까지 나가 자신의 웅대한 계획의 실현에 힘썼을 것이다. 미남 흉내를 낸다거나 여자의 방문을 두드리는 등 시대의 취미만 좇기에 급급한 것은 대장부가 할 일이 아니다. 그들도 좀 더 진실한 삶을 살고 싶다고 바랐음이 틀림없다. 즉, 설령 무의식적이라도 대지에 가까운 생활을 해보고 싶었을 것이다. 헤이안 시대의 후기에는 이런 인물들이 지방에서 잠행적으로 유형·무형의 세력을 쌓아 올렸다. 중앙정부의 권위는 언젠가 실추되기 마련이므로 모든 의미에서 그것을 대체하는 것은 대지에 발을 디딘 것이어야 한다.

이상의 서술은 영성 생활에서 특히 진실된 것이다. 영성이라 하면 아무래도 관념적인 그림자가 드리운 유물처럼 여겨질지 모르지만, 사실 이렇게 땅에 깊이 뿌리박혀 있는 것은 없다. 영성은 생명이기 때문이다. 대지 밑바닥에는 끝 모를 것이 있다. 하늘로 비상하는 것, 하늘에서 내려오는 것은 신비하다. 그러나 그것은 아무래도 외부로부터의 것이지 자신의 생명 안에서부터의 것이 아니다. 대지와 나는 하나다. 땅의 밑바닥은 자기 존재의 밑바닥이다. 대지는 자신이다. 수도의 귀족들, 그 뒤에 붙은 승려들은 대지와 접촉 없이 생활했다. 그들의 예술적 취향도, 학문도, 유우겐幽玄도, 유우비優美도 공중누각에서 진정한 생명, 진실한 생활과는 동떨어진 것이었다. 그러니 헤이안 시대를 통틀어 단 한 사람의 영적 존재, 종교적 인물로 볼만한 사람이 나오지 않은 것이다. 홍법대사弘法大師나 전교대사伝教大師라고 해도 여전히 대지와의 접촉이 충분하지 않았다. 그들의 지성, 도덕, 업적은 실로 일본 민족의 자랑이다. 하지만 그들은 귀족 문화의 산물이다. 그래서 귀족 문화가 가질 수 있는 장점과 단점을 모두 갖추고 있다. 그러나 이들은 헤이안 문화 초기에 출세를 했으므로 헤이안 문화의 특징으로 보아야 할 섬약함, 연약함, 아름다움, 가녀림 등의 정서를 갖지 않는다. 어딘가 대륙적인 데가 있다. 그들의 불교는 나라의 불교에 대해 한때 참신하고 발랄한 것이었으나 시간이 지나면서 다른 문화 형식과 마찬가지로 형식화, 의례화, 심미화, 기교화의 일로를 거치면서 불교 본연의 의미를 벗어나게 되었다. 대륙의 자극을 받지 않고 섬나라에 갇힌 채, 교토의 산으로 둘러싸여 지방으로부터의 경제적 지원으로 생활한 귀족들은 풍아한 놀이로 일생

을 보내는 것 외에 권력자에 붙어 '영위'에 오르는 것을 '일문의 ↗
로 삼았다. 그 뒤를 쫓는 승려들은 출세간의 인물로서 그들을
대신 그들에게 끌려갔다.

헤이안 문화를 묘사하는 사람들은 당시 남자가 여자를 따╕
나 용모의 아름다움에 고심했음을 기록하고 있다. 남성의 복식이 얼마
나 색채미가 풍부한 것이었는지는 당시의 이야기를 처음 읽어보아도
누구나 알아차릴 수 있는 일이다. 하카마袴 등은 남녀가 바꿔 입어도 불
편하지 않을 정도였다. 그뿐만 아니라 의상에는 좋은 향이 배어들게 하
고, 얼굴은 화장품으로 장식하는 것을 게을리하지 않았다. 그리고 그들
은 또 이상하게 눈물이 많았다. 뭔가 하기만 하면 "소매의 물기를 짜고
눈물에 젖는다" 하는 것이다. "강변에는 나뭇잎이 흩어지는 소리, 물갈
퀴 소리 등이 애처롭기도 하고, 두렵기도 하고, 불안하기도 하고"라고
할 정도로 지나치게 감상적이었다.

따라서 승려의 옷차림도, 각종 의식도 귀족 취미나 여성적 정서를
기조로 하지 않을 수 없었다. 법회에 모이는 염불과 경전을 암송하는
스님들의 "그 대단한 아름다움이 그지없었다"라고 했다. 그 복장은 "어
떤 것은 자줏빛 직물의 바지 — 짙은 자색, 연보라색이고, 얇은 직물의
능무문 혹은 견문의 직물…"이라는 식으로 길고도 자세하게 묘사될 정
도이다. 그리고 "향기로운 일이 무궁무진하고 옷에 이끌려 걸어 다닐
정도"로 아득한 후각의 세계도 심상치 않은 광경이었던 것이다. "머리
에는 색을 칠하고, 얼굴에는 홍백분을 발랐으며", "목소리 또한 가릉빈
가의 소리처럼 가늘고 아름답게 울렸다"라고 묘사되어 있어 종교적 행
사의 양태도 모두 감각적이었음을 알 수 있다. 이런 생활도 의미 없는
것은 아니지만, 여기에만 편승해 있으면 발밑이 위태로울 수밖에 없다.

헤이안 문화는 어떻게든 대지로부터의 문화로 대체되지 않으면 안 되었다. 그 대지를 대표하는 것은 지방에 기반을 두고 직접 농민과 교섭하던 무사들이다. 그래서 궁정인은 무슨 일이 있어도 무가의 문 앞에 굴복해야 했다. 무가의 무력이란 단지 물리적인 것이었기 때문이 아니다. 무사들의 발은 깊이 땅속에 파고들어 있었기 때문이다. 역사가는 이를 경제력과 물질력(혹은 완력)이라고 할지 모른다. 그러나 나는 이를 대지의 영혼이라고 생각한다.

대지의 영혼이란 영혼의 생명이라는 것이다. 이 생명은 필히 개체의 근거로 성장한다. 개체는 대지의 연속이다. 대지에 뿌리를 두고 대지에서 나오고, 다시 대지로 돌아온다. 개체의 안쪽에는 대지의 영혼이 호흡하고 있다. 그러므로 개체에는 언제나 진실이 깃들어 있다. 관념의 세계 반대 축에 있다고 해도 좋다. 헤이안 시대의 불교는 관념의 축에서 있었다. 그래서 귀족 문화를 따라 유희의 느낌을 떨칠 수 없었던 것이다. 『고금집』에는

세상은 꿈인가 현실인가 알 수가 없구나 그것은 있어도 없는 것이기에

라는 노래가 있는데, 여기서도 종교의 세계는 보이지 않는다. 영성의 기별은 찾아볼 수 없다. '우려됨'이니 '외로움'이니 '세상을 마다함'이니 하는 표현을 보고 불교가 거기에 있는 것처럼 생각하는 사람도 있겠지만, 헤이안 시대에는 어쨌든 대지에서 싹튼 것이란 없었다. 무가가 귀족을 대신했다는 것이 완력이 관념을 대신했다는 뜻으로 받아들여져서는 안 된다는 것은 앞서 잠깐 서술했다. 무가는 완력을 지녔지만 무가의 진정한 힘은 그것이 아니다. 무가의 강력함은 대지에 뿌리를 두고 있었

다는 데 있다. 무가가 언제나 대지를 근거로 삼고 있던 것은 아니다. 무가와 완력은 떨어질 수 없다. 그러나 대지에 뿌리를 내리지 않는 한 완력은 파괴될 뿐이다. 귀족 문화는 그 섬세성 때문에 망하고, 무가 문화는 그 폭력성, 전횡성 등 때문에 망한다. 완력과 대지가 하나가 되지 못한 채 완력만 있는 것도 있다. 공경 귀족들이라도 대지에 관심을 기울였다면 헤이안 시대의 문화는 달라졌을 것이다. 이 점을 깊이 생각해 봐야 한다. 헤이안 시대를 대체한 가마쿠라 무사에게는 힘도 있었고 또 그 위에 영혼의 생명도 있었다. 그저 힘만 있었다면 가마쿠라 시대의 문화는 성립되지 않았을 것이다. 가마쿠라 문화에 생명의 영혼이 깃들어 있었다는 것은 그 종교 방면에서 볼 수 있다.

헤이안 시대는 너무나 인간적이었다. 가마쿠라 시대는 영혼의 자연, 대지의 자연이 일본인을 그 본래의 것으로 돌려보냈다고 말할 수 있을 것이다.

II. 일본적 영성의 자각

가마쿠라 시대에 이르러 일본인은 진실로 종교, 즉 영성의 생활에 눈을 떴다고 할 수 있다. 헤이안대 초기 전교대사와 홍법대사에 의해 비롯된 것이 대지에 자리를 잡으면서 싹을 틔웠다고 할 수 있다. 일본인은 그때까지는 영성의 세계라는 것을 자각하지 못했다. 가마쿠라 시대는 종교 사상적으로 볼 때 실로 일본 정신사에 전후 유례없는 광경을 드러냈다. 헤이안조의 4백 년도 결코 헛되지 않았다. 모두 가마쿠라 시대를 위한 준비였다. 이런 뿌리 일대가 있었으니 가마쿠라 시대의 봄이

왔다. 이곳에서 아름다운 사상의 꽃이 피어나기 시작했다. 그리고 7백 년 후인 오늘날에 이르기까지 그것은 전반적으로 우리의 품성, 사상, 신앙, 정조를 기르는 바탕이 되었다. 나중에는 이렇게 길러져 온 것이 기초가 되고, 그 위에 세계적인 새로운 것이 세워질 것이라고 믿는다. 여기에 오늘날 일본인의 사명이 있다. 어찌 되었든 가마쿠라 시대의 문화, 그 사상, 신앙을 특색 지은 것은 과연 무엇인가?

불교 쪽을 보자면 먼저 정토계 사상의 일본적인 새로운 전개, 즉 정토종, 진종 및 기타 타력종의 대두를 들 수 있겠다. 이 방면은 주로 종교적 신념이다. 일본인의 생활은 이 방면에서 깊은 맛을 부여받았다. 또하나는 선종의 전래이다. 이는 중국을 거쳐 일본에 온 것이지만, 일본에 온 뒤로는 거의 그 전래적 성격을 잃고 일본적인 것이 되었다. 선과 일본인의 성격에는 본래 친한 것이 있다고 생각되는데, 중국에서 선이 전해지자 바로 지식계급, 특히 무사 계급에 도입되었다. 그 후 문예 및 예술 일반 방면으로 파고들어 일본인 생활의 기조로 자리 잡았다. 그다음으로 니치렌종의 흥륭을 빼놓을 수 없다. 니치렌종은 몽고래습(침략)과 사상적으로 관련이 있으므로 정치적 색채, 즉 애국적 정취, 국가주의 같은 것이 가미되어 있다. 가마쿠라 시대를 특징짓는 하나의 인자는 대외성이기 때문에 스스로 니치렌종 같은 것도 생겨났다고 할 것이다.

그리고 또 다른 쪽에 이세신도의 원천이 된 『신도오부서神道五部書』가 쓰여졌다. 양부신도両部神道는 불교 방면에서 신도를 본 것이고, 『오부서』는 신도 쪽에서 불교 등에 의해 외부에서 전해져 내려온 것을 이른바 일본 사상적으로 통일한 것이다. 여기에 '신도'라는 단어를 쓰는 것이 과학적으로 적절한지는 모르겠지만, 상식적이고 일반적인 의미에서 쓰는 것임을 이해하길 바란다. 신도 사상을 자극하여 자각을 높인 하나의 외적 인자는 이 몽고 침략을 극복한 것이라고 생각한다. 헤이안 시대 이래 동아고도東亞古島에서 도원의 꿈을 탐하던 우리 조상들은 갑자기 적세 외력이 침략해오려는 것을 보고 자신이라는 것을 다시 생각해야 했다. 국가의 유서 깊은 신사에 기도를 올리는 것에 대해서는 물론 사상적으로 신사를 존재하게 하고 있는 것은 무엇일까 하는 생각도 깊이 고민해야 했다. 내 생각에 몽고 침략은 일본인의 내성적 생명 발전에 상당한 영향을 미친 것이다. 가마쿠라 시대는 때때로 정치적으로만 다루어지는 경향이 있지만, 진실로 일본인의 정신적, 영성적 전개를 계승하기 위해서는 이 무렵에 관한 가마쿠라 역사 연구가 가장 필요하다. 『만엽집』의 시대만 해도 일본 정신은 아직 원시적이고 어린아이 같은 소박성을 표현한 것에 불과했다. 헤이안 시대에는 아직 밑바닥에 숨어 있는 영성을 찾을 만한 기회를 얻지 못했다. 그러나 그 질문에 점차 양성되어 온 것 ― 순연적으로 또 역연적으로 키워진 일본인의 정신이, 영성이 정치적 대변동, 즉 내외에서 움직이기 시작한 여러 세력 때문에 그 근저에서부터 위기를 느꼈다. 자신이 가지고 있는 것이 과연 이러한 습격에 대해 저항할 수 있는 것인지를 검토해야 했다. 양부신도와 『오부서』신도(이세신도)도 그 출발 동기는 비록 무의식적이나마 거기에 있었다. 그러나 그것은 원래부터 자연스럽게 주로 정치적 색채를 띠고 있었다.

신도는 원래 정치사상이지 엄밀하게는 종교적 신앙성의 것이 아니다. 영성 자체의 현현은 아니다. 이를 종교성에까지 접근시키려면 외래로 불리는 사상 및 정서에 접촉하고 이를 섭취하여 자신을 키워내야 한다. 그 모순성은 '신도'에 내재적인 것이므로 어떤 계기로 다른 정신적인 것과 충돌할 위험이 있다. 그러나 『오부서』신도는 충분한 포용성을 보여준다. 『오부서』에서는 그 사상이 아직 배타성을 띨 정도로 발달되어 있지 않았다고도 할 수 있다. 여기서는 종래의 정치적인 것이 여러 국내외의 상황에서 자성의 기회를 부여받고, 그 후 종교적 사상, 즉 영성적 각성의 방면으로 심화되어 퍼져 나간 것이다. 신도로서는 겨우 그 맹아를 보았다고 해도 좋을 것이다. 이를 당시의 정토 사상 등 조직적으로 진전되어 발전하는 것에 비교한다면 아직도 멀었다고 해야 하겠지만, 『오부서』가 일본 정신을 구성하는 것의 자각이었다는 점은 의심할 여지가 없다. 진정한 영성적인 것은 이제부터이다.

이와 같이 가마쿠라 시대에 진실한 의미의 종교적 신앙 및 사상 및 정취, 한마디로 영성이 각 방면에서 전개되었는데, 일본에서 정토 사상을 논의할 때 학자들은 이를 통상 말세末世 사상과 관련시키곤 한다. 그러나 나는 꼭 정토 사상이 말세 사상과 관련되었다고는 생각하지 않는다. 말세 사상이 학자들이 주장하는 것처럼 당시 일본인들 사이에 보편화됐는지를 먼저 검토해야 한다. 전교대사 이래 그런 생각은 불교학자들 사이에 전해졌을 것이다. 그러나 불교학자가 모든 불교도를 대변하는 것도 아니거니와 하물며 모든 사람을 대변할 수도 없다. 당시 일반 불교인들이 과연 한문 경전을 얼마나 친숙하게 여겼을까, 또한 전도자는 불교 의식을 어느 정도까지 일반 민중 사이에 확산시켰는가. 이미 절 건물도 있고, 스님들도 있다. 파계승들은 불교의 시작부터 인도에도, 중국에도, 일본에도 있었다. 지금도 있다. 그런데 일반인들은 이때 불교에 대해 얼마나 알고 있었을 것이며, 또 그들이 과연 말세 사상을 가지게 되었던 것인지도 의문스럽다. 헤이안 시대를 통해서 불교에 관한 지식은—만약 있었다면—일부 불교학자 사이에 한정되어 있었다. 절에 오거나 스님에게 공양한 귀족에게는 처음부터 그런 지식 따위는 없다. 하물며 신앙심은 더욱 적다. 그들은 불교를 일종의 오락으로 여겼다. 승려도 그 이상을 그들에게 요구하지는 않았다. 정치가 부패하게 되어 사회의 안녕, 민중의 생명, 재산이 위협받아도 그것은 말세가 아니다. 불교는 이들로 하여금 그런 생각에 미칠 정도의 보급성을 가지고 있지 않았다. 불교는 그 무렵—지금도 그렇지만— 정치나 사회생활과 거의 관계되어 있지 않았다. 만약 말세 사상이 왕성했기 때문에 정토교가 주창되고 받아들여졌다면 그것은 결코 일부 스님들 사이에서만 일반성을 지니고 있었던 것은 아닐 것이다. 그리고 만약 정토 사상이 일반적으로 받아들여진 점이 있다면 그것은 말세 사상 때문이 아니라 그와는 별개로 일반인이 시대가 퇴폐함에 따라 자신의 존재의 의미에 대해 반성했기 때문이라고 나는 말하고 싶다. 일본적 영성의 각성은 거기서 비롯된 것이다.

말세라는 것은 어느 시대에도 그렇다. 세상이 종말이니 요계濁季세상이니 하는 것은 비단 불교에만 국한된 것이 아니다. 중국에서도 옛날부터 그랬다. 일본에서는 어땠는지 모르지만, 신의 시대神代가 인간의 시대로 옮겨오는 것은 향상인지 퇴보인지 나는 모르겠다. 어쨌든 '세상의 종말이 되어'라는 말이 보편적 표현이 되어버렸다. 모노가타리나 일기에 그런 말이 있는데 이는 독서를 이해하는 사람들에게는 상투적인 표현이다. 특히 뭔가 말하기만 하면 눈물을 찍어내는 헤이안조의 겁쟁이 귀족의 우는 소리와 다르지 않은 것이다. 정토 사상이 이런 것으로 일반인 사이로 확산될 수 있었다고는 생각되지 않는다(여기서 문헌을 통해 고증하지는 않겠지만). 또한 헤이안 시대에 불교가 어떤 방법으로 민중에게 전파되었는지를 역사적으로 명확히 알 수 없기 때문에 불교의 신앙과 지식이 일반적으로 얼마나 퍼져 있었는지 정밀한 검토가 필요하다. 그것이 되어 있지 않는 한, 스님들이 말세라고 해도, 지식계급의 울보 귀족이 거기에 부화뇌동해도 그것은 당시 정토 사상의 전파성과는 관계가 없는 것이라고 생각한다. 스님이나 지식인이나 스스로의 타락 때문에 "말세, 말세"라고 하는 것에 어떤 의미는 있었겠지만, 일반인의 생활에서 언제나 그런 생각이 떠오르지는 않으므로 특별히 헤이안 말기에 말세라고 느꼈을 가능성은 없다고 말할 수 있다. 더구나 정토교, 특히 진종이 서민 계급으로 확대된 것은 무슨 이유인가. 나는 여기서 절대 타력 종교의 특질에 종교의 원리가 포함되었고 당시 일본인의 정신이 처음으로 종교적으로 깨어났던 것과 동시적 상응이 있었다고 생각한다. 여기서 나는 일본적 영성의 각성을 말하고 싶다.

진종 속에 포함되어 있으면서 일반 일본인의 마음에 파고드는 힘을 가지고 있는 것이 무엇이냐면 순수 타력과 대자비의 힘이다. 영성의 문은 여기서 열릴 수 있다. 정토교의 궁극적인 바탕은 여기에 있는 것이다. 진종은 이를 충분히 파악했기 때문에 서민적인 것이 될 수 있었다. 정토교는 여기까지 오지 않으면 그 본래의 사명을 다하지 못했을 것이다. '정토'보다는 그 절대 타력적인 곳에 정토교의 가르침의 본질이 있는 것이다. '이 땅은 예토이므로 저쪽의 땅에 가자, 저기에 살면서 깨끗한 생활을 할 수 있다'고 하는 것은 정토교의 본뜻이 아니다. 정토교가 정토를 설파하는 것은 정토에서는 업의 구속에서 벗어나 깨달음을 열 수 있기 때문이다. 정토왕생은 수단이며, 깨달음이 목적이다. 그 정토로 갈 수 있는 것은 아미타의 타력에 의한 것이므로 업에 사로잡혀 있는 몸으로는 갈 수 없다. 절대 타력으로 초인과의 세계를 체험해야 한다. 정토교라고 하니 모든 것이 정토로 끝을 맺는 것 같지만, 실제 정토는 그런 곳이 아니라 일시 통과해야 할 임시정거장의 대합실 같은 곳이다. 말세와 정토를 대립시켜 생각하지 말아야 한다. 만약 대조한다면 업 사상의 인과관과 득증 해탈(깨달음을 얻어 해탈하는 것)에 의한 왕생의 사이를 대조해야 한다. 업의 속박에서 해방되는 것은 논리적으로 말하면 반야의 즉비관이지만, 종교 신앙적으로 말하면 무연의 대비, 즉 미타의 서원誓願으로 인해 구원받는 것이다. 정토를 말세관에 연결해 현세의 연장처럼 만드는 것은 종교가 아니다. 지극히 저급하고 안이한 '물질주의', '개인주의'의 반향이다. 그리하여 대지의 영혼을 마치 마귀처럼 생각하니 유물론자 등으로부터 종교는 아편이라는 소리를 듣는 것이다. 그러나 불교의 진실, 즉 영성의 본체에 투철한 사람은 그런 생각을 해서는 안 된다.

　순수한 타력 종교에서 다음 생은 극락이든 지옥이든 좋다. 신란은 『탄이초歎異抄』에서 그렇게 말한다. 이것이 진짜 종교다. 물론 정토교가 여기까지 하루아침에 온 것은 아니었다. 헤이안 시대의 정토관은 귀족 문화의 영향을 받아 정토를 이 땅의 연장으로 생각한 것이었다. 그리고 염불은 정토왕생의 방법론이었다. 승려 혜심惠心의 정토는 아직도 현실성이 풍부하다. 그 무렵의 보살내영도菩薩来迎図는 참으로 헤이안 시대적이다. 호넨에 이르러서는 종교의 본질에 상당히 다가간다. 그러나 내영과 관련된 지점에 여전히 걸림돌이 있다. 『호넨쇼닌교쇼法然上人行状』에 호넨은 아마카스타로甘糟太郎忠綱를 위하여 말하길 "미타의 본원은 당신의 선악을 구별하지 않을 것이며 행함의 다소를 논하지 아니하고, 몸의 깨끗함과 더러움을 택하지 아니하며, 모든 인연을 멀리하면 죽음의 인연에 연연하지 아니할 것이다. 죄인은 죄인이지만 아미타의 명호를 외치면 왕생한다, 이것이 본원의 불가사의이다. 무사의 집에서 태어난 사람, 비록 군대에서 싸우고 목숨을 잃더라도 염불하면 본원으로 인해 내영하게 될 것을 꿈에도 의심하지 않는다." 여기서 "죄인은 죄인이지만 아미타의 명호를 외치면 왕생한다, 이것이 본원의 불가사의이다"라고 하는 부분은 타력종의 묘의에 투철하지만, '내영'이라고 하는 말에는 아무래도 헤이안 시대의 분위기가 남아있는 듯하다. 호넨은 실로 헤이안과 가마쿠라의 가교 역할을 했다는 점에서 일본 정신사상의 스타 중 한 명이라고 할 만하다.

진정한 가마쿠라 정신, 대지의 생명을 대표했던 것은 신란이다. 신란은 호넨 밑에서 타력의 대의에 대오각성했는데, 그 대오를 하고 대지에 접촉하게 된 것은 그가 북국으로 유배되어 관동을 유랑하면서였다. 교토에 있는 동안에는 아무래도 귀족 문화의 관념성을 벗어날 수 없다. 호넨도 더 오랫동안 지방에 가 있었다면 한 단계 더욱 성숙함을 보였을 것이다. 이는 비록 그가 노년 때문에 이루지 못했으나 신란은 젊었으므로 그의 스승 호넨의 유지를 이을 수 있었다. 이 두 사람은 뗄 수 없는 인격이다. 뒤에 온 것과 앞에 간 것은 일련의 염주와도 같다. 신란 또한 수년에 걸쳐 지방을 유랑하지 않았다면 순수 타력에 철저할 수 없었을 것이다. 신란으로서도 북국으로 유배 가서 불법을 벽지 사람들에게 전할 수 있는 기회를 얻었기에 결과적으로 고마운 일이라고 해야 할 것이다. 벽지에 왔기 때문에 자신의 종교 체험에 심혈을 기울인 것이다. 신란이 북국에서 곧바로 교토로 돌아가지 않은 이유에 외적, 역사적으로 어떤 사정이 있었는지 전문가가 아닌 나로서는 알 수 없지만, 신란의 내적 생활 면에서 볼 때 지방에서의 생활, 대지에 가까운 생활은 그로 하여금 미타의 대비를 드디어 깊이 체화시킨 것이나 다름없다. 그가 대지를 떠나지 않은 사람들을 위해 쓴 편지를 모은 『소쇼쿠쇼消息集』는 가마쿠라 문화의 정신을 반영하는 것이라고 생각한다. 관동에서 20년을 보낸 그의 생애는 결코 단순한 역사적 우연이 아니었다. 이 오랜 생활이 종래 진종 사상 발전에 얼마나 큰 영향을 미쳤는지는 상상하기 어려울 정도다. 반드시 큰 영향이 있었을 것이라고 생각한다. 진종이 항상 지방을 잊지 않고 오늘날에도 진종교파의 기반이 지방에 있음을 생각하면 그 교의보다도 그 신앙이 대지에서 온 것임을 이해할 수 있다. 일본적 영성은 대지를 떠날 수 없다.

　진종은 염불을 주로 한다든가, 정토왕생을 가르친다든가 하는 것들은 진종 신앙의 진수를 건드리지 않는다. 진종은 아미타의 서원을 믿는다는 데 근거를 둔다. 서원을 믿는다는 것은 무한히 큰 자비에 의지하는 것이다. 인과를 초월하여 업보에 얽매이지 않고 작용하는 무애한 자비의 빛 속에 이 몸을 던져 넣는다는 것이 진종의 신앙생활이라고 나는 믿는다. 이 땅의 연장인 정토왕생은 있어도 좋고 없어도 된다. 빛 속에 싸여 있다는 자각이 있으면 그것으로 족하다. 염불은 이 자각에서 나오는 것이다. 염불에서 자각이 나온다고 말하면 틀린 것이다. 어쨌든 우선 무한의 대비에 한 번은 흡수되어야 한다. 그리고 이 흡수는 자신이 깊숙한 대지에서 나온 것이라는 데서 느낄 수 있다. 이 세상의 근심과 괴로움도 대지를 떠나 자기 혼자만 살아가는 곳에서 온다는 것을 깨달아야 한다. 이 세상이 어려우니 저세상으로 가고 싶은 것은 진종의 대의가 아니며, 일본적 영성의 특성이 아니다. 이는 통속화되고 대중화된 신앙으로 타력의 진면모가 아니다. 그것은 귀족 문화의 잔재다. 정토계 사람들이 흔히 말하는 '지옥필정地獄必定'은 생사의 저편에 있는 것이 아니다. 정토와 마찬가지로 어딘가 십만억토 — 정토가 서쪽이라면, 지옥은 동쪽에 있다고 생각해선 안 된다. 그것은 헤이안 문화로부터 전래된 철저하지 못한 사상이다. 지옥도 극락도 이 땅에 있다고는 할 수 없지만, 이 땅에 대한 인식 부족에서 오는 시각이다. 우리의 생각들이 대지로부터 유리되는 방향으로 나아가면 거기에 지옥도 극락도 있게 되지만, 우리가 대지 그 자체라는 것을 깨닫고 나면 이곳이 바로 필관정畢竟浄의 세계이다. 생각 자체가 대지가 되는 것이다. 대지 자체가 생각하는 것이다. 거기에 대비의 빛이 번뜩이는 것이 대비의 극락이다. 그것이 없는 곳이 지옥필정이다. 진종 신앙의 극치가 바로 여기에 있다. 그리고 여기에 일본인의 종교 신앙적 자각이 있는 것이다. 이것을 일본적인 영성의 자각이라고 한다. 지금까지 문화의 과정은 이곳에 이르기까지의 준비 작업이었다. 여기서 한 번 진정한 각성이 있은 후에는 일본의 정신사도 그 진전을 위해 제대로 방향을 잡을 수 있었던 것이다. (진종 신앙은 이 점에서 일본인의 성격에 부합하는 점이 있다고 할 수 있다. 그러나 이에 대해서는 더 자세히 설명해야 한다. 일본 정신사에 있어서 선의 의미를 설명하고 싶지만 다음으로 미루겠다.)

앞서 설명한 내용을 요약하자면 일본의 정신사는 가마쿠라 시대에 이르러 비로소 그 진정한 의미를 발휘했다는 것이다. 불교의 본질적 면모도 이때 대지로부터의 영혼의 생명과 접촉했다. 이것이 절대 타력과 교외별전教外別傳의 선이다. 그리고 일본의 정치적·국가적 사상과 결합하여 일파의 종지宗旨를 형성한 불교에 일련(니치렌)종이 있다. 그리하여 한편으로는 무한의 대비가 현현했고 또 한편으로는 그 지적 직관성이 일본적 성격 속에 융복합되어 일찍이 예술적 생명의 방향으로 독특한 표현을 이루게 되었다. 이 편에서는 타력 사상의 일부분만 약간 언급했다.

근대 일본의 역사적 환경은 가마쿠라 시대와 비슷해 더욱 절박한 면모가 있다. 국제적 정치는 말할 것도 없고, 사상과 신앙 및 기술 등의 제 방면에 걸쳐 이질적인 세력들이 격렬하게 습격한다. 이것이 반드시

적대적이었던 것은 아니다. 이질성이 곧 적대를 의미하지는 않는다. 하지만 바로 그 이질성 때문에 근대는 가마쿠라 시대나 그 이전 및 그 이후에 일본 문화가 만발했을 때와 그 정취를 크게 달리하고 있다. 단순히 자존적이고 배타적 태도로 이에 대항해서는 안 된다. 그것은 사실상 자멸로 향하는 마음가짐이다. 한때는 아무리 활기차게 움직이고 또 어느 정도 성공의 그림자가 보이더라도 환멸의 시기는 반드시 온다. 유사 이래 무력·기계력·물력의 항쟁은 말단적인 것이다. 궁극적인 것은 영성의 함양과 신앙 및 사상이다. 그리고 그 영성, 신앙은 사상과 현실에 의해 더욱 세련되어야 한다. 이때 불교인의 사명은 시국에 영합하는 것이어서는 안 된다. 나는 일본인들이 세계적 사명에 대해 충분한 인식을 가지고, 넓고, 높고, 깊이 사유하기를 간절히 바란다.

제 II 장

일본적 영성의 현현

I. 일본적 영성의 태동과 불교

1. 불교와 '외국 도래'의 사상

내 생각에는 일본의 문화적 자산 중에서 가장 세계적인 의의를 가지고 있고, 그대로의 형태로 세계에 선전할 수 있도록 또 선전해야 할 것 중 하나로 불교가 있다. 불교는 실로 일본적 영성의 자각의 현현이다.

불교라고 하면 많은 사람은 그것이 인도에서 만들어졌고, 인도는 일본이 아니기 때문에 그것은 외국의 것이라고 생각하고 외국에서 수입된 것은 일본의 것이 아니라고 쉽게 생각한다. 그뿐만 아니라 외국에서 온 것은 무엇이든 배척을 해야 한다고까지 생각한다. 불교가 이미 외래라면 아무리 세계적 가치가 있어도 상관없다는 것이다. 즉, 불교는 배척해야 한다는 사람들이 있다. 다만 표면적으로 외국에서 왔다는 이유로 배척한다면 이상한 것이 오늘날 우리의 생활양식을 보면 대부분 외국에서 온 것이고, 우리는 그것을 모방하고 있다고 해도 좋을 것이 꽤 있다. 첫째, 무엇보다 양복을 입고, 모자를 쓰고, 구두를 신는 사람들은 대체 일본인인가, 서양인인가. 일본적이라고 해도 어디까지가 진짜 일본적인 것인가 하는 것을 엄밀히 문제로 삼아야 한다. 시대적으로 생각해 볼 때 일본적인 것은 고대부터 말하는 것인가, 헤이안조, 가마쿠라 시대인가 혹은 더 내려가 에도 시대를 가리키는 것인가 아니면 메이지 시대까지도 내려도 될까. 메이지 시대도 그 초기인가 말기인가. 이런 것은 정말 매우 막연한 생각이고, 심지어 믿을 수 없는 것이다. 사실 '일본적'이라는 것에는 뚜렷한 개념이 없다. 실제 생활상으로는 무엇이든 도움이 된다면 당장 그 개념을 세울 수 있게 해도 좋다고 나는 생각한다. 사실 생활면은 실용주의로 밀고 갈 수 있으니까 외국이나 일본이나 크게 문제될 게 없다. 하지만 사상이나 감정이나 영성의 문제가 되면 이야기가 많이 다르다. 뭔가 일본적이라는 것을 표면적, 지역적, 시간적으로만 생각해선 안 된다. 시간상으로만 따지면 불교가 일본에 들어온 지 벌써 천 년이 넘었다. 천 년이란 길면 길지만, 또 짧게 생각하면 천 년도 금방 지나간다. 우라시마 타로浦島太郎가 용궁에 가서 잠시라고 생각하고 있다가 고향에 돌아와 보니 자신이 아는 사람들은 이미 모두 죽었다는 것 같은 얘기다. 눈을 감으면 천 년이나 이천 년은 금방 지나간다. 아무것도 대수롭지 않다. 그러나 우리의 수명을 50이나 60이나 70으로 보면 천년은 70의 10배 이상이 되는 20배까지 못 미친다. 못 미치지만 시간은 많이 걸린다. 그만큼의 시간이 걸려서 일본 땅에 심어져 싹트고 꽃피고 열매를 맺은 불교다. 나는 식물이나 동물에 대해서는 잘 모르지만, 식물은 우리 눈에 가깝기 때문에 아마추어라도 어느 정도 관찰할 수 있다. 예를 들어 나팔꽃을 외국에 가져가 심으면 그해에는 일본 꽃이 피지만, 다음 해에는 꽃이 작아져 원래의 나팔꽃으로 돌아가는 경우가 있다. 그리고 일본에 지난해 튤립과 히아신스라는 화초가 네덜란드에서 수입되어 왔다. 그게 첫해는 좋지만 역시 2, 3년이 지나면 이식 당시의 모습이 사라진다. 그러나 일본의 풍토에 동화되어 버리면 이른바 일본적 튤립, 일본적 히아신스가 몇 년 후에 완성되는 것이다. 고산식물이 평지로 내려와 평지의 식물이 되려면 역시 2, 3년이나 4, 5년은 걸린다는 것이다. 원래는 고산식물이지만 지금은 평지 식물이라고 해야 한다. 일본에서는 국화가 상당히 성행한다. 특히 북국에서는 그렇다. 그런데 지난해 영국에서 보면 런던에서도 국화 첫 재배가 이루어지고 있었고, 국화 전람회도 있었다. 그 꽃에 대한 영국인과 일본인의 취미가 다르기 때문에 같은 날 완성된 것은 아니지만, 영국인은 영국인 나름대로 훌륭한 것을 만들고 있는 셈이며, 반드시 일본을 표준으로 하여 그를 비평할 수는 없는 것이다. 국화는 원래 중국에서 일본으로 온 것으로 생각하지만, 일본에 와서는 일본적이 되고, 유럽에 가서는 유럽적이 되는 것이다. 그러면 일본이나 유럽에서 자라고 있는 국화를 굳이 중국의 국화라고 할 필요는 없다. 각처에서 제각기 그 특색을 발휘하고 있다면 국화는 국화로서 그 특성을 이루고 있다고 해도 무방하다. 지역적 안목으로만 국화를 볼 수는 없다. 국화의 생명이 있는 곳에 주목해야 할 것이다. 정신적 문화 방면의 경우 이식 후의 풍토화는 물론 1년이나 2년 내지 10년 20년 또는 50년 100년의 문제가 아니다. 적어도 200년 또는 300년이라는 세월이 필요하다. 그것도 민족마다 다를 수 있다. 그러나 불교는 단순히 일본화되면서 일본적이 되었다. 그러나 불교는 일본의 것이라고 한다고 해서 이야기가 끝나는 것이 아니다. 나는 우선 일본적 영성이라는 것을 주체로 두고 그 위에 불교를 생각하고 싶은 것이다. 불교가 밖에서 와서 일본에 심어져 수백 년이나 천 년 이상이 지나 일본적으로 풍토화되어 더 이상 외국에서 도래한 것이 아니게 되었다는 얘기가 아니다. 처음부터 일본 민족 사이에는 일본적 영성이 존재하고 있었고, 그 영성이 우연히 불교적인 것을 조우하여 스스로 그 본래 갖추고 있던 바탕을 드러냈다는 것이다. 여기서 일본적 영성의 주체성을 인식해 둘 필요가 반드시 있다고 생각한다. 이에 대해 조금 서술해 보고자 한다.

불교가 인도에 발생한 것은 지금으로부터 2,300~2,400년 전이다. 인도에서 1,000년 정도 발전하면서 불교는 인도에서 자취를 감추고 말았다. 그리고 한편으로는 중앙아시아를 지나고, 또 한편으로는 지금 대동아전쟁으로 유명해진 남아시아 방면을 지나 중국으로 들어왔다. 즉, 불교는 중국으로 북쪽에서부터도 오고, 남쪽에서부터도 온 것이다. 그런데 이 불교는 인도 그대로의 모습으로 중국에 받아들여지지 않았던 것이다. 이것은 당연했다. 중국에 불교가 처음 왔을 때 중국 사람들은 불교를 반대했다. 일본에서도 마찬가지였다. 또 서양의 것들을 일본에 들여왔을 때 반대가 있었던 것은 유명한 사실이다. 메이지 유신 때 사람들은 전선電線이라는 것을 보고 마물이니 가톨릭의 유령이니 하며, 어떤 사람들은 부채로 상투 튼 머리를 가리고 그 아래를 지나갔다고 한다. 지금 보면 이상한 이야기지만, 그 사람들에게 있어서는 대단히 진지한 감정의 표현이었음은 의심할 여지가 없는 것이다. 이제 메이지 유신으로부터 대략 70년이나 80년이 지났으니 그런 행동은 영락없이 바보같은 짓으로 보일 뿐이다. 80년 전 일본인의 전기에 대한 생각은 이 정도로 달랐으니 시간이란 것도 그저 시계로 새겨지는 것이 아님을 알 수 있다. 시계의 똑딱거림에도 우리의 세계관, 일본관의 변화가 새겨져 가는 것이다. 똑딱똑딱하는 움직임에도 큰 의미가 있다.

어느 국민에게나 새로운 것이 들어오면 그 새로운 것에 대한 저항심이 든다는 것은 오히려 자연스러운 인지상정으로 생각된다. 그러나 그 자연스러운 감정 가운데도 본래 보수파와 신진 또는 개조파라고도 할 진보파가 있다. 보수파는 노인에게 많다. 노인의 사고방식과 젊음의 사고방식은 언젠가는 반드시 충돌하는 법이다. 자식은 꼭 부모에게 모반하는 경향을 가지고 있다. 세계의 쟁투는 나이의 쟁투라고 할 수 있다. 그러나 다른 면에는 또 나이만으로 규제할 수 없는 경우도 있다. 사람의 심리 또는 자연의 인정은 꽤 복잡하기 때문에 무엇이든 간단히 정리하면 큰 파탄이 생긴다. 젊은 사람은 나이 든 것에 저항하기 마련이지만,

또 사람의 정이란 것은 자식으로서 부모에게 복종하게 한다. 부모가 죽어도 삼년상의 제도를 지킨다는 것이다. 자기 집에서 오랫동안 함께 살던 나이 든 사람이 단지 죽었기 때문이라고 해서 그 사람이 한 일을 바꾸기는 아무래도 어려운 것이다. 그 사람이 사용한 도구류 등도 그대로 그곳에 두고 싶은 것이다. 이런 의미에서 부모가 한 일은 그대로 다시 보존해나가고 싶고, 3년은 물론 5년이든 10년이든 부모가 한 대로 하고 싶은 생각이 든다. 부모가 이렇게 했으니 이렇게 하는 것이라면 별 이유 없이 보수성을 실천하는 것이다. 실제적인 편리성, 불편이라든가 도리에 맞는다, 안 맞는다든가 하는 것은 부차적인 의미를 지니는 것이다. 부모의 유지를 존중하고 그대로 지켜나간다는 것은 부모-자식 또는 자식-부모의 관계에 대한 생각 없이 그저 자연적인 일이라고 생각한다. 또 한편으로는 지금까지 너무나 하고 싶었지만 부모가 못 하게 해서 할 수 없었던 일이 있었는데, 부모가 없어지니 '자, 해보자' 하는 일도 있을 수 있다. 그것은 일면에서 보면 전혀 나쁜 일이라고 할 수는 없다. 그것을 장려해도 좋은지 나쁜지는 별개의 문제이지만, 심리적으로 생각하면 젊은 사람의 마음을 이해 못 할 일은 아니다. 한편에서는 3년은커녕 10년이나 20년 동안 조상의 전통을 바꾸지 않는데, 또 한편에서는 척척 바꿔 가는 것, 이 두 경향을 실제 생활상에서 서로 절제하고 조절하지 않으면 난세만 계속될 것이다.

사회는 하나의 가족과 동일시할 수 없으며, 그 모습이 사뭇 다르다. 한 집에서는 괜찮은 일도 사회라든가 국가라든가 하는 큰 집단 생활체가 되면 이른바 가족주의는 그대로 응용할 수 없거나 응용해서는 안 되는 경우도 많이 있다. 오늘날의 사회, 국가라는 것은 꽤 복잡한 조직을 가지고 있다. 게다가 고립된 국가란 없다. 국가라고 하면 분명히 하나에 대한 하나 또는 수많은 국가가 있기 마련이다. 한 국가는 국가군 중의 한 국가이지 결코 독립해서 홀로 나아갈 수 없다. 또 그 국가군 모두 각자의 전통이 있고, 역사가 있으며, 특이성이 있으므로 한 국가가 다른 국가에 대해 제멋대로 주장을 강요할 수는 없다. 서로 그 전통을 존중해야 한다. 그런데 인간의 세계는 어디서나 그렇지만 각자가 그저 자신의 전통을 지키고 그저 그대로 살아가면 되는 것은 아니다. 시세는 움직여 멈추지 않기 때문에 각자가 그 전통을 지키고 그 특수성을 계속 전개하는데, 그 가운데 서로 뭔가 작용하는 현상이 생기는 것이다. 국제 문제는 그런 데서 나온다. 여기서 문제는 어떤 경우 자신이 지켜야 할 곳을 지키면서도 환경의 변화에 어떻게 응할 것인가 하는 것이다. 따라서 이 순응성이 부족하면 자신의 전통도 보장해나갈 수 없는 것이다. 특히 근대의 과학적 진보, 기계 생활의 발전, 상업상의 거래, 각종 사상의 눈부신 발생과 전파 등의 여러 사정 때문에 국제간의 교섭은 나날이 번성한다. 따라서 각자의 국가 내에서의 여러 가지 사상의 분규는 옛날 절해의 고도를 지키던 사람들의 상상조차 미치지 못할 정도이다. 한 가정 내 노인과 청년의 충돌 소동이 아닌 국가, 민족 전체의 흥망을 걸어야 하는 소동마저 벌어진다.

2. 중국의 불교

인도에서 중국으로 불교가 들어왔을 때의 이야기로 돌아가서 이 사상적 파장이 어떻게 중국 민족에게 받아들여졌는지를 보자. 중국인은 원래가 현실적이고 실증적인 민족으로, 현실주의와 실증성은 대개 땅을 떠나는 것을 좋아하지 않으며, 땅을 떠나서는 조상에 제사 지내는 것이 뜻대로 되지 않는다고 여긴다. 이렇게 제사가 중요한 나라에서는 자손 단절이라는 것이 대단한 불효가 된다. 그런데 불교는 스님으로 출가해서 독신 생활을 하라, 살생을 하지 말라, 생물을 죽이지 말라는 계율을 지키게 되어 있다. 그러나 중국 민족의 조상 숭배적 풍습상 자손을 끊어서는 안 되므로 결혼을 해서 아이를 낳아야 한다. 자녀가 없으면 부모에게 효를 다할 수 없는 것이다. 조상의 전통을 끊게 되면 불효하기 짝이 없는 것이다. 인도적 불교 생활은 그래서 중국 민족의 전통과 정면 충돌하는 셈이다. 그리고 그 조상에 제사를 올리려면 중국에서는 오늘날도 며칠에 걸쳐 여러 가지를 바친다. 통돼지 찜이라든가, 양고기 찜이라든가, 거기에 소고기 요리를 더하는 등 소란을 피운다. 이런 일을 하지 않으면 세 가지가 갖추어지지 않으므로 완전한 제사가 될 수 없다는 것이다. 조상을 제대로 제사 지내지 않으면 자손으로서 이보다 더 큰 불효가 없다는 말이다. 그런 곳에 불교 같은 것이 들어오면 큰일 날 수밖에 없다. 불교의 이치는 어쨌든 간에 한민족漢民族은 불교를 매우 배척했던 것이다. 배척은 했지만 불교 이론의 방면에서 볼 때 중국인들은 인도 민족이 도출한 불교적 사색에는 도저히 대적할 만한 것이 없었다.

인도라는 나라는 정치적으로나 국가적으로 별로 흥미로운 면이 없다. 요즘은 독립운동도 하고 있지만 여하튼 국가적 입장, 정치적 방면에서 보면 그다지 훌륭한 면모를 보여주지 못하고 있는 듯하다. 앞으로 어떻게 될지는 모르지만 인도 민족은 종교와 철학이라는 것에 온 정신을 던져 온 민족이다. 그래서 "당신의 종교는 무엇입니까"라는 질문이 인도인을 처음 만날 때 서로 주고받는 첫인사라는 것이다. 그만큼 그들은 종교라는 것에 대해 관심을 갖고 있다. 이에 반해 일본인 대다수에게 종교 따위는 "가만, 우리 집이 무슨 종宗이었더라" 하는 식으로, 죽은 뒤 갑자기 "진언종이었나 진종이었나, 뭐였나" 하며 난리를 치고 결국 지인이 다니는 절로 가는 것이다. 큰 도시에는 진종이든 선종이든 진언종이든 뭐든 자유자재로 장례 의식을 해주는 직업을 가진 사람이 있다고도 하는데, 어떻든 이런 식으로 대다수 일본인은 종교에 무관심한 상태다.

그러나 인도인은 좀처럼 그렇지 않다. 오늘날 간디 같은 사람이 나왔다는 것은 인도인들의 자랑이라고 생각한다. 또 우리 중에 그런 인간이 나왔다는 사실을 자랑스럽게 생각해도 좋을 것이다. 힘이라는 것, 무력이든 권력이든 의존하지 않고 저항한다는 것이 간디의 무저항주의다. 이것으로 시종일관하고 있는 것이다. 그리고 그 자신의 생활은 전적으로 성자의 삶이다. 이런 사람은 인도가 아니면 안 나올 것 같다. 인도가 아니라면 아무리 해도 저런 사람이 안 나올 것이다. 인도에서 저런 사람이 나왔기 때문에 인도라는 나라가 세계적인 사명에 있어서 뭔가 완수할 것이 있다고 나는 믿어 의심치 않는다.

인도풍과 중국풍은 다르다. 철학이나 종교에 대한 점에서도 중국인은 아무리 해도 인도인에 미치지 못한다. 따라서 사상, 이념, 철학, 종교 논리라는 방면에서는 중국인은 인도적인 것에 반항하거나 반박하지 않는다. 다만 실제 면에서 중국인은 조상의 맥을 끊는 것은 불효하기 짝이 없다고 믿고 있으므로 이 점을 강조하며 극도로 불교에 반대하는 것이다. 그래서 불교가 중국에 와서는 중국 민족의 사상과 동화되었다. 즉, 불교는 인도적이기는 하지만 동시에 중국풍의 것을 도입하여 중국화했던 것이다. 그리하여 중국불교라는 것이 완성되었다.

인도에서 성립된 불교가 중국 민족과 어떻게 융합되었는가 하면 한편으로는 선종으로, 다른 한편으로는 정토계의 염불이 되었던 것이다. 물론 중국에서는 천태라든가 진언이라든가 삼론, 화엄 등도 나왔고, 화엄이나 천태라든가 삼론이나 유식의 방면에서 매우 비범한 사람이 나오고 또 그러한 사람이 중국인 사이에서 나왔다는 것은 우리 동양인의 자랑이라고 생각한다. 불교가 중국 민족 심리 자체를 기반으로 자연스럽게 만들어졌다기보다는 오히려 인도의 것을 옮겨다가 중국의 땅에서 만들었다고 할 수 있을 것이다. 다시 말해 나팔꽃이든 뭐든 서양으로 가져가면 그다음 해에는 더 이상 일본의 나팔꽃처럼 피지 않는다는 것과 마찬가지로 중국에서 생성된 화엄과 같은 불교는 그 땅의 위대한 두뇌를 가진 사람들 사이에서 발전했기에 물론 중국풍이지만 여전히 약간의 인도적 성격을 가지고 있다. 중국의 땅에서 완성되기는 했지만, 여전히 본래의 성격을 잃지 않고 있다. 따라서 철저히 중국 민족적 영성 그 자체로부터의 발전이 되기 위해서 불교는 한층 변화가 필요했던 것이다. 이것이 천태와 화엄 등의 불교가 현수대사賢首大師(법장法藏)와 지자대사智者大師(지의智顗)의 뒤를 이어 위대한 인물을 낳지 못한 이유다.

천태에서도 화엄에서도 그런 훌륭한 종교 사상적 체계가 인도계 사상 위에 만들어졌다는 것이 중국의 천재적 인물들에 의해 비로소 가능했다고 해도 이는 중국적 영성 자체로부터의 발생은 아니었던 것으로 보이며 각각의 개조 이후 지금까지 발전을 이루지 못했다. 그렇게 되려면 중국 민족의 종교의식이 깊이 파고들어 거기에서 싹트는 것을 포착해야 할 것이다. 보통은 밖에서 옮겨 심었고, 그것이 뿌리를 내렸다고 생각할 수 있지만, 그렇게 생각하기보다는 옮겨 심었다는 인연을 빌려 은밀히 그 땅에 있던 종묘 혹은 영성이 작용하기 시작했다고 볼 수 있다. 밖에서 왔다는 것에 중점을 두기보다는 안에 있던 것이 주체가 된다는 생각이 사실의 진상에 더 부합하지 않을까.

이런 이유가 아니면 선이나 염불이 중국에서 싹트면서 점차 발전을 이루었다는 사실을 해명할 수 없는 것이다. 선이나 염불은 중국 민족적 영성에서 직접 나왔다고 해도 좋을 것이다. 다만 선이 일본에서처럼 민족의 생활 한복판에 들어가지 않았다는 것은 중국 민족의 생활 어딘가 아직 선과 완전히 혼연일체하여 한 줄기가 될 수 없었기 때문이 아닐까 한다. 중국 민족적 영성의 일면은 분명히 선 위에서 볼 수 있다. 그렇지 않으면 선 자체도 중국에서 이루어질 수 없는 것이다. 하지만 중국 민족 심리의 한 귀퉁이에는 인과에 대한 깊은 신앙이 깃들어 있는 곳이 있다고 본다. 그리고 염불은 선보다 더욱 중국적 영성의 발양이라고 생각한다. 염불에 관한 불교 경전은 물론 인도에서 왔지만 염불종이라고 할 수 있는 것은 중국이 아니면 나올 수 없었던 것이다. 그리하여 이 두 종류 불교가 일본으로 갔다. 그리고 일본적 영성은 그것을 일본 것으로 만들어 두 가지 모두 일본적 특이성을 갖게 되었다.

II. 일본적 영성과 불교

인도의 불교가 중국을 통해 일본으로 갔다. 일본은 그때까지도 중국 문화의 영향을 받아왔기 때문에 불교는 별 탈 없이 일본에 도입될 것으로 보였다. 그런데 그게 아니라 불교를 둘러싸고 파가 갈렸다. 도입을 둘러싸고 논쟁이 있었고, 정쟁이 있었다. 논쟁이야 그렇다 쳐도 정쟁이 있었던 것은 불행한 사건이었다. 그러나 아무튼 불교는 결국 일본에 도입되었다. 화엄과 천태 삼론, 유식, 구사도 들어갔다. 분명 들어갔기는 했고 또한 오늘날도 그 종지는 이론으로서 연구되지만, 이 종파들은 우리 일본인의 실제 생활 속에는 조금도 들어오지 않았다. 이들은 나라 시대에 번창했다고는 하지만, 모두 상층 계급에서 개념적으로나 향락적으로 유행했을 뿐이다. 인도에서 직접 불교가 일본으로 전래되었다면 어떤 식으로 받아들여졌을까. 물론 이를 알 수는 없지만, 필시 중국을 거쳐 왔을 때와는 그 정취를 크게 달리했을 것이다. 그러나 중국을 거쳐왔기 때문에 일본은 어떻든 마침내 받아들이게 된 것이다.

그래도 전술한 바와 같이 불교는 그 이식 초기에는 좀처럼 일본적인 것이 되지 않았으며, 중국의 불교라는 풍모를 띠고 있었다. 일본적 영성은 아직 불교를 통해 드러나지 않았다.

불교가 중국을 통해 일본에 들어왔다는 역사적 사실에 어떤 계획이나 의미가 있었는지도 모른다고 여길 수 있다. 그렇게까지 생각하는 것은 지나칠지도 모르지만 아무튼 불교는 중앙아시아를 거쳐 중국 본토로 갔다가 일본으로 와서 정착했다. 그 불교는 이른바 외래에 토대를 둔 것이 아니라 일본에 와서 일본적 영성의 세례를 받은 불교이기 때문에 인도의 것도, 중국의 것도 아닌 일본의 불교인 것이다. 일본적이 되었다고 말하는 것도 충분치 않다. 일본 영성의 긍정이라고 해야 한다. 그와 동시에 동양성을 갖는 것이어야 한다. 인도에서 발생한 불교는 물론 인도성을 지니고 있다. 불교는 중앙아시아를 거쳐왔기 때문에 그 지역의 특성을 가져왔지만, 그 후 중국으로 일대 전환을 했기 때문에 중국적 성격을 충분히 지니게 되었다. 그러다 마지막으로 일본에 들어와 일본적으로 영성화했으니 일본 불교는 모든 동양성을 갖고 있다고 할 수 있다. 단지 그뿐만이 아니다. 불교는 남아시아 방면으로도 거쳐왔기에 남방적 성격도 그 속에 내포하고 있는 것이다. '일본' 불교는 그러므로 북방 민족적 성격도, 남방 민족적 성격도, 인도적 직관直覺력도, 중국적 실증 심리도 모두 함께 갖추고 있는 것이다. 그리고 그 특수한 성격이 단지 복잡하기만 하고 그것들이 일본 불교 중에 물리적, 공간적으로 병렬되어 있는 것이 아니라, 일본적 영성이 중추로 작용하여 그 특성들을 살리고 있는 것이다. '대동아'를 이끌어 하나로 묶고 그것을 움직이는 사상이 어디 있느냐 하면 그것은 '일본' 불교에서 찾을 수밖에 없을 것이다. 물론 불교 그대로의 형태로 세계에 반출하는 것은 도움이 되지 않겠지만, 그 속에 흐르고 있는 혼연일체의 일본적 영성을 발견하고, 그것을 근대적 사색의 방법으로 선포해야 한다. 일본적 영성은 세계적인 것을 포섭하고 있다. 이 점에 대해서는 또 따로 논해야 하므로 지금은 생략하고 일본 불교 중에 어떤 것이 있는지를 보기로 한다.

불교는 인도에서 멸망했기 때문에 그런 것은 일본에 쓸모가 없다는 생각을 가질 수도 있다. 그러나 이는 참으로 피상적인 논의다. 모양만 보고 그 모양을 움직이는 것을 보지 않으면 이런 생각이 나올 수 있다. 인도에서는 불교라는 종파가 사라진 것으로 보인다. 전통적 카스트 제도에 반대한 불교는 정치적 세력을 잃었다. 이는 어쩔 수 없지만, 그 정신은 오늘날에도 타 종파 속에 받아들여지고 있다. 간디는 실로 이 정신 속에 살고 있는 사람 중의 하나이다.

불교가 인도에서 수월하게 진행되지 않았던 주된 원인은 불교가 너무 추상적으로 개념화되어 생활 그 자체, 즉 대지에 뿌리를 둔 생활과 분리되어갔기 때문이다. 영성은 어디서나 대지를 떠나는 것을 싫어한다. 영성은 가장 구체적인 것을 존중한다. 무엇이 구체적이냐 하는 것은 철학적으로 상당히 어려운 문제이지만 여기서 말하는 것은 상식적인 범위의 것이다. 산을 산으로 보고 물을 물로 보는 것이 구체적인 견해인 것이다. 찬물을 차갑게, 더운물을 따뜻하게 느끼는 것이 구체적 느낌이다. 이것이 대지를 떠나지 않는다는 것이다. 유有가 무無이고, 무

無가 유有라든지, 마음이 어떻다든지, 뜻이 어떠하다든지 하는 것은 추상적이다. 중론이나 유식 등으로 논하는 바의 사상은 모두 개념적이고 대지를 떠나 있다고 봐도 무방하다. 실제의 땅을 밟지 않는 것이다. 불교가 자신의 행위에 대해 규제를 가하고 있는 한, 즉 승가적 생활을 엄수하는 한 불교의 생명은 있다. 게다가 어떤 의미에서 권태를 느끼거나 할 때가 오면 사상적 유희가 이루어진다. 물론 사상도 행위이고 생활이다. 그런 점에서 구체성을 지녔지만, 그 사상이 대지와의 연결을 떠나 풍선처럼 되면 사람에 대한 힘을 상실한다. 여기에 활구活句와 사구死句가 있다. 불교는 인도에서 사구가 되었다. 그러나 다행히 그것이 중국으로 와서 중국 민족의 실증성과 실의實義 제일주의 속에서 재생하게 되었다.

중국은 사서오경四書五經의 나라이다. 중국에는 『베다』(고대 인도 브라만교의 근본 성전)도 없고, 『우파니샤드』(고대 인도의 일련의 철학서, 비의서)도 없다. 『화엄경華嚴経』도 없을 뿐더러 『마하바라타』(고대 인도의 민족 대서사시. 『라마야나』와 함께 인도 양대 서사시로 불림)도 없다. 인도 민족이 가지는 자유분방한 상상력과 유원한 사색력이 중국으로 가서 오상오륜五常五倫의 평상의 도에 연결될 때 처음으로 무언가 기능을 한다. 이때 기능을 하는 것이 그 실의 제일주의이다. 이용후생利用厚生은 중국 민족의 이상이다. 불교도 현세 이익이어야 할 인도의 공상과 사유력이 중국 평상의 도에 융합되고, 그것이 일본에 와서 일본에서 성장했으니 말하자면 모든 진수성찬을 다 빨아들였다고 해도 좋을 것이다. 그리고 그것이 한편으로는 선禪이 되고, 다른 한편으로는 정토계 사상으로 나타나 염불로 수용되었다. 우유의 가장 좋고 맛있는 정수는 크림으로, 이것에서 버터나 치즈가 만들어지는데, 인도식으로는 제호醍醐라고 한다. 이 제호가 일본 불교의 선과 염불이다. 선과 염불을 거론하면 일본 불교는 거의 대부분이 다뤄지는 것이다. 일본적 영성이 불교에 흡수되어 그것을 살리고 있는 곳은 바로 여기에 있다.

1. 가마쿠라 시대에 있어서의 일본적 영성의 자각

불교가 가마쿠라 시대에 오기까지는 아직 충분히 일본적 영성의 소산이 되지 못했다. 훌륭한 왕실의 조사祖師였던 전교대사나 홍법대사가 토대를 만들어 놓지 않았다면 가마쿠라 시대에 계기가 완성되지 않았을 것이라고 생각한다. 그럼에도 천태나 진언은 일본 국토 속속들이 침투하지는 않았으며 지배계급 상층부만의 개념적인 것일 뿐이었다. 진언은 (천태도 포함하여) '신도'와 모종의 융합을 이루면서 슈겐도修験道라는 것이 발전했다. 슈겐도는 한편으로는 신도이고, 다른 한편으로는 불교이다. 이것은 일본적 영성의 외곽에 닿은 것이라고 해도 무방하다. 진언은 어떻게 보면 일본 민족의 종교의식을 내포하고 있으나 진언의 가장 깊은 부분은 인도적인 것이다. 이는 개념성이 풍부하나 일본인의 다수는 여기까지 도달하기가 어렵다. 오히려 그 외곽의 표면적 면모를 포착하여 거기에 어떤 신도적 해석을 가하고, 그것으로 충분히 영성의 효력을 볼 수 있다고 생각하는 경향이 있다. 가마쿠라 시대에 이르러 정치와 문화가 귀족적–개념적 인습성을 상실하고 대지성을 지니게 되었을 때 일본의 영성은 스스로 깨어났다.

선이 가마쿠라 시대에 들어온 것은 시의적절했다. 꼭 들어가야 할 때 들어간 것이다. 내가 볼 때 가마쿠라 시대는 일본의 영성이 가지고 있는 가장 심오한 측면이 발휘된 시대이다. 그때까지만 해도 일본 민족의 영성이라는 것은 조금 머리를 치켜든 것에 불과했지만, 가마쿠라 시대에 이르러서는 그것이 근본부터 움직여 스스로 주체성을 갖게 되었다. 일본의 역사를 보면, 외국에서도 그럴지 모르지만, 뭔가 외래의 사건을 만나면 안에 감춰져 있어 지금까지 깨닫지 못했던 것이 홀연히 고개를 들어 사물의 표면으로 튀어나오게 된 것이다. 뭔가 자극을 주지 않으면, 개인 생활의 경우도 물론 그렇지만, 집단생활에서도 마음의 작용이 둔해지는 것이다. 그간 오랫동안 외국과의 교통이 끊겼던 것이 가마쿠라 시대에 다시 시작됐다는 것은 일본 문화 발전 역사상 꼭 주목해야 할 사실이라고 생각한다. 헤이안 시대가 정치적으로 붕괴하는 기세를 보이고, 문화적으로 과숙기를 지나 퇴폐기에 접어들었을 때 아무런 충동이 주어지지 않으면 민족정신은 쇠미하게 되며, 결국은 돌이킬 수 없을 정도로 부패하게 되는 것이다. 그런데 가마쿠라 시대에 대지의 목소리가 농민을 배경으로 하는 무사 계급에서 나왔다. 또한 이때 남송南宋을 압박한 기세로 일본 서쪽을 침범해 오려는 몽고 민족의 맹진의 소식이 빈번하게 전해진다. 송에 들어간 승려들은 새로운 대륙의 공기를 호흡하고 돌아온다. 지금까지 침묵을 지킬 수밖에 없었던 서민 계급의 사상과 감정이 무사 문화, 대지 정신을 통해 들리게 된다. 일본 민족의 영성 그 자체도 그 울림이 이때 울려 퍼져야 했던 것이다. 무사 계급은 선에 귀의했고, 서민 계급은 정토 사상을 창안했다. 무가 문화는 공경 귀족의 문화를 통섭하고, 선의 정신을 통해 일본인의 생활 및 예술 속으로 깊숙이 침투했다. 한편 정토계 사상은 일본 영성의 직접적 현현으로, 대지와 친숙한 것 속에서 결실을 맺었다. 헤이안 시대는 뭐니 뭐니 해도 여성 문화의 시대였다. 혹은 귀족 문화 시대라고 해도 좋을, 오미야인의 전성기였다. 일본 정신으로 불릴 만한 것이 유감없이 발휘되고 있었다. 헤이안 시대를 거치지 않았다면 일본 정신의 이러한 문화 예술적 측면이 나오지 않았을지도 모른다. 헤이안 시대는 나라 시대의 장엄함, 웅장함에 비해 매우 섬세하고 우아했고, 문학 방면에서도 여성 문학이 왕좌를 차지하고 있었다. 무라사키 시키부紫式部, 이즈미 시키부和泉式部, 세이쇼나곤清少納言 등의 이름은 일본인으로서 모르는 사람이 없을 정도이며, 그만큼 이 여성들을 자랑스럽게 여긴다. 딱딱하고 어려운 한자에 맞서 '여성의 글자'를 생각해내고, 그것을 자유자재로 구사해 부드럽고 세심한 감정을 표현한 헤이안 시대의 여성은 참으로 훌륭했다. 남성들 또한 그들을 따라 여성 문학의 풍으로 일기를 썼다. 헤이안조의 여성은 독자적인 세계를 개척했다. 자연에 대한 다정한 마음가짐, 시절에 따라 자연 풍경이 변화하는 모습에 부드럽게 접근해 가는 인식 — 이런 것은 일본 여성만이 가질 수 있다고까지 생각된다. 헤이안 시대의 여성은 이런 점들에서 실로 훌륭했다.

가나 문자의 발달이 어느 정도 일본 사상의 독자적 전개에 기여했는지에 대해서는 충분히 인식할 필요가 있다. 한자와 한문학의 지배를 받고 있는 한 일본 사상은 자유로운 위치에 있을 수 없다. 에도 시대에 국학이 성행하여 스스로의 주장을 갖게 된 것도 가나 문학에 힘입은 바가 있다. 말과 말 사이가 유연하게 연결되지 못하고 자유롭게 표현하기 어려운 한자로는 사상의 표현에 제약이 따른다. 스스로 만든 도구로 스스로를 묶는 것은 인간 만사에 항상 나타나는바, 근대 사상도 인간 스스로 만들어 낸 과학과 기술과 기계로 자유를 잃고 오히려 스스로를 파괴로 이끌고 있지 않은가. 가나 문학이 없었다면 일본은 메이지유신의 대업을 이룰 수 없었을 것이다. 외래의 문학, 사상, 기술 등은 모두 가나 문자의 굴신성, 탄력성, 연결성 등에 의해 국민정신이 발전한 그 위에 자유롭게 도입되었다. 이 점을 생각할 때 우리는 헤이안 여성의 창조적 천재들에 대해 무한한 감사와 경의를 표해야 한다.

만요가나 같은 것이 언제까지나 전승될 수 없다는 것은 당연한 사실이지만, 헤이안 시대 여성이 대두하지 않았다면 그토록 빨리 가나 문자를 사용할 수도 없었을뿐더러 이른바 여성 문학도 완성되지 않았을 것이라고 생각한다. 문학이 남성의 손에만 맡겨졌다면 일본 문화는 한문학의 압박과 세력에서 쉽게 벗어날 수 없었을 것이다. 한자—한문—한문학에는 또 거기에 독자적인 완력이 있고 묘취나 정서, 색채 등 좀처럼 포기하기 어려운 것이 있다. 하지만 일본은 중국이 아니기 때문에 중국의 연장이어서는 안 된다. 일본혼은 당시 일본의 여성에 의해 발양되었다고 해야 할 것이다.

그러나 여성 문화의 그 장점 자체가 결함이기도 하다. 부드러우면서도 때로는 뼈가 있어야 한다. 부드러운 맛은 좋지만 '여자다움'은 그다지 환영할 만하지 않다. 운다는 것에는 묘한 정취가 있지만 걸핏하면 눈물겹다고 하는 것은 어리석다. 일본 민족의 감정적 성격은 여성에 의해 충분히 대표되고 있지만, 우리의 실제 생활은 감정만으로는 안 된다. 이지理智도 필요하고 또 영성의 움직임도 있어야 한다. 여성은 감각성과 감정성이 풍부하지만, 논리와 영적 직관은 부족하다. 논리 방면은 차치하고라도 영적 직관이 없이는 일본 민족으로서 세계 문화 향상에 이바지할 어떤 것도 갖지 못한다. 헤이안 시대에는 그 기회가 아직 무르익지 않았던 것이다. 감각에서 감정, 감정에서 영성이라는 순서로 점차 깊어지려면 아무래도 얼마간의 세월이 걸리고 또 정치적으로, 사회적으로 수많은 시련을 통과해야 한다. 여성문화는 일종의 온실성을 가지고 있다. 헤이안조는 일본이 온실 속 모형 정원에서 살았던 시대이다. 일본 민족의 여성적 성격의 면모가 발전하기에 가장 편리한 조건을 갖춘 시대이다. 바람도 쐬지 않고, 비에도 젖지 않고 자라는 모종은 가냘프다. 완강하고 뿌리 깊은 큰 나무는 어떻게든 폭풍우에 노출되어 아주 깊게 대지에 뿌리를 내려야 한다. 이런 강인한 근간은 '모노노아와레'(사물에 대한 애수)의 세계에서는 생장할 수 없다. '모노노아와레'는 또 한 번의 시련을 거쳐야 한다. 여성의 감각 및 감정은 아직 일본 영성의 겉피부에 속한다. 이것이 찢어져서 영성 그 자체 속으로 파고들어야 한다. 그리고 그곳에서 열리는 직관적 통찰의 눈을 통해 감각과 감정의 세계를 재검토하지 않으면 안 된다. 그렇게 보면 지금까지의 직관적 통찰의 세계는 아직 철저하지 못했음을 알 수 있다. 감각도 감정도 그 직관성에 있어서 영성의 작용과 일관하는 것이 있는데, 그래서 이 때문에 전자가 후자와 혼동될 수도 있지만, 지식인이라면 이 잘못을 저지르지 않도록 유념해야 한다.

헤이안 시대의 여성적 감각성과 감정성의 상피층이 무너지고 영성의 중추가 작용하기 시작한 것은 가마쿠라 시대이다. 즉, 가마쿠라 시대에 일본 민족이 가지고 있는 종교의식이 자기 긍정을 한 것이다. 나라 시대 및 그 이전에는 불교는 우리 조상들을 움직여서 법륭사法隆寺, 동대사東大寺 등의 건축을 창작하고 또 대불大仏 등을 주조하여 일본인들이 지닌 미술 감각과 감정을 표현하였다. 거기서 웅장하면서도 정제된 종교적 정서의 발로發露를 보는데, 아직은 일본 영성 자체의 출현이라고 느낄 수 있는 것이 없다. 또한 헤이안 초기 불교의 흥륭은 참으로 빛나는 종교적 색채가 깃든 것이긴 하지만, 이는 개념적이고 추상적이며 유희적인 것 이상으로 여겨지지는 않는다. 한문학이 자유롭게 구사되고 인도 사상이 종횡으로 논의되며, 각종 법식, 의례, 강회 등이 치러져 한결

같이 종교적 정경을 드러내는데도 왠지 공허한 마음이 드는 것을 감출 수 없다. 아직 일본적 영성의 진지한 발양이 없었기 때문이다.

헤이안 시대 문화의 붕괴는 여러 가지 원인에 의한 것이다. 엄밀히는 정치라고 할 만한 것은 아닐지라도 정치적 사변에 의한 것이다. 그러나 진정한 원인은 문화 자체를 만들고 있던 사상 속에 무언가 막히는 것이 있었기 때문이다. 귀족 문화—여성 문화, 개념성의 문화—는 대지에 뿌리를 두고 있지 않았기 때문이다. 이런 것들은 이른바 영성의 상피층에 떠다니고 있는 것이므로 그것만으로는 언제까지나 그 자체를 유지해 나갈 수는 없다. 자기 자신의 힘을 자각하려면 한 번은 붕괴의 기회를 거쳐야 하는 것이다. 그러려면 어떤 대외적인 요소나 조건에 부딪혀야 한다. 가마쿠라 시대는 마침 그런 기회와 조건을 주었다.

중국으로부터의 소식은 견당사遣唐使 취하 후에도 중국에 드나드는 상선에 의해 간간이 전해졌다. 그것이 가마쿠라 시대에 이르러서 승려들이 송나라에 왕래하게 된 후부터는 이쪽에서도 그곳의 정치적 사정을 얼마간 알 수 있게 되었다. 시대가 점차 진행되면서 쉽지 않은 사태가 언젠가 일본에도 닥칠지 모른다는 전망이 전해진 게 틀림없다. 그렇지 않다면 니치렌의 예감 같은 것이 나올 수가 없는 것이다. 과연 헤이안 말기의 소요, 정치 경제상의 불안, 인심의 교란, 여기에 더해 어려움이 닥칠 예상이 되는 상황에서 사물의 애수 어린 정서를 감상하고만 있을 수는 없게 되었다. 국민들은 뭔가 영성 위에 깊은 진동을 느끼기 시작한 게 틀림없다. 물론 이와 같은 근원적인 것은 의식적으로 느껴지는 것이 아니다. 인간은 이런 경우에는, 특히 아직까지 심각한 종교의식의 각성을 경험해본 적이 없는 민족 사이에서는 영문도 모른 채 일종의 초조한 기분을 느끼게 된다. 그리고 이 초조함의 심정은 그저 기존의 표현

방식으로 그 출구를 찾은 것에 불과했을 것이다.

이는 상세하게 각종 문헌, 특히 문학적 작품들을 검토해보지 않으면 안 되지만, 내 생각으로는 몽고의 침략이라는 역사적 대사변이 일본인의 전 계층과 생활의 각 방면에 걸쳐 상당한 동요를 일으켰을 것이다. 이러한 동요 속에서 일본인은 정신적 방면으로 자신들의 굳건함에 대해 깊이 생각하게 되었다고 생각한다. 신도가들이 '신도'란 일본의 신의 길이라고 의식하기 시작한 것도 가마쿠라 시대이다. 그때까지만 해도 신의 길이라고 생각한 것이 특별히 외국이라는 상대를 의식한 것은 아니었을 터이다. 신란이 특히 일본의 교주로 쇼토쿠 태자를 인정한 것도 중국 전래 불교라는 데 만족하지 못했기 때문이다. 니치렌이 이 점에서 가장 선명한 의식을 가지고 있었음은 자명하다. 일본 민족의 영성 생활사라고 할 만한 것이 서술되려면 가마쿠라 시대에 그 중심을 두어야 한다고 나는 생각한다.

1) 현실의 부정

영성의 움직임은 현세의 사상에 대한 깊은 반성에서 비롯된다. 이 반성은 결국 인과의 세계에서 이탈하여 영원상주永遠常住의 것을 붙잡고 싶다는 바람으로 나아간다. 다시 말해, 업의 중압감을 느끼고 앞으로 나아가고 싶다는 소망으로 발전하는 것이다. 이것을 자신의 힘으로 할 수 없게 되면 무슨 일이 있어도 이에 개의치 않고 자신을 업연 또는 인과의 긴박으로부터 떼어줄 절대적인 대비자大悲者를 찾게 된다. 업의 무게를 느껴야지만 영성의 존재를 접할 수 있다. 이를 병적이라고 생각할 수도 있겠지만, 모름지기 어떤 병에 한 번 걸리고 난 후 재생하지 않으면 종교에 대한 이야기, 영성에 관한 상황은 도무지 이해할 수 없게 된다는 것을 알아야 한다. 이를 병적이라고 하는 사람은 한 번도 이런 경험을 해본 적이 없었던 사람이다. 그러나 병적이든 아니든 상관없다. 어쨌든 영성은 큰 파도에 흔들리지 않으면 자각의 계기가 생기지 않는다. 헤이안 시대 일본인은 너무 원시적이었고 감각적이었다. 감정의 세계에도 얼마간 들어갔지만 아직 영성에는 닿지 못했다. 사물에 대한 애수(모노노아와레)에 그칠 수밖에 없었다.

모노노아와레는 아직 감정의 세계의 주변에 어슬렁거리고 있는 정도의 것으로 보아야 한다. 거기에는 영성의 꿈틀거림이 보이지 않는다. 그것은 자기란 것의 근원을 꿰뚫지 않는다. 말하자면 아직 병에 걸리지 않은 것이다. 자기 부정의 경험이 없는 것이다. 병이란 이 경험을 말한다. 흔히 말하는 병은 육체의 부정이다. 이 부정으로 육체의 실재와 조우하게 된다. 여기서 인간과 다른 생물과의 차이를 볼 수 있는 것이다. 종교의식은 여기서 비로소 숨쉬기 시작한다. 업의 무게는 여기까지 오지 않으면 느낄 수 없다. 맨얼굴의 원시적 생활을 하고 있는 한, 인간은 유아의 단계를 벗어나지 않는다. '신의 길'의 세계는 한번 반성되어야 한다. 이 반성–질병–부정–경험을 통과한 후의 생활은 더 이상 원시성 및 유아성이라는 범주에 들어갈 수 없다. 여기서 느끼는 사물에 대한 애수는 헤이안 시대의 가인이 느꼈던 것보다 더 철저하다. 사물 자체의 진실에 닿아 있는 것이다. 가인은 아직 등잔 뒤에 아련하고 흐릿한 모습으로 있다. '난센의 한 포기 꽃'처럼, 아직 '사람들은 마치 꿈속에 있는 것처럼 꽃을 보고 있다'라고 해야 할 상황인 것이다. 그러나 이러한 이해조차 아직 본질을 모른다고 해야 할 것이다.

2) 개인을 초월한 사람

감각이나 감정 그리고 사려, 분별도 원래 영성의 작용에 뿌리를 두고 있지만, 영성 자체에 부딪히지 않는 한 뿌리 없는 풀 같고, 오늘은 이승, 내일은 피안이라는 부동적으로 표류하는 삶의 테두리 밖으로 나갈 수 없다. 이것은 개인의 생활로서 개별적인 자기의 근원에 있는, 개인을 초월한 사람에게는 아직 접근하지 않았다. 이렇게 말하면 더욱 신비롭게 들리기만 하고, 사람들은 사물들 외에는 그저 개개인의 세계만을 볼 뿐이다. 전체주의니 뭐니 해도 그것은 개인을 떠나지 않는다. 거기에 완전히 긴박되어 있는 것이다. 개인을 초월한 사람은 이미 초월했기 때문에 하나의 개체의 세계에는 있지 않다. 그러므로 사람이라고 해도 그것은 개인적으로 움직이는 사람이 아니다. 그렇다고 만상을 다 떨쳐버린 후 남아있는 사람을 의미하는 것도 아니다. 이런 사람은 아직 개인적인 사람이다. 그렇다고 개인을 초월한 사람이 개인적인 자기와 전혀 관계없는 사람이라는 것은 아니다. 사람은 대개 개인적 자기와 관계되어 있다. 참으로 떼려야 뗄 수 없는 관련을 맺고 있는 것이다. 개인을 떠나 존재할 수 없다고 할 수 있다. 그렇다고 해서 또 개인이 그라고는 할 수 없다. 개인을 초월한 인간은 그렇게 신기하다면 신기한 '지위 없는 참된 사람'이자 '만상 가운데 드러나는 고독한 몸'이다. 이 사람이 느끼는 사물에 대한 애수가 바로 일본적 영성의 율동이다. 이 개인을 초월한 사람이 진짜 개인적 자기이다. 『탄이초歎異抄』에 있는 "미타의 오겁에 걸친 사유 속 소원을 잘 생각해보면 이는 오직 한 사람 신란을 위한 것이다"라고 하는 데서 보듯이 개인을 초월한 인간은 신란 한 사람이다. 또 『햐쿠조 호와즈이몬키百条法話随聞記』(「신도信道」, 1947년 4월호)에 있는 "이 세상에 악한 자는 나 하나, 지옥에 가는 자도 나 하나, 정토에 가는 자 또한 나 하나, 일체 모두 한 사람 한 사람씩이다"라는 구절에서도 이 한 사람이 나온다. 진종의 신자는 이 한 사람을 철저히 믿음으로써 일본적 영성의 움직임을 체득하는 것이다.

여기서 진종적 또는 정토계적 일본 영성과 선적 일본 영성의 움직임에 서로 다른 방향 또는 방면을 인정할 수 있다. 전자는 항상 개인의 방향으로 초개인적인 사람을 보고, 후자는 초개인적인 사람의 방향으로 개인을 보는 것이다. 그래서 임제臨濟는 '일무위一無位 의 진인眞人'이라고 한다. 여기에는 지성적인 울림이 느껴진다. 진종에서는 '신란 한 사람' 또는 '나 한 사람'이라는 개인적인 자기의 모습이 나타나고 있다. 물론 선의 경우에도 반성 위에 개인적인 자기가 나타난다. 또 진종 쪽에서도 '오직 나무아미타불'이라고 한다. 그러나 교학 전체의 관점에서 말하면 선은 지성적—비록 일반적으로 말하는 것과는 다르지만— 방면으로 전진하고, 진종은 정성적情性的 방면으로 그 경험을 기울인다. 지성적인 부분에는 다소 개념적인 것이 추가된다. 정성적인 부분은 구체적인 현상 하나에 매달린다. 일반적으로 선을 따르는 자는 정토계 사상을 이해하지 못하고 염불 후 극락왕생이 그 궁극이라고 생각하는 것이다. 선의 신자는 정토왕생의 염불은 알면서도 진종의 나 한 사람을 위한 본원은 알 수 없다. 그러나 방향이 다른 곳에 너무 얽매이지 말고, 일본적 영성은 개인을 초월하면서도 또 개인적 자기라는 것을 자각하기만 하면 그것으로 족하다는 것을 알면 된다.

개인을 초월한 사람(이를 초개자라고 해둔다)이 개개의 한 사람 한 사람이고 또 이 한 사람이 초개자에 다름 아니라는 자각은 일본적 영성으로만 경험할 수 있다. 인도에서 발전한 정토계 사상은 중국에 와서 하나의 종파 건립의 기초 개념이 되었으나 천 년이 넘도록 진종적 정토 사상으로 전개되지는 않았다. 중국 민족의 심리에는 초개자가 즉 개인이요, 개인이 즉 초개자라는 단적인 진리를 파악할 만한 것이 충분히 출현할 수 없었다. 물론 이것은 사상으로서 또는 모종의 직관으로 취하게 되었지만 개개인의 왕생이라는 것은 충분히 의식하지 못했다. 진언계의 사상에는 법신설법의 설, 즉신즉불卽身卽仏의 교설 등이 있어 상당히 진종적 정토계 사상에 근접해 있는데, 아직 이것이 정성적情性的 방향으로 파악되지는 않은 듯하다. 정성적이라는 것은 정성적 직관이라고 하는 마음가짐이므로 개인적 자기의 초개인적 경험을 의미한다. 경험이라고 하면 개인적 자기 위에서만 있을 수 있는 현상이므로 초개인적으로는 의미를 이루지 않는다고도 생각할 수 있다. 하지만 이 경험은 개인적 자기의 한정된 의식 위에서만으로는 발생할 수 없는 것으로, 아무래도 초개인적인 것을 받아들이지 않으면 이해할 수 없는 것이다. 이를 '신信'이라고 하여 보통의 '지知' 또는 '해解' 또는 자각 등과 구별하는 이유가 여기에 있다. 다른 종교에서는 '신의 계시'라고 해서 인간의 이지로서가 아니라 그냥 그대로 받아들여야 한다고 한다. 종교의식의 수동성은 실로 여기에 있다. 어쨌든 일본적 영성에는 정성적인 것이 다분히 있고, 그 움직임에는 언제나 정성적인 방면으로 향하는 것이 있다고 해야 하지 않을까 싶다.

3) 일본적 영성

일본적 영성은 개인의 정성적 측면에서 발동하는 것을 지니고 있다. 그것은 중국의 정토계 사상이 일본에 도입되어 성장하면서 곧 그 방면을 향해 진행되었다는 사실로부터 간파할 수 있다. 호넨이 정토라는 한 종파를 만들고 얼마 지나지 않아 신란은 그 안에 들어 있는 것을 의식적으로 추출한 것이다. 아미타의 본원이 일반성의 범위를 벗어나지 않는 한 일본적 영성은 아직 충분히 반향될 수 없었다. 즉, 일본적 영성은 자신의 껍질을 깨고 그 안에서 뛰쳐나오지 않은 것이다. 그것은 '한 사람 한 사람'이라고 하는 가장 구체적으로 근원적인 것이 움직이지 않았기 때문이다. 근원적이라고 하면 뭔가 추상적이고 일반적이거나 개념적인 논리상의 가정 또는 요청처럼 생각되지만, 사실 그것은 사물을 대상으로 생각되는 것이다. 근원적이라는 것이 정서적이고 개인적 자기 그 자체일 때, 그 이상으로 구체적인 것은 없게 된다. 이것이 바로 '한 사람 한 사람'이다. '신란 한 사람을 위한 것'의 뜻이다. 신란이 중국에서 나오지 않고 일본에서 나왔다는 데 의미가 있으며, 호넨에 이어 바로 나왔다는 것도 중요하다. 사실 호넨과 신란을 한 인격으로 보는 것이 타당할 것이다. 신란의 배후에는 중국의 것과 같은 정토교의 천년이 없고, 일본적 영성 발생의 천년이 있었다는 데 의미가 있는 것이다. 그것이 가마쿠라 시대였다는 점에서, 일본 영성사상 가마쿠라 시대의 의미를 찾아야 한다.

일본에서 신란의 출현이 중국의 법장法藏이나 지의智顗의 출현과 같았다면 그의 교설은 화엄이나 천태처럼 영속되지는 않았을 것이다. 이 둘은 동양이 배출한 위대한 종교적 사상가로서 우리의 자랑이긴 하지만 그들은 아직 인도적인 것에서 전혀 벗어나지 못했다. 중국 민족의 정신 자체로부터의 토착적 발생이 아니었다고 할 수 있다. 그에 비해 신란의 '한 사람 한 사람'적 경험은 일본 민족의 정신적 생활, 즉 영성 자체에서 비롯되었으므로 일본 민족의 심리에 깊이, 오늘날까지도 작용하게 된 것이다.

호넨과 신란의 영성적 경험은 실로 대지로부터 획득된 것이며, 그 절대적 가치는 역시 대지에 있는 것이다. 그리고 이 대지적 영성의 활약은 가마쿠라 시대에 비로소 가능했던 것이다. 이때까지 일본 영성은 사이초나 구카이 혹은 그 밖의 종교적 천재에 의해 이미 어느 정도 움직이기 시작했음은 분명하지만, 아직 대지와 충분한 관련은 없었다. 즉, 충분히 구체성을 갖고 있지 않았던 것이다. 개인적 자기가 초개인과의 접촉―융합을 통해 자신의 존재의 근원을 깨닫지 못하고 있었다. 그것이 신란의 세계에서야 비로소 가능해졌다. 그는 비록 귀족 문화의 산물이긴 했지만 그의 개인적 자기는 에치고에서 그 근본에 눈을 뜬 것이다. 그는 교토에서 호넨에 의해 첫 입문 의식을 받았는데, 그것은 아직 초개자에게는 닿지 않았다. 후자는 그가 교토 문화가 아직 닿지 않은 지역에 정착했을 때 처음 움직이기 시작했다. 그가 구체적 사실로서의 대지 위에서 대지와 함께 살고 있는 에치고의 이른바 변방 사람들 사이에서 그들의 대지적 영성을 접촉했을 때, 자신의 개인적 자기를 통해 초개인적인 것을 경험했던 것이다. 호넨이 신란에게 어느 정도 믿음을 환기시켰다고 해도 그가 교토 문화 밖으로 나올 기회가 없었다면 과연 타력 본원의 신란이 사이초와 구카이를 뛰어넘을 수 있었을지 여부는 매우 의심스럽다. '신란'은 아무래도 교토에서는 성숙하지 못했을 것이다. 교토에는 불교가 있었지만, 일본적 영성의 경험은 없었던 것이다.

4) 『탄이초』에 보이는 일본적 영성의 자각

그러므로 신란종의 본령은 『교행신증^{教行信証}』에 있는 것이 아니라

『소식집^{消息集}』과 같은 편지 모음, 특히『탄이초』에 있는 것이다. 진종의 학자들은『교행신증』을 최고의 성전처럼 여기는데, 신란의 진정한 최고의 생각은 거기서 찾아서는 안 되고, 오히려 그가 토로한 언어 중에서 직관적으로 느낄 수 있다.『교행신증』에는 그의 공경 귀족 문화, 교상 철학, 학자풍의 분위기가 잔류하고 있다. 그것은 그의 실질을 만들어내는 것이 아니다. 만일 이 책만으로 그를 판단한다면 신란은 영성적 자각에 있어서 아직 부족한 것이 있다고 말할 수밖에 없다는 생각이 든다. 아래와 같은『탄이초』의 내용에 주목하고자 한다.

> 그대가 십여 개국의 국경을 넘어서 목숨을 걸고 이리로 온 목적은 아미타의 정토에 왕생하는 길을 물어 듣고자 함일 터이다. 그러나 내가 염불 이외에 정토에 가는 길을 알고 있다거나 또는 그 방법이 쓰여 있는 경전들을 알고 있을 것이라고 생각한다면 그것은 큰 잘못이다. 만약에 그런 것을 원한다면 나라나 히에이잔에 훌륭한 학자들이 많이 있으니 그런 사람들을 만나서 정토에 왕생하는 방법을 흡족할 때까지 듣는 편이 좋을 것이다. 신란은 단지 염불하여 미타에 의해 구제받는다는 것을 스승으로부터 가르침을 얻어 믿을 뿐, 그 외에 별도의 방책을 가지고 있지 않다.
>
> 염불은 정말로 정토에 왕생할 수 있는 씨앗이 되는 것일까? 또는 지옥에 떨어지는 업이 될 것인가? 하는 문제도 나는 모른다. 가령 호넨에게 속아서 염불하여 지옥에 떨어진다고 하더라도 나는 후회하지 않을 것이다. 염불 외의 방법으로 수행함으로써 부처가 될 수 있는 몸이 염불을 했기 때문에 지옥에 떨어졌다면 속았다고 후회할 수도 있을 것이다. 그러나 어떠한 수도 하지 못하는 이 몸이기에, 나에게는 어차피 지옥

은 결정된 곳이다. 미타의 본원이 진실이라면 석존께서 설하신 가르침도 거짓말이 아닐 것이며 석존이 설하신 가르침이 진실이라고 하면 선도善導의 해석도 거짓말이 아닐 것이며 또 선도의 해석이 진실이라면 호넨의 가르침 또한 어찌 거짓일 수 있겠는가. 호넨의 가르침이 진실이라면 신란도 지금까지 거짓말을 했다고 할 수 없을 것이다. 답답하고 어리석은 나의 신심은 이런 것이다. 그러니 이후로는 그대가 염불을 받아들여 믿든, 안 믿든 그것도 각자가 결정할 일이다….

이 교문에서 엿볼 수 있는 것은 첫째, 신란 종지의 구상적 근거는 대지에 있다는 것이다. 대지란 시골과 백성 농부를 가리킴으로써, 이는 지혜·분별에 대조되는 것이다. 흥하고 망하는 것이 모두 대지에 있는 것이다. 대지가 정치적·경제적 의미를 갖는다는 사실은 말할 것도 없지만 또한 이 사실을 통해 대지는 우리의 육체 그 자체임을 깨달을 수 있다. 신란종의 대지는 그 종교적 의의, 즉 그 영성적 가치이다. 이 가치는 교토의 귀족적이고 피상적인 문화에서는 나오지 않는 것이다. "각각 10여 개국의 경계를 넘어 목숨을 걸고 왔다"라고 하는 것은 결코 헛된 것은 아니다. 시대의 배경을 상상하고 히타치 지방에서 멀리 상경해온 시골 사람들을 생각해보면 신란과 그들의 관계가 결코 개념적, 형이상학적, 구어적인 것이 아니라는 것을 간파할 수 있다. 이들의 연결고리는 대지적이었던 것이다. '나라와 히에이잔의 학자들'에서는 볼 수 없었던 것이 여기에 있다. 신란이 교토를 떠날 인연이 없었더라면 이렇게까지 그의 마음은 땅에 파고들지 않았을 것이다.

신란이 처음으로 에치고로 유배 갔을 때 어떤 생활을 했을까. 천태나 진언의 절에 있었던 것은 아닐 것이다. 아마도 작은 암자라고 할 만한 것조차 가지고 있지 않았을 것이다. 한 명의 속인으로서 재가적 생활을 했을 것으로 추측해도 좋을 것이다. 생계를 위해 그는 무엇을 했을까. 아마도 농업에 종사하는 수밖에 없지 않았을까 싶다. 어쨌든 신란은 한낱 거렁뱅이 중으로 민중 사이에 살았던 것은 아닐 것이다. 그는 호넨으로부터 얻었다는 믿음을 실제 생활 속에서 연마할 생각이 없었던 것일까. 그러나 히에이잔에 있었을 때처럼 그 신앙을 문자상으로 확인하려 하지는 않았을 것이다. 당시 그는 이미 나라와 히에이잔 학자들 중 한 명이 아니었던 것이다. 『교행신증』 같은 책을 저술해보고 싶다는 야심은 갖고 있지 않았을 것이다. 염불로 왕생하는 길 외에 아무것도 가지지 않았던 신란은 이 길을 일상생활, 속인적 · 재가적 · 육식처대肉食妻帶적 생활—괭이와 대지와의 교섭에서 맛보는 생활— 위에서 해보려 하지 않았을까. 그는 상인이 될 수는 없었을 것이다. 사냥꾼과 어부도 될 수 없었을 것이다. 그렇다고 그가 공예로 장인의 삶을 시도할 만한 심리의 소유자였다고도 볼 수 없다. 또한 에도 시대의 낭인처럼 글을 읽고 쓰는 법 같은 것을 마을 사람들에게 가르칠 수 있는 기회가 있었다고도 생각되지 않는다. 가마쿠라 시대의 시골에는 아직 그런 필요성이 없었을 것이다. 그리고 그가 지방 권력자들과 결탁했다는 흔적도 없는 듯하다. 무사 계급과의 관계가 있었던 것도 아닌 것 같다. 아무래도 신란은 한 사람의 평민 남자로서 다른 평민들 사이에 끼어 조용히 염불 생활을 하려 했던 것으로 보는 것이 가장 안전하고 타당한 추측이라고 생각된다. 관동에서 교토로 찾아온 사람들은 결코 권력자도 지식인도 아니었다는 사실을 참고해야 한다. 신란은 무명의 승려로서 재가적 생활의 첫발을 디딘 시골에서 대지의 한 점을 내디딘 셈이다. 그리하여 그는 이 걸음을 관동으로 이어갔던 것이다. 아마도 정토 신자였던 사미

교신과 같은 생활을 한 것으로 여겨진다(원주遠州 법화사法華寺의 선승방禪勝房은 또한 이런 종류의 좋은 예이다. 제III장의 염불과 '문맹'을 보라).

5) 일본적 영성과 대지

대지 생활은 진실한 생활이자 신앙의 생활이며, 거짓이 없는 생활이고, 염불 그 자체의 생활이다. 그러므로 신란은 호넨의 가르침으로 얻은 염불의 신심을, 유배 생활을 하게 된 처지에서 실제로 대지 생활을 통해 시험하려 한 것이나 다름없다. 교토에 있는 한 이 기회는 결코 만날 수 없다. 그는 유배된 몸을 현명하게 활용해 자신의 신심에 대해 스스로 시련을 가한 것이다. 그렇다고 그가 염불만 한다면서 아침부터 밤까지 공염불만 되풀이하지는 않았을 것이다. 그의 염불은 진실된 염불, 즉 대지에 접촉한 염불이었다. 호미와 괭이로 일하는 사람들 사이에서 그 스스로 역시 일하지 않았다면 호넨으로부터 얻은 믿음이란 정말이지 헛된 것이 되어버렸을 것이다. 에치고에서의 그의 생활은 실제로 대지에 입각한 것이었다. 그가 지금까지의 이른바 청정한 생활—관념성이 풍부하고, 아무런 실증적인 것을 포함하지 않는 생활—에 젖어버리지 않았던 이유는 염불을 인간의 일반적 생활 속에서 작동시키고 싶었기 때문이다. 그렇지 않다면 무엇을 위해 그가 육식처대를 한 것인지 영문을 알 수 없게 된다. 그는 성도문聖道門(자력에 의하여 현세에 있어서 증과証果를 얻으려는 가르침)과 정토문浄土門(아미타불의 정토에 왕생하여 불과仏果를 얻으려는 가르침)과의 구별을 단지 '육식처대' 한다든가 하지 않는다든가 하는 부분으로 가른다거나 하지 않았고 또한 전수염불인지 아닌지 하는 잣대로 구별하지도 않았다. 그는 실로 인간적 일반 생활 그 자체 위에 여래의 뜻을 얼마나 느낄 수 있는지 실제 대지 생활에서 시험한 것이다. 여기서 그의 신앙의 진정성을 찾아야 한다. 그에게는 출가라든가 재가라든가 하는 구분은 없었다. 혹은 당시의 이데올로기에서 전혀 벗어나지 못했다 하더라도 그의 염불관, 신심과 의식에는 더 이상 구시대의 '청정한 생활'이란 것은 없었던 것이다. '들끓는 번뇌'라든가 '지옥 필정'이라든가 하는 것은 생활의 외관에서 발견되어 말해지는 것이 아니었다. 그래서 그는 관념적인 생활을 주저 없이 떨쳐버린 것이다. 그 이후의 진종교도들은 이 점에서 여전히 확고한 인식이 부족한 것이 아닌가 하는 생각이 든다. 신란의 중심 사상은 여래의 본원에 대한 절대적 신앙이었고, 그 밖의 것에 대해서는—그것이 전통적 불교의 교설에서는 아무리 훌륭한 생각이라도— 그에게는 일고의 여지도 없었다. 스즈키 쇼산鈴木正三 선사의 언행을 기록한 『려안교驢鞍橋』에 다음과 같은 문구가 있다(상권, 98절).

임진년 8월 10일, 선사가 무주武州 하토가야鳩谷의 보승선사宝勝禅寺에 이르렀다. 그러자 근처의 백성 등 수십 명이 와서 불법을 물었다. 선사가 대답하기를, "농업이란 부처의 일이다. 농사 밖에서 (법을) 구하지 말라. 그대들 각자의 몸은 부처의 몸이다. 그대의 마음이 부처의 마음이고, 그대의 일이 부처의 일이다. 그러나 선한 뿌리에도 불구하고 그대의 마음이 악으로 기울어지니 지옥으로 떨어지는 것이다. 미움과 집착, 인색함, 탐욕 등으로 얼룩진 마음이란 얼마나 한탄스러운가. 그런 것들로 한평생 밤낮을 고뇌하니 영겁의 악의 길로 떨어지지 않겠는가? 그러나 농사일을 함으로써 그대는 업장을 없애고, 대원력大願力을 일으킬 수 있다. 괭이질을 한번 할 때마다 "나무아미타불"을 염불하면 성불할 수 있다."

이는 수천 번 괭이질을 거듭함으로써 업장을 소멸할 수 있다는 뜻이 아니다. 나무아미타불을 말하며 괭이질을 한 번 할 때마다 수천 겁의 업장이 사라지는 것이다. 괭이의 수, 염불의 수로 업장을 어떻게 해보자는 것이 아니다. 치켜드는 괭이질 한 번, 내리치는 괭이질 한 번이 절대적인 것이다. 아미타의 본원 자체를 통해 가는 것이다. 아니, 본원 그 자체다. 본원의 '조용하고 소소한 목소리'는 괭이를 한 번 내리고 올릴 때마다 들리는 것이다. 쇼산은 선사이기 때문에 선의 어휘를 사용하지만, 그의 무의식적인 의식은 신란종의 마음에 깊이 통하는 것이다. 그의 염불은 대지에서 나와 대지로 돌아가는 것이었음이 틀림없다. 5년인지 6년인지는 모르지만, 어쨌든 그는 에치고의 생활을 통해 대지에 투철하게 되었을 것이다. 신란이 집안의 인연으로 히타치로 갔던 것이었는지는 모르겠지만, 그렇게 서적을 입수할 수 있는 지방으로 간 것은 그렇다고 그가 체득한 것을 경전 상에서 증명해보기 위함은 아니었을 것이다. 그때 그의 청년 시절 번뇌가 재발한 것으로 보인다. 『교행신증』을 집필하기도 했지만, 또 한편으로 그의 언행과 인격에서 흘러나온 미타 신앙의 빛은 주위의 사물을 감화하지 않을 수 없었다. 즉, 교단 같은 것이 그를 둘러싸고 성립되기 시작한 것은 그가 동국에 있던 20년 동안이었다. 에치고에서 지낸 몇 년이 없었다면 이런 현상은 결코 있을 수 없었을 것이다.

6) 영성의 진정성과 깊이 — '한 사람'

　헤이안 시대의 궁정인들은 '모노노아와레'라는 사물의 애수를 느끼기는 했지만, 그것에 '진심으로' 철저할 수는 없었다. 가마쿠라 시대의 신란은 "염불의 진실"을 보았고 '진정으로' 언급했다. 전자는 화조풍월에 대한 회포를 읊었는데, 후자는 대지 위에 살면서 '진정으로' 그 자체가 되었다. 전자의 생애는 감성적·정성적 경지를 낼 수 없었지만, 후자의 것은 영성 속에까지 스며들 수 있었던 것이다. 가마쿠라 시대에 이르기까지 일본인의 정신생활은 감성과 정성적인 면모를 초월할 수 없었다. 우리 조상들은 이런 직감적인 측면에서는 놀라운 예민함을 보였다. 헤이안 시대의 각종 문학에서 그것을 발견할 수 있다. 이는 여성적·귀족적이며 결국 진정한 의미의 현실성이 결여되어 있었다고 할 수 있다. 아무래도 한 번쯤은 퇴폐의 우울을 겪어야 하는 것이다. 그러나 이 퇴폐로 가마쿠라기의 갱생 또는 신생이 일깨워진 것이다. 일본적 영성의 깊이가 어느 정도인지 시험된 것이다. 감성적·정성적 직관은 영성적 직관으로까지 심화되었던 것이다. 사물의 애수는 염불의 진실로 깊어진 것이다. 이는 실로 신란 개인의 영성 위에 생긴 일이었다. 자기를 초월한 사람—이 경우 미타의 본원—은 언제나 자기 개인의 영성을 통해 자기 긍정을 행하는 것이다. 이것이 "오직 신란 한 사람을 위한 것"의 체험이다. "지옥에 가는 것도 나 하나, 정토에 사는 것도 나 하나"라는 종교적 의식이다. 헤이안 시대까지 일본인의 꿈에서도 찾아볼 수 없었던 경지였다. 피부가 떨어져 나가고 오직 하나의 진실만 있다는 이 한 진실이 곧 한 사람인 것이다. 이 '한 사람'은 대지에 의해 상징되지만 가장 가까운 것이다. 대지의 구체성이 곧 하나의 구체성—다른 것으로는 도저히 대체할 수 없는 성격—인 것이다. 화조풍월에서는 사계절의 변화가 있다. 그 변화가 '사물의 애수'의 심리에 호응하는데, 거기에는 대지의 둔중성, 상주 불변성, 사계절에 대한 감수성 등 같은 것이 없다. 시시각각 그 모습을 바꾸는 곳에 감성은 움직이고, 정성은 전율하는 것이다. 이것이 오미야인이 시를 노래하는 마음이다. 영성은 이 마음을 타파하고 나서야 나타난다. 화조풍월을 품은 대지와 조우할 때 영성은 빛을 발하는 것이다. '한 사람'의 구체성은 또 '한 사람'의 실재성이다. 이것은 인간이 대지로 돌아갈 때 비로소 체험적으로 확인할 수 있다. 오미야인들이 사는 '수도'에는 대지가 없다. 대지는 민중이 밟고 다니는 데서 발견된다. 일본 영성은 민중의 가슴에 꽂핀다. 수도의 신란은 민중 한 사람의 승려가 되어야 한다. '후지이 요시자네'란 이름은 유배의 몸에 가해진 오욕이 아니고, 신란의 영성을 일깨우는 호칭이었던 것이다.

신란은 절을 짓지 않았다. 신란 같은 승려에 걸맞은 것은 초암이지 칠당가람이 아니었다. 장엄한 아름다움을 더한다는 것은 수도의 사람들을 위한 것이지 민중에게는 관련되는 바가 없다. 염불은 초가지붕을 이은 암자가 가장 적합한 것이다. 큰 지붕 밑에서 새어 나오는 염불에는 허위가 많고, 공염불 합창에 미타는 귀를 기울이지 않는다. 거기엔 보편성은 있지만 개인성이 없다. 특수한 개인성—'한 사람'—이 본원의 대상이다. 승려의 신앙에는 궁전 같은 법당만큼 불필요한 것이 없다. 오늘날 혼간지本願寺와 같은 대규모 절을 조성하는 것은 신란의 뜻과 실로 수천만 유순由旬의 거리만큼이나 먼 것이다. 본산의 조사당에 신란 같은 승려는 없다. 신란 '한 사람'은 (만약 거기에 있다면) 등잔 밑에서 울며 앉아있는 것이 틀림없다. 그러나 비록 신란 종파의 진실성은 전당에서는 찾기 힘들지만, 기울어지고 비가 줄줄 새는 묘코닌妙好人의 처마 안에

늘 맥이 닿아 있으니 그것만은 안심이다. 묘코닌, 실제로 이만큼 신란
종에 있어 귀한 호칭은 없다. '한 사람'은 언제나 그 속에 살고 있는 것이
다. '권위 있고 유식한 학자들'은 조사의 신앙을 계승해나가는 사람들이
아닌 것이다.

'염불의 진정성', '신란 한 사람'에서의 초개인적인 인간, 일본적 영
성 — 이는 모두 대지의 진실성, 절대성, 개개성, 구체적 궁극성과 상호
호응하는 직관이다. 감성적·정성적 직관을 넘어 영성의 영역에 진입한
직관이다. '사물의 애수'라고 하는 곳에 머물러 있는 것은 아니다. 교토
문화 또는 공경 귀족 문화 또는 여성 문화라고도 할 수 있는 것을 떠나
따로 하나의 세계를 개척한 가마쿠라 문화, 대지 문화, 남성 문화 속에
서만 인정되는 영성적 직관은 그러므로 바로 일본적이라고 할 수 있다.
이 영성적 직관의 핵심은 실로 다음과 같은 신란의 구절에서 간파된다.

"염불을 하면 정말 극락정토에 태어나게 되는 것인지, 아니면 거짓으
로 염불하면 오히려 지옥에 떨어진다는 결과가 되는 것인지, 유감스럽
게도 나는 전혀 모릅니다."

또 말하길,

"어리석은 나의 믿음이 이렇습니다. 이 외에는, 염불하여 왕생시킨다
고 믿든, 염불을 버리든 각자의 생각대로입니다."

라고 한다.

이는 실로 신란의 진심을 노골적으로 드러내고 있다고 해야 한다.

'사물의 애수' 따위에 눈물만 흘리고 있는 헤이안 가인들에게는 꿈에서라도 가능한 일이 아닌 것이다. 신란은 참으로 영성적 직관의 사람이다. 이런 말은 개념의 세계에만 살고 있는 사람들은 결코 이해할 수 없는 부분이다. 여기서 "모든 상념을 멈춰라", "똑바로 앞으로 나아가!"와 같은 가마쿠라 무사 기질에 상통하는 일면을 엿볼 수 있다. 진종 신앙의 이면에는 실로 선禪적이라고 할 만한 것이 있다. 그리하여 이와 같은 신앙 속에서 일본 영성적 직관의 특수성을 발견할 수 있다고 나는 믿는다.

"신란 한 사람을 위해서"에서의 이 한 사람에게 절대적 진정성이 있고, 이 진실성은 곧 영성적 직관이다. '진정성'이란 우리가 흔히 말하는 것이긴 하지만, 이는 그렇게 쉽게 얻을 수 있는 것이 아니다. 감성의 진실도, 정성의 진실도 영성 위에 비추어짐으로써도 진정한 것이 될 수 있다. 전자의 경우에는 아직 주객 이원성 위에 놓여 있으므로 상대적인 것이다. 절대라고는 할 수 없다. 진실함의 절대성은 개인적 자기를 타파하고 초월적 자기를 바로 마주할 때 볼 수 있다. "하늘과 땅 사이 고독함 그 자체 가운데 홀로 서 있으니 풍경이 끝없이 펼쳐진다"라는 설두중현雪竇重顯의 말이 있는데, 이런 곳에 바로 '한 사람'이 살고 있다. 이 '한 사람'은 둘도 없는 사람이기 때문에 절대이다. 이보다 더 진실한 것은 있을 수 없는 것이다. 『만엽집』(13권)에 다음과 같은 노래가 있다.

야마토국에 그 사람이 만약 둘이 있다면 이렇게 한탄할 리 없을 터로다

이는 사랑의 노래지만 정성적 대상조차 둘 있는 것을 허락하지 않는다. 그리하여 이 용인되지 않는 곳에 사랑의 진심이 있는 것이다. 둘이 있다면 어느 한쪽이 가짜여야 한다. 이러한 뜻이 영성 위에서 몇 배의

중요성을 갖는지는 재차 언급할 필요도 없다. 신란이 호넨의 가르침에 대해 절대적인 신뢰를 갖고 있는 것도 역시 그 출처가 영성이기 때문이다. 미타의 본원에서부터 호넨의 말씀 그리고 신란 자신의 말의 뜻(앞에서 언급한 인용문) 모두 영성 위에 요동치고 있기 때문에 상호 사이가 참된 절대성으로 연결되는 것이다. 진종적 표현에는 때때로 어리둥절한 것들이 있다. 선을 따르는 자라면 질질 끌지 말고 바로 "전면적으로 직면하라!"라고 갈파할 것이다. 진종은 시간을 직선적으로 보려는 경향을 보였다. 진종은 언제나 감성과 정성의 세계로 움직이기 때문일 것이다. 따라서 정토왕생도 사후인 셈이다. 선은 이에 반하여 시간의 순환성을 고착시키지 않으려 한다. 그래서 무슨 일이든 이 절대적인 순간에 전면적으로 매듭짓게 만든다. 그러나 멀리서 스쳐 지나가면서 보면 직선도 순환도 참으로 보인다. 신란도 오겐니소^{往還二相}의 회향을 가르치지 않았는가. 어쨌든 진실은 영성의 세계-오직 한 사람의 세계에서만 찾을 수 있다.

7) '한 사람' — 배우지 못한 사람의 자각

특히 신란을 일본적 영성에 눈을 뜬 최초의 사람이라고 거론하는 것은 그가 유배된 몸이 되어 변방의 북쪽 땅으로 가서 대지와 친숙한 사람들과 함께 기거하며 대지의 경험을 몸소 고루 맛보았기 때문이다. 일본적 영성이란 지극히 구체적이고 현실적이며 독립적이다. 이 사실을 직접 자각하고 나서야 비로소 일본적 종교의식의 원리가 확립되는 것이다. 그 이전까지는 중국을 거쳐온 인도적인 것에 의해 개념적으로 준비가 진행될 수밖에 없었다. 사이초와 구카이를 비롯하여 그 밖의 여러 고승 및 다수의 학승이 필요했다. 특히 헤이안 말기 승도 겐신源信의 학문과 덕, 예술이 필요했다. 그의 『오죠요슈往生要集』가 어느 정도로 당시의 민중을 움직였는지는 알 수 없지만, 아마도 나라와 히에이잔 학승들 사이에서 유통된 정도였을 것이다. 그의 도덕도 그리 넓은 독자층에 어필하지는 못했을 것이다. 그러나 시각에 호소하는 그의 예술은 이를 접할 기회가 있었던 사람들에게는 틀림없이 특별한 감동을 주었을 것이다. 그의 예술은 또한 많은 모방자를 낳았을 것으로 생각된다. 조각은 몰라도 두루마리 그림은 여러 곳에서 모사되어 전파되었을 것이다. 특히 『치오쿠헨地獄変』(지옥의 광경)이라는 그림은 헤이안 말기에서 가마쿠라 시대에는 상당히 많이 그려진 것으로 알려져 있다. 일일이 그 문헌을 열거하지는 않겠지만 한문으로 된 서물은 모르더라도 또 고승의 덕을 접하지는 않더라도 종이에 그린 것은 누구나 자기 자신에 흡수될 수 있을 뿐만 아니라, 보는 사람의 마음을 움직이지 않을 수 없다. 신란 출현에 앞서 이와 같은 준비가 이미 민간에서 이루어지고 있었다고 생각한다. 그리고 겐신에 이어 호넨이었다. 이 두 사람이 없었다면 신란도 없었을지 모른다. 호넨은 겐신보다 뒷세대의 사람이므로 그만큼 신란의 분위기와 가까워졌다. 전자는 여전히 성자풍이 강하게 스며들어 있지만 후자는 민중에 상당히 친숙하다. 특히 그의 『이치마이키쇼몬一枚起請文』은 신란보다 한발 앞선 대지성을 띠고 있다. 호넨 역시 유배의 고통을 당했는데, 이로 인해 그의 마지막은 빛나게 되었다. 그가 유배 당시 조금만 더 젊었더라면 그 광채는 한층 더 늘어났을 것이다. 그는 그것을 신란에게 양보했다. 그의 『이치마이키쇼몬』에는 아직 학구적인 흔적을 보이고 있지만, 그 근저에는 일본적 영성의 각성이 있다. 다만 신란만큼 철저하지 않을 뿐이다(『이치마이키쇼몬』은 뒷장에서 특별히 언급하겠지만 호넨과 신란을 두 인격으로 보기보다는 한 사람이라는 방식으로 다루는 것이 낫다고 생각한다. 호넨은 신란으로 거듭난 것이다. 여기서 호넨의 생애에 뭔가 살아 있는 것이 있었음을 깨닫게 된다. 즉, 일본적 영성은 먼저 호넨이 자각하여 신란으로 인해 끌어져 나왔다고 해야 할 것이다. 호넨에 대한 기록을 조사해보면 그가 나라와 히에이잔의 학승들에게 박해받을 법했음을 알 수 있다. 학문에 의해 공허한 개념의 세계를 계속 지켜냈고, 그래서 출세의 허영을 좇았던 나라와 히에이잔 학승들의 관점에서 보면 호넨처럼 죄인이며, 우둔하기 그지없는 사람은 자신들 사이에 끼워둘 수 없는 것이다. 이른바 위험 인물인 것이다. 호넨 및 그 일파에 대한 박해는 지극히 합리성을 가지고 있었던 것이다. 더 자세한 것은 뒷장을 보라).

『이치마이키쇼몬』에는 '산진시슈三心四修' 등의 개념이 소개되어 있는데, 이는 호넨이 학문을 좋아하는 제자들의 요청에 응했기 때문일 것이다. 그는 시골로 내려가 일자무식의 우둔한 사람들을 많이 접하면서 그들이 그 어떤 배운 자의 행동도 하지 않고 무지한 일반의 남녀처럼 그저 "나무아미타불", "나무아미타불"이라고 반복하는 것을 보고 그 순진함을 느꼈을 것이다. 이로써 그의 70년 일생에 걸친 학문과의 싸움, 지혜·재능과의 싸움, 전통적 사상의 압박에 맞서 비로소 자유로운 기분을 느꼈을 것이다. 그가 유배되었을 때 이것으로 멀리 떨어진 지역의 사람들을 교화할 수 있다고 기뻐한 것은 그 자신이 타인을 움직일 수 있다는 것뿐만 아니라, 스스로도 역시 그들로부터 배우는 바가 있을 것임을 예지했기 때문일 것이다. 안타깝게도 호넨은 이미 고령의 노승이었다. 신란처럼 더 생생하게 살아있는 체험을 제자들에게 전하지 못했다. 그러나 그가 있었기에 신란의 체험도 가능했다. 영성은 개인적 자기에서 살아 있는 것이고, 게다가 개인적 자기를 통해서 또한 그 자신이 개인을 초월한 '한 사람'임을 분명히 간파할 수 있는 것이다.

호넨과 무로 노 토마리라는 유녀의 만남은 일본 영성사상 기록해야 할 일이다. 수백만 명이 살고 죽는 전쟁도 세계 영성사상의 사건이지만, 그리하여 양적인 면에 있어서 우리 마음속 깊이 움직이게 하지만, 질적으로 보면 유녀의 종교의식을 건드린 것도 역시 보편적인 진실인 것이다. 업의 문제, 인과적 얽힘은 그 수량적인 면에서 놀랄 만한 것이 아니다. 구테이俱胝 선사는 '일지두一指頭 선'을 일생에 다 닦지 못했다고 한다. 참으로 그렇다. 나무아미타불의 염불 소리 아래 사바세계의 전면에 걸쳐 일대 전환이 가능하게 되는 것이다. 일본 영성의 속삭임은 일자무식 초심자의 마음에까지 와닿지 않으면 거짓말이다. 그것은 사실 '일자무식'이어야만 들을 수 있다.

유녀란 대지에서 상당히 유리된 존재처럼 여겨진다. 호넨의 시대에 이들이 어떤 생활을 했고 사회적으로 어떤 위치를 차지했는지는 모른다. 혹시 문맹의 비구니 초심자의 부류에 들어가는 것이 아니었을까. 그 무렵 일본 문화의 중심은 공경 귀족 문화로서 교토의 오미야인들에게 전유되어 있었으므로 무로의 유녀는 그 업의 고통에 관한 논리적 이유를 생각하지는 못했을 것이다. 그러나 고통은 역시 괴롭기에 어떻게 하면 거기서 벗어날 수 있을까 고민한 적은 있었을 것이다. 그렇지 않았다면 호넨에게 가까이 가지 않았을 것이다. 그 무렵의 불교는 어느 정도로 지방에 퍼져 있었는지, 어느 정도로 받아들여졌는지는 알 수 없지만 호넨의 나무아미타불은 분명 지방인을 위한 복음이었음이 틀림없다. 현세 이익이 기조가 되어 있던 종래의 불교밖에 알 수 없었던 일본 정신계가 호넨의 이 지방행에 의해 우선 유녀의 영성에서 각성했다고 하는 것은 결코 무의미한 우연이 아니다. 유녀는 대지를 떠나긴 했지만, 그

거리는 결코 구름 위의 귀족처럼 멀지는 않았음이 분명하다. 그들은 일상에서 대지와 직접 접촉하지는 않았을 것이지만, 대지의 냄새는 확실히 그들을 둘러싸고 있었을 것이다. 유녀의 생활은 개념적이거나 추상적이지 않았다. 그리고 생생한 현실성을 지니고 있었다. 이 현실성은 대지의 근본적 성격에 어긋나지 않는 것이다. 호넨의 종교도 여기서 일본 영성에 한 점 통하는 것을 발견했다고 볼 수 있다.

　호넨이 시코쿠로 건너가기 전 하리마의 다카사고에서 늙은 어부 부부가 그에게 찾아왔다. 여기에도 역시 염불과 생활의 현실성과의 해후가 있다. 어부에게는 아무런 학문적 지식이 없다. 그 어떤 정치적·사회적 지위도 없는 대지 위의 순전한 범부의 모습인 것이다. 그러다 그의 마음에 그 일신의 업을 반성할 기회가 주어졌고, 지옥의 쓴맛을 두려워하는 심정이 싹텄다. 이것은 결코 관념상의 일이 아니다. 순수한 정성이 영성을 관통하는 과정이다. 그래서 호넨은 아무런 개념적 문구를 늘어놓지 않았다. 그저 부처님의 비원과 염불을 가르치기만 했다. 게다가 노어부는 아무런 어려움 없이 곧바로 이를 받아들였다. 일본적 영성은 실로 이와 같은 현실적 순수성 속에서 생겨나는 것이다. 어부의 생활은 농부의 그것처럼 평화로운 것이 아니다. 그러나 어부의 현실과 순수함을 본다면 그 역시 대지를 떠나지 않았음을 알 수 있다. 유녀와 어부는 시적으로 좋은 대조이지만, 영성 생활 위에서 보면 모두 대지에 입각한 어떤 것을 가지고 있다는 점에서 호넨이 교화하기에 매우 적절한 대상이었다. 『쵸쿠슈호넨쇼닌덴勅修法然上人伝』(『법연상인행장』과 동일)에서 상술한 어부와 유녀의 이야기를 인용하면 다음과 같다.

　하리마국 다카사고 해안에서 많은 사람과 결연을 맺는 가운데 칠순 남짓한 노옹, 육십여 세의 그의 부인이 와서 이르되, "우리는 이 해안가에 사는 어부입니다. 아침부터 밤까지 업으로 고기를 잡아왔습니다. 그런데 생명을 빼앗는 자는 지옥에 떨어져 혹독한 고통을 당한다는데, 어찌하면 이를 모면할 수 있겠습니까?" 하며 도와달라고 손을 내밀어 울었다. 호넨이 말하길, "그대와 같은 사람도 나무아미타불만 거듭 말하면 아미타 부처님의 비원으로 인해 정토에 왕생할 수 있습니다." 이에 두 사람 모두 눈물을 흘리며 기뻐했다.

호넨 쇼닌의 말씀을 받들어 그들은 낮에는 포구에서 전처럼 고기를 잡았지만, 늘 아미타의 명호를 반복했고, 밤에는 집에 돌아와서도 늦게까지 염불하니 주위 사람들도 다들 놀라워했다.

하리마의 무로 노 토마리의 항구에 이르렀을 때, 한 유녀가 작은 배를 타고 호넨에게로 왔다. 그녀는 말하길, "세상에는 많은 길이 있는데, 내가 대체 전생에 무슨 죄를 지었길래 이토록 무거운 죄로 가득한 삶을 살고 있는 겁니까? 어떻게 하면 이 죄업을 없앨 수 있습니까?"

호넨 쇼닌이 깊이 동정하며 말씀하시길, "그런 삶이란 정말 불공평하기 짝이 없군요. 그 응보는 참으로 막대할 것입니다. 무엇보다도 할 수만 있다면 다른 방식으로 살 방법을 하루속히 찾으십시오. 만약 그것이 불가능하다면, 만약 구원받기 위해 당신의 삶을 희생할 의지가 당신의 마음에서 일어나지 않는다면, 지금 그대로의 방식으로 살되, 끊임없이 염불을 반복하십시오. 바로 그렇게 죄업으로 가득한 사람들의 구제를 위해서 아미타불이 서원을 세운 것입니다. 진심으로 아미타의 본원을 믿고, 당신의 가치를 떨어뜨리지 마십시오. 염불의 힘을 믿고 끊임없이 행하면 정토에 다시 태어날 것입니다." 호넨의 진심 어린 조언을 들은 유녀는 울면서 기뻐했다. 후에 호넨은 그의 신도들에게 그녀의 믿음이 매우 확고하기 때문에 정토 왕생할 것이라고 말했다. 호넨의 유배 생활이 끝나고 집으로 돌아온 후 유녀에게 가르침을 준 마을에서 그를 불러가게 되었을 때, 그는 유녀에 대해 물었다.

그 유녀는 그의 가르침을 받고 산속의 마을로 가서 살며 염불에 전념했다고 하며, 얼마 안 있어 죽었다. 임종 시 그녀는 왕생을 얻었다고 전해졌다. 호넨은 지극히 기뻐했고, 그녀에 대한 그의 생각이 맞았음을 알게 되었다.

III. 일본적 영성의 주체성

1. 불교로의 진출

염불만으로 살아난다든가 지옥에 가지 않아도 된다든가 하는 맥락에서 일본 영성을 보면 안 된다. 그런 것은 중국에도 있고, 일본에서도 가마쿠라 시대 이전에도 있다. 혹은 이러한 생각이 민중 사이에 침투되었기에 불교적 종교의식이 깊어졌다는 식으로 일본 영성을 이해하려는 것도 아니다. 이는 불교의 유행성만을 보여줄 뿐 본래 일본 민족이 저 깊은 곳에서부터 갖추고 있던 것은 언급되지 않는다. 영성만을 추상적으로 말한다면, 그것과 불교는 보편적 연관성을 지니고 있기 때문에 불교의 침투성 방면에서 이야기해도 이해는 될 것이다. 하지만 내가 이야기하고자 하는 것은 일본적 영성 자체가 어떤 움직임을 보였고, 그것이 과연 불교에 작용했는가 하는 면이다. 즉, 일본적 영성을 먼저 불교에서 떼어놓고 그것이 역사적 시대를 거치면서 점차 대두하는 기운으로

다가왔을 때 우연히 불교에 '부딪혀' 불교 위에 영성이 어떤 힘을 나타냈다는 점을 지적하고 싶은 것이다. 과연 역사적 우연으로 불교의 도래가 있었고, 그 수용이 있었고, 연구가 있었고, 전파가 있었다. 그것만 놓고 보면 일본적 영성이란 그저 불교에 휘둘려 그것을 흡수하기만 한 것 같다. 그러나 영성은 원래 살아있는 것이므로 수동적인 것은 아니다. 물리 세계에서도 순수하게 수동적인 것은 처음부터 있을 수 없다. 사물의 존재라는 것, 그것이 하나의 힘의 표시라면, 거기에 가해지는 힘은 그 사물이 가진 힘의 여하에 따라 각각 상이한 반응을 발생시키는 것이다. 하물며 그것이 영성의 경우가 되면 수동이라고 생각되는 곳에 실상 능동적 힘이 크게 작용하고 있음을 알게 된다. 그러므로 일본 불교는 일본화된 불교라고 할 것이 아니라 일본적 영성의 표현 그 자체라고 할 수 있다. 이 표현의 기회가 무르익었을 때 불교의 형태를 임시로 취했을 뿐이다. 일본 불교라는 문자의 의미를 자연스럽게 해석해두면 좋을 것 같다. 그렇다고는 해도 불교가 없었다면 일본 영성이란 것 자체에 대해 할 말도 없었을 것이다. 그러나 그것은 원인과 결과를 혼동하였으므로 비가 없으면 풀이 자라지 않으므로 비는 곧 풀이라고 하는 것과 마찬가지일 것이다. 초목의 생장은 비에도 태양에도 바람에도 토양에도 있는 것이다. 그러나 그것만으로는 초목이 나오지 않는다. 초목은 여전히 초목이다. 나는 이 초목 본연의 힘을 주체로 하여 일본적 영성이라는 것에 대한 논의를 하고 싶다.

그런데 여기서 분명히 양해를 얻고 싶은 것은 일본적 영성이라고 해도 거기에는 아무런 정치적 의미를 담고 있지 않다는 점이다. 일본적 영성은 단지 '일본적'이라고 하는 것으로 그것이 정치적으로 어떻다든가 또 다른 특성을 가진 영성보다 우월하다든가 또는 다른 것들을 정복하고 자신들의 것인 양 길들인다거나 어떤 식으로든 조상의 명예와 관련된 것이 아니다. 매실은 매실이지 벚꽃이 아니다. 벚꽃도 모란도 역시 그대로, 각각 그 특이성을 지닌 곳에 존재하거나 생장하는 것이다. 그런데도 오로지 하나의 개인적 자기만을 지키고 주장하며 다른 모든 것을 억누르려는 것은 결국 자기 자신을 파멸시키는 지름길일 뿐이다. 그러므로 일본적 영성에는 아무런 정치적 가치를 부여하고 싶지 않은 것이다. 또한 실로 붙일 일이 아니다.

일본적 영성이라는 특수한 것이 있다는 것을 전혀 수상하게 여기지 않을 수 없는 것도 아니다. 영성은 보편적이고 일반적이기 때문에 그것을 특수화한다면 더 이상 영성이 아니라 단지 심리학적 경향이라든가 의향이라든가 하는 것에 지나지 않는다고 생각할 수도 있을 것이다. 그러나 그것은 영성을 과학적 또는 철학적으로 취급할 때밖에 언급되지 않기 때문에 각각의 사실에 역사적 특수라는 것을 인정할 때는 역시 영성에 일본적인 것이 있다고 해도 좋다고 보인다. 감성에도 일본적인 것이 있고, 정성에도 일본적인 것이 있다. 따라서 영성에도 역시 일본적인 것이 있다. 감성도 정밀하게 연구하면 개별적으로나 민족적으로 각각 양적·질적 차등이 있다고 생각되지만, 아마추어로서 가장 알기 쉬운 것은 정성적 개별성이 민족적으로 문학 위에 나타난 것이다. 예를 들면 다음과 같은 기록이 있다(이것은 호리 고레타케 고본 『국민 도덕에 관한 강연』, 다이쇼 2년에서 인용).

가마쿠라 무사의 뭐라 정의할 수 없는 깨끗한 기풍의 진수가 되고 있는 것 역시 헤이안 시대에서부터 내려온 것이다. 헤이안 남녀의 생활과 가마쿠라 무사의 생활이 서로 다르므로 그 나타난 사상은 물론 다르다.

헤이안에 있어서는 화조풍월·연애 등에 나타난 것이 가마쿠라에 있어서는 충효 등에서 나타났는데, 그 외적인 모습을 떠나 그 본질을 볼 때에는 같은 정운이 넘치는 것임을 알 수 있다. 자신의 영가를 칙찬집에 추가하고 싶어 밤에 죽음을 무릅쓰고 여행길에서 돌아와 한밤중 와카 스승의 문을 두드린 다이라 다다노리도 있다. 아시가라산의 달밤에 생의 비법을 전한 신라 사부로도 있다. 떨어지는 꽃을 보고 바람을 원망한 미나모토 요시이에도 있으며, 매화를 화살통에 꽂고 적진으로 돌진한 하타케야마 가게스에가 있다. 구마가이 나오자네가 다이라 아츠모리를 도망가도록 놓아주려 했다는 것도 모두 선명하게 가마쿠라 무사의 풍류를 보여주는 것이다. 이들은 오히려 너무 선명해서 오히려 가마쿠라 무사의 풍류를 자칫 피상적인 것으로만 보이게 할 것 같은 사례들일 뿐이다. 실로 가마쿠라 무사는 용맹하고 강건했다. 주군을 향한 충정이 두터웠다. 그리고 그 무용이나 충의에 일종의 기운을 주어 꽃보다 더 아름답게 만드는 것은 '사물의 애수를 안다'는 기풍이었던 것이다. 무사도는 결코 문자상의 해석으로 알려진 것도 아니고, 이치나 교리로 성립되는 것도 아니다. 이치나 교리는 그저 그 형체일 뿐이다. 그 진정한 정신은 단지 몸으로 직접 체득하는 것 외에는 이를 파악할 방법이 없다. 가마쿠라 무사들 사이에 선학이 유행한 것도 그 원인은 바로 이 언저리에 있기 때문이다. 이에 대해서 무사는 언제 죽을지 모르기 때문에 종교에 의존했다거나 재래의 불교가 부패했기 때문에 선종이 유행했다든가 여러 해석을 하는 사람이 있지만, 나는 선의 직관적 깨달음의 도와 무사도의 진수가 되는 사물의 애수, 사물의 마음을 안다는 것이 같은 취지를 지니고 있다고 생각한다.

가마쿠라 무사와 선과의 교섭에 관해서는 또 별도로 말할 생각이지만, 어쨌든 오로지 무에 관한 것만 상상할 수 있는 사람들로서 풍류운사를 해석한다는 것이 인생에 얼마나 많은 '여유'를 줄 수 있는지는 헤아리기 어려울 것이다. 이러한 전통적 정신, 즉 일본적·정성적 직관이라고 할 수 있는 것이 무사라기보다 '마을인'의 사이에 흐르고 있다는 것은 크게 주목해야 할 역사적 사실이다. 다른 방면에서도 일본인은 감정이 풍부하고, 이 점에서는 아직 원시성을 벗어나지 못한다고 생각되는 점들도 많다. 선한 방면에 나타날 때는 몸을 죽이고 인을 이루게 되어 참으로 좋으나 이것이 편협한 이성에 상동하여 단지 일방적인 표현을 한다면 국제정치나 학술연구 위에 적지 않은 장애가 생기게 된다. 정성적 직관들 상에서 특히 일본적인 것을 발견할 수 있는 것은 이른바 풍류운사라든가 윤리적 관계라든가 하는 사실 위에서뿐만 아니라 정치적 구조상에서도 크게 강조되는 것이다. 그러나 그것들은 모두 정성적 영역을 벗어나지 않으며, 영성적인 것이 아니다. 가마쿠라 시대에 일어난 외국과의 비정상적인 교섭 및 남송으로부터 선승에 의해 전해진 대의명분설 등이 『진노쇼토키神皇正統記』의 저자를 자극하여 정치적·정성적 방면에서 일본인의 정신은 그 무렵 더더욱 앙양되었다. 그러나 이는 어디까지나 일본적 정성의 향상 또는 강조였고, 일본적 영성과는 교류가 없는 것이었다. 영성에는 일본적이든 아니든 그 자체의 영역이 있고, 그 움직임에는 정성과는 다른 것이 있다. 이들 영역이 서로 섞여서 생각되면 인간 생활상 바람직하지 않은 분규를 일으키고 또 민족적으로도 그 진운을 저지하는 것을 보게 되기까지 한다. 정성적 직관은 한쪽에서는 지성에 의해 그 균형이 유지되어야 하지만, 다른 한쪽으로는 영성에 수렴됨으로써 그 편향적 강고함이 교정되어야 한다.

2. 영성의 작용 방식

영성이 인간 생활에서 작용하는 역할을 알아야 한다. 영성이라는 것은 어딘가에 존재하는 것은 아니지만, 그 작용을 느낄 수 있기 때문에 이야기의 편의를 위해 영성이라고 하는 것이다. '그 작용을 느낄 수 있다'는 것은 마치 오늘날 사람들이 흔히 말하는 우주의 선이라든가 하는 것이 있어서 인간이 만든 기계 장치로 감지할 수 있다고 하는 그런 작용이 아니다. 우리의 생활 자체에서 뭔가 의미를 찾아보려 할 때 아무래도 영성이라는 것을 상정하면 더욱 쉽게 소통할 수 있으리라 생각하게 되지만, 그렇다고 결코 그런 것을 고착화해서는 안 된다. 인간 생활은 이것저것 섞여서 있지만, 우리의 지성은 그것을 분석해보기를 원한다. 분석하는 것을 지성이라 하는데, 그 지성은 감성·정성이라는 것 외에 영성이라고 하는 것을 또 구분해보는 것이다. 인간이 서로 이야기하는 데 있어서 이것은 매실, 이것은 소나무라고 하거나 이것은 비, 이것은 물, 이것은 얼음, 이것은 증기라고 하거나 또 이것은 지혜, 이것은 도덕, 이것은 용기, 이것은 과학, 철학, 법률 등 여러 개로 구분하여 각각의 관념 또는 개념의 영역을 정해 보는 것이다. 하지만 이것은 이야기하기 편하도록 한 것이지 그런 영역이 실제 마음과 상충되지 않도록 서로 나뉘어 있는 것은 아니다. 그런 식으로 생각하면 실제 생활 위에 오히려 예기치 못한 혼잡이 생긴다. 인간은 그 사상이 분명하고 정확하며 확정적이기를 기대하지만, 오히려 그 반대의 결과를 거둘 수 있다. 동물학자가 새로운 곤충을 찾듯이, 의학자가 전에 없던 세균을 검출하듯이 사상가도 지금까지 깨닫지 못했기 때문에 오히려 사상들이 혼재해 있던 데서 뭔가 새로운 개념을 고안해내기도 한다. 다만 사상계에서 새롭게 고안된 개념은 새로운 세균과 같은 개별적 존재가 아니다. 천재가 지금까지 얽힌 이야기를 정리하듯 창안한 것이다. 영성이라는 개념도 이런 식으로 해석해두고 싶다.

영성의 역할이 인간 정신의 활동 위에 어떤 식으로 나타나는가 하면 대략 다음과 같다: "우리는 꽃을 붉은색으로 본다, 버드나무는 초록색으로 본다. 물을 차갑게, 더운물을 뜨겁다고 느낀다. 이것은 우리 감성의 작용이다. 인간은 여기서 그치지 않고 붉은 꽃은 아름다우며, 차가운 물은 맑다고 한다. 이것이 인간의 정성이다. 감성의 세계가 이런저런 사물에 가치를 부여하는 것이다. 또 이 위에는 아름다운 것을 갖고 싶다, 맑은 것이 좋다는 욕망이 있다. 객관적으로 그 자체에서 벗어나 가치를 매기는 것이 아니라 그것을 내 손에 넣으려는 것이다. 이것은 의지다. 앞서 얘기한 가치 부여도 의지 때문이라고 할 수도 있지만, 어쨌든 정성과 의지를 나누어 생각해 두면 편리한 점이 있다. 그리고 이렇게 다양한 '작용'을 이유로 이야기하는 '작용'을 지성이라고 한다." 이러한 여러 방면의 연구는 심리학자가 하는 일이다. 여기서 더 정성껏 자세히 논의해야겠다는 생각도 들지만, 지금은 이를 생략하고 영성의 주제로 서둘러 넘어가고자 한다.

영성은 위 네 가지 심적 작용만으로는 설명할 수 없는 '작용'에 붙이는 이름이다. 물의 차가움이나 꽃의 붉음에 대해 그 진실성을 느끼고 감동하게 하는 '작용'이 그것이다. 붉은 것이 아름답다, 차가움이 맑다고 할 때 그 순수함에서 가치를 인정하는 작용이 그것이다. 아름다운 것을 갖고 싶고, 맑은 것을 선호한다는 의욕을 개인적 자기 위에 작동시키지 않고 오히려 이를 개인을 초월한 한 사람에게 돌려보내게 하는 작용이 그것이다. 어떤 사람들은 이 작용을 지성이 잘하는 것이라고 생각하지만, 의지를 발동시키지 못하는 지성은 오히려 의지의 노예에 머물게 된다. 근래 철학자들 중에는 지성의 무력함을 말하는 사람들이 많은 것 같지만, 동양에서는 예로부터 의지의 힘이 크다는 것을 인정하고 이를 극복하는 데 전력을 다했다. 지성은 자신의 힘만으로는 도저히 의지의 적수가 못 된다. 어떻게 보면 지성은 의지에 의해서만 그 능력을 지속하고 있다고 할 수 있다. 지성은 의지의 산물이다. 의지가 자신의 능력을 '더' 강하고 '더' 효과적으로 만들기 위해 지성을 움직이기 시작했다고 할 수 있다. 어쨌든 지성은 스스로 의지의 속박에서 탈출할 수 없다. 그것은 영성의 효능으로 가능해지는 것이다. 영성이 나타남으로 지성은 개인적 자기를 초월할 수 있다. 무분별한 분별은 이런 방식으로 이루어지는 것이다.

그러나 영성의 작용은 이것뿐이 아니다. 이 정도로 일본식 영성을 논할 수 없다. 영성은 대원경지大円鏡智와 묘관찰지妙観察智에서 끝난다. 일반적인 보편성의 것은 흑백의 논리에 근거해 바다의 것도 산의 것도 되어버린다. 그러면 결국은 바다의 것도 산의 것도 아니다. 영성에는 불교의 어휘로 말하자면 성소작지成所作智가 있다. 여기에 일본적이라고 할 수 있는 영성의 특수를 인정하는 것이다. 즉, 영성이 일본적으로 작용하는 것이다. 이 작용의 출현이 어디서 이루어졌는가를 찾으려면 이야기는 지금까지와는 다른 방향으로 전환되어야 하는 것이다. 대원경지를 영성의 지적 직관이라고 한다면, 성소작지는 그 의지적 직관이다. 어지간히도 어색한 용어지만, 지금은 임시로 그 이름을 이용한다.

3. 일본적 영성의 직관

영성이 지적 직관과 의지적 직관의 두 방면으로 작용한다고 하면 전자는 감성과 정성 위에, 후자는 의지 위에서 작용한다고 본다. 인간 생활의 의지적 측면은 행위, 소작所作이다. 인과응보라고 할 수 있다. 죄업, 죽음, 내생 등의 관념과도 연결된다. 이는 모두 불교 사상에 속하는 것으로 여겨지겠지만, 과연 어휘는 불교 용어라도 그 사상은 일반적으로 종교의식의 소산이다. 일본인들은 이들 사상에 대해 어떤 식으로 그 고유성을 양성했는가.

이 특수한 고유성이 가마쿠라 시대에 처음 나타났다. 그리고 그것은 신란에 의한 것이라는 필자의 의견이다. 어떤 점에서 그런가 하면 신란은 죄업으로부터의 해탈을 설파하지 않는데, 즉 인과의 속박으로부터의 자유를 설파하지 않는 것이다. 그것은 이 존재 — 현세적·상관적·업고적 존재를 그대로 둔 채 아미타의 절대적 본원력의 작용에 일체 맡긴다는 것이다. 이런 점에서 아미타라는 절대자와 신란 한 사람의 관계를 체득하게 되는 것이다. 절대자의 대비大悲는 선악이나 시비를 초월하는 것이므로 사람은 자신의 하찮은 지성이나 선악의 행위 따위로는 절대 그것에 도달할 수 없는 것이다. 다만 몸의 소유라고 생각되는 모든 것을 버리든 유보하든 생각하지 않고 자연법이(自然法爾: 그대로 부처님의 대비에 몸을 맡기는 것. 신란의 만년의 경지)로서 대자비의 빛을 받는 것이다. 이것은 일본적 영성 위의 '신의 길 그대로'(간나가라)와 다를 바가 없는 것이다. 중국 불교는 인과론에서 더 발전할 수 없었고, 인도 불교는 다만 공空의 심오한 구렁텅이로 빠졌다. 일본적 영성만이 인과를 파괴하지 않고 현재의 존재를 멸망시키지 않으면서 더구나 아미타의 빛으로 일체를 그대로 감쌌던 것이다. 이는 일본적 영성으로 비로소 가능했다. 그리고 가마쿠라 시대가 이를 가능하게 하는 계기였다. 천오백년 정도나 계속되어 온 역사를 가지고 있으면서도 중국에서는 정토계 사상이 신란적인 영성 직관에 도달하지 않았다는 점이 불가사의하다. 그것이 일본에서는 승려 겐신으로부터 호넨을 경과하면서 곧바로 신란계의 사상으로 대두된다. 이 사상은 중국에도 없고, 인도에도 없으며, 유럽(유대교, 기독교)에도 없는 것이다. 그래서 신란의 종교는 불교가 아니라고까지 일컬어지기도 하는데, 나름 지당한 의견이다. 신란의 사상은 실로 일본적 영성의 직접적 자각에서 나온 것으로, 그것이 가마쿠라 시대에 발흥한 아미타 불교 사상의 자극을 만났기 때문이다.

이 세상의 생활은 죄업으로 느껴진다. 그리고 그 죄업이 아무런 조건 없이 오직 믿음으로 절대 대비자의 손에 맡겨질 수 있다는 것은 현재 우리의 입장에서 보면 좋다고 긍정할 수 있는 것이다. 즉, 이것은 자연법이고, '시모只麼'의 선(있는 그대로의 선)이며, 의미 없는 의미로 신의 뜻 그대로의 길이고, 말로 표현할 수 없는 것이다. '오로지 곧장 갈 수 있는' 직심直心 그 자체이다. '인간의 영리함'을 포함하지 않는 무분별한 분별이다. 기계적인 저울이나 측정을 초월한, 계산 없는 적나라한 마음의 원형이다. 하지만 여기에 또 하나의 개념이 더 있음을 잊지 말아야 한다. 그것은 절대적인 대자비라는 것이다. 이 대자비로 싸여 있을 때 마음은 순수한 진실을 얻는다. 불립문자(깨달음은 문자가 아니라 마음에서 마음으로 전달된다)가 가능해지는 것이다. 마치 '간나가라'처럼 여기서 또 하나의 비약 혹은 '오쵸橫超'가 있게 되면 거기서 일본적 영성의 모습이 순수하게 드러난다. 개인적 자기 하나하나가 초월적 개인 하나에 접하고, 전자의 하나하나가 '신란 한 사람을 위해서'의 그 사람이 되는 것이다. 이 묘기를 잡는 것이 믿음이다. 저쪽에 대상을 두고 그것을 향해 개인적 자기의 한 사람은 이 믿음을 잡을 수 없다. 개인적 자기의 한 사람은 한 사람 한 사람이고, 그러면서 그대로 또 초개인 중의 한 사람인 것이다. 이 영성적 직관이 일본인에게서 처음 나왔으므로 이를 일본적 영성이라고 하는 것이다. 추상적으로는 인도에서도 중국에서도 설해졌던 것이긴 하지만, 구체적으로 개인적 자기의 경험 사실로서는 한 명의 일본인에게서 이루어진 것이다. 그리고 그 후 일본인 모두가 그것을 받아들일 수 있는 기회를 갖게 된 것이다(현재의 진종 사람들은 자신들의 종지를 그 근본적인 곳으로부터 파악하지 않고 역사적으로 타 종파와의 관계라든가, 교리의 전통이라든가 표면적 행사, 법식, 생활 형태 등에서 그것을 보려고 한다. 이는 잘못이라고 본다. 다음 기회에 이것을 개별적 과제로 연구하고 싶다).

4. 신란의 일본적 영성의 배경

신란적 정토계 사상이 어떻게 가마쿠라 시대의 종교의식을 배경으로 나왔는지를 알아보려면 다음과 같은 역사적 사실을 관찰해야 할 것이다.

역사가들에 의하면 헤이안 말기부터 말법 사상이 만연하여 사람들은 이 세상에 대한 염증을 느끼게 되었으며, 그 기회를 틈타 정토교가 성행하게 되었다고 한다. 일부 불교학자들은 에이쇼永承 7년(서기 1052년)이 말법의 시작이라는 계산까지 하고 있다. 그러나 인간의 사상이라는 것이 과연 그런 개념적인 선전으로 움직일 수 있는 것인지 아닌지는 좀 더 깊이 연구해야 한다. 특히 말법 따위는 불교도, 곧 지식 있는 불교도들이 말하는 것으로, 이 선언이 무언가 생활사 실상에 깊게 뿌리내리고 있지 않으면 아무 소용이 없는 것이며, 아무런 기능도 나오지 않는 것이다. 당시 보통의 일본인들 사이에 말법이 이렇다 저렇다 하는 일은 없었다고 보인다. 그렇다 하더라도 세상이 어쩐지 불안해서 무슨 정치적·사회적·사상적 변화가 찾아오는 것처럼 느껴지기는 했을 것이다. 헤이안 말기의 세태 변화, 경제기구의 붕괴, 정치적 권력의 추이, 이념의 변화 등이 일본인의 생활 전반에 걸쳐 왠지 모르게 '이대로는 끝날 수 없다'라고 하는 기분을 무의식이긴 하지만 일으키게 한 것이 틀림없다. 그렇지만 보통 사람들은 이를 따로 말법 사상으로 받아들이지는 않았다. 사회의 상층부, 즉 지식인 사이에서 사회적인 일반적 불안감에 말법의 이름을 붙이고 그에 대한 방책을 강구하려 했을 것이다. 특히 불교인들 사이에서는 그런 마음이 운동으로 전개되었을 것이다. 그러나 그것은 대지에 접촉하여 생활하고 있으며, 정치에도 종교에도 추상적 문화에 대해 아무런 관계에도 관심이 없는 지방 사람, 가장 현실적인 생활을 하는 일본인들에게는 별로 이렇다 할 고통 거리가 아니었다. 그들의 일본적 영성은 지금까지의 정성적 생활, 정성적 직관 외에 뭔가 기초적인 것을 파악하고 거기서 마음의 안정을 구하려고 했던 것이다. 그들은 어려운 논리, 번거로운 과학, 계급구조 같은 것에 대해 관심을 갖지 못했다. 그들은 뭔가 좀 더 직접적으로 힘차게 일상생활 위에서 긴밀하게 '작용'해줄 것을 기대하며 구하기를 멈추지 않았던 것이다. 그들이 반드시 의식적으로 이런 요구를 느끼고 있었다고 생각하기는 어렵지만, 필경 마음속으로는 일종의 초조함을 느끼고 있었을 터이다. 예민한 종교적 천재는 이런 종류의 초조함이 사회의식 위에 숨어 있는 것을 간과할 수 없다. 종교적으로 맑고 깨끗한 마음 혹은 사랑으로 가득 찬 마음은 반드시 이에 대해 매우 민감할 수밖에 없는 것이다. 관음보살은 사람들이 원하는 바에 반드시 응한다고 하지만, 풍부한 영성을 가진 사람 또한 그때그때 움직이는 사람의 마음을 즉각 파악하기 마련이다. 혹은 이렇게 말할 수 있을지도 모른다. 우주의 큰 영혼은, 즉 개인을 초월한 '한 사람'은, 역사적 시간의 추이에 따라 그 안에서 생사를 겪는 개인적 자기들 중 영성성의 수용성이 가장 풍부한 것 위에 스스로를 투영한다고 할 수 있을 것이다. 그러므로 위대한 개개의 영혼은 우주령, 즉 초월적 영혼의 반사경이라고 해도 좋다. 위대한 개개의 영혼의 움직임을 보고 있으면 초월적 영혼의 내용을 읽을 수도 있을 것이다. 신란의 위대한 개인적 영혼은 이를 이룰 수 있었던 것이다. 그는 당시 대지에 접촉해 움직이던 일본적 영성의 진실을 접하게 된 것이다. 말법이 어쩌고저쩌고하는 그런 개념적 추상에서 정토진종을 만들었다는 식의 이야기는 어설프기 짝이 없다. 학자는 종교를 책이나 제도 등에서 읽으려고 하기 때문에 종교 생활 자체의 숨결을 건드리지 못하는 것이다. 그래서 절대자의 절대 사랑이라는 것을 생각해낸 후에 엮어내려고도 한다. 사색이나 논리는 그 뒤에 오는 것이다. 그러나 선행 체험은 절대 사랑 그 자체여야 한다. 그래서 나는 신란을 그 절대적 사랑의 자각에서 보고 싶다. 다수의 역사가나 불교학자들처럼 정토계 사상의 전통이 이렇다 저렇다 하며 논하는 곳에서 그를 보고 싶지 않다.

5. 이세신도 伊勢神道

가마쿠라 시대에 일본인의 영성이 깨어났다는 사실에 대해서는 여러 가지 인과관계가 있겠지만 어쨌든 그 사실 자체만은 분명하다. 그것은 당시 이세신도라는 것이 주창된 것에 의해서도 확인할 수 있다. 이세 신도가 일어난 계기가 반드시 영성의 문제와 연관을 가지고 있지는 않 더라도 결과적으로는 분명히 그 연관이 나타난다. 세간에는 종종 신도 에는 아무런 사상 내용이 없고, 뭔가 있다면 그것은 불교나 노장이나 유교에서 빌려온 것이라고 주장하는 사람도 있다. 그것도 일리가 없는 것은 아니지만, 뭔가 다른 곳에서 빌려온다고 하더라도 그것을 빌릴 주 체가 있어야 한다. 대개 '신도'가 가진 내용은 소박한 원시적인 것으로, 이른바 외래의 것에 대해 길항할 만한 본질을 가지고 있지 않다고 하는 데, 그렇게 뭉뚱그려 얘기할 수는 없다. 왜냐하면 '신도'는 항상 그 이름 으로 '외래적' 요소를 상대로 하여 자립성을 강조하기 때문이다. 거기에 는 물론 언제나 강한 정치적 의미가 담겨 있기는 하지만, 아무것도 없이 는 그 스스로를 긍정할 수 없다. 그렇다면 '그 스스로'가 되는 것은 무엇 인가. 내 생각으로는 신도가 '그 스스로'에 처음 눈을 뜬 것이 이세신도 이다. 즉 이세신도가 신도의 각성이며, 따라서 이세신도가 모든 신도의 근원이 된 것이다. 이 근원적인 것이 개인의 분별성을 통해 출현하면, 그것이 노장적이 되거나 불교적 혹은 유교적이 되는 것이다. 이들은 모 두 그 사람에 의해 때에 따라 여러 가지 표현 형태를 취했을 뿐이다. 그 대부분은 정치적 색채를 강하게 칠하고 신도 자체의 모습을 공리적 으로 그리며 나타나는데, 이는 신도의 본질에서 벗어난 것이다. 일본적 영성의 일면은 분명히 여기에서도 볼 수 있지만, '신도'에 나타나지 않 는 또 다른 면이 있다. 그것이 신란의 종교에 의해서만 인정된 절대자의 절대비悲(혹은 무변無辺의 대비)라는 것이다. 어떤 죄업도 인과도 모조리 절대자의 대비 속에 흡수되어 간다는 그의 개개의 영혼을 초월한 관점 이다. 이렇듯 자기를 초월한 영성을 체득한 신란 한 사람이야말로 일본적 영성의 구현자라고 하는 것은 역시 타당하다고 본다. 이세신도나 다른 여러 신도도 이러한 자기초월적 대비를 자각하지 못했으나 일본적 영성은 신란의 개인적 영혼을 통해 대비자 자체를 비추었던 것이다. 큰 슬픔을 모르는 영성은 영성의 진실에 아직 눈을 뜨지 못한 것이다. 그리고 이 깨어나는 방식에는 일본인이어야 가능한 것이 있고, 나아가 그 가능성이 세계적으로 큰 역할을 하는 데 일본적 영성의 의의를 찾아야 한다. 그러나 또 일본적 형태라고만 할 뿐 세계성을 갖지 않고 오히려 이와 양립할 수 없는 것은 진정으로 일본적인 것이 아니다. 특히 영성의 문제에 있어서는 더욱 그러하다.

6. 근원적인 것에 이르는 길

신도가 근원적인 것으로서 독자적인 입장을 유지하려는 여러 인식이나 관점들은 영성적인 것이 아니라 오히려 정성의 범주에 속하는 것이다. 가마쿠라 시대에 이러한 정성적 인식들이 이를 통일하는 영성적 자각 위에 개념적 체계를 만들고자 해왔기에 신도는 무의식적으로라도 영성 쪽으로 한 걸음 나아갔다고 해도 무방하다. 청명한 마음, 정성스러운 마음, 정직한 마음 등은 정성적이지 아직 영성적 영역에 들어가지 않는다. 금기物忌나 더러움을 정화한다든가 하는 것도 이제 일단의 깊이가 더해지지 않으면 원시 민족의 심리 이외의 것은 나오지 않는다. 이세신도는 이 정성적 인식들을 바탕으로 형이상학적 또는 종교적 기초를 마련하려고 시도했지만 반드시 성공했다고는 할 수 없다. 무엇보다도 이것들은 영성적 직관이 아니기 때문이다. 정성적 측면에 속하는 것은 형이상학적 기초를 갖지 못하며, 심리학적 특수성이라고 할 만한 것에 지나지 않는다. 따라서 신도 철학을 창립하려는 사람들은 불교나 유교 또는 다른 어떤 사상 체계에 의존하려는 경향을 보이는 것이다. 그 결과 신도는 독자적인 입장을 잃게 된다. 신도적 직관은 일본적·정성적이지만, 아직 일본적·영성적이라는 것에 도달하지 못했다. 후자는 신란의 개인적 영성을 통해 절대자의 절대적 사랑으로 인식되어 처음으로 그 본질 자체에 들어간 것이다.

　신도적 직관이 왜 정성적인가 하면, 그것은 아직 부정된 적이 없는 직관이기 때문이다. 감성적 직관도 그렇지만 단순하고 원시성을 띤 직관은 일단 부정의 단련을 뚫고 나오지 않으면 영성적인 것이 되지 못하는 것이다. 부정의 고배를 마시지 않고서는 어떠한 형이상학적 체계도 성립될 수 없다. 우리는 '신도'적인 것에 대해 왠지 일본적이라는 것을 느끼지 않을 수 없는데 이는 사실이며, 그 점에 있어서 일본인은 모두 '신도'의 신자이다. 하지만 그것으로는 어쩐지 부족한 느낌이 드는 것을 금할 수 없다. 그것은 아무래도 신도적 직관에 일본적으로 영성적인 것이 없기 때문일 것이다. 원시적·유아적인 것에 일종의 매력이 있는 것은 사실이다. 인간이라면 누구나 그것에 마음을 끌리지만, 그것은 성인이나 노인의 경우이고, 자기 스스로가 유아인 경우에는 이런 유아성 등을 의식할 수 있을 리 없다. 그것이 의식될 때는 부정되었을 때이다. 그리고 이 부정이 강하고 깊으면 그때마다 또 원시성에 대한 동경, 즉 그에 대한 수용이 강하고 깊어져 영성적이 된다.

　'있는 그대로 있다'라는 관점에서 보면 풀도 나무도 있는 그대로 있고, 고양이도 개도 그렇다, 산도 강도 그렇다. '있다'가 '있다'가 아닌 경우가 있고, 이렇게 부정을 거친 존재가 '있는 그대로'로 돌아갈 때, 그것이 본래의 '있는 그대로 있다'가 된다. 인간의 의식은 이런 과정을 거치게 되어 있는 것이다. 이를 불필요한 곡절이며 병적이라고 치부할 수도 있겠으나 그렇게 여기는 사람들에 대해서는 달리 방도가 없다. 그물망을 찢고 나와 본 경험이 없는 황금물고기를 향해 바깥 연못에서 무엇을 먹고살아야 하는지 말해준다고 해도 그것은 이해할 수 없을 것이다. 옳고 그름도 없는 바이지만, 직관의 세계에는 그런 사실이 있는 것이다. 한 단계 위의 직관에서는 그 아래를 볼 수 있다. 그것은 자신이 경과한 곳이기 때문이다. 그러나 아래쪽에서 위가 보이지 않는다. 그것은 공간적 제약에 의한 것이다. 어쨌든 이 '있는 그대로 있다'에 대해서 한 번은 그것이 강하게 부정되어 '있다'가 '없다'라는 것이 되지 않으면 안 된다. 감성적 또는 정성적 직관이 영성적 직관으로 들어가려면 부정을 통해서만 가능하다. 만약 붉은 꽃이 붉지 않은 적이 한 번도 없고, 아름다운 것이 한 번이라도 아름답지 않아 본 적 없는 부정의 과정이 없다면 꽃은 정말로 붉지 않고, 정말로 아름답지 않은 것이다. 이것이 이상하다고 하는 사람에게는 뭐니 뭐니 해도 그것이 이상하지 않은 사실이 될 수 없는 것이다. 따라서 영성적 직관이 현전하려면 더러움이 단순한 더러움이 아니라 지옥행 결정의 죄업이 되어야 한다. 순수하고 솔직한 마음이 시커멓게 되어 하늘도 땅도 그 먹구름으로 덮여 몸 둘 바를 모르게 되어야 한다. 신이 정직한 정신에 깃든다고 하는 것으로는 부족하다. 그 신도 그 정직심도 청명심도 완전히 부정당해서 모두 한 번 나락으로 가라앉아야 한다. 그리하여 그곳에서 다시 살아나올 때 하늘의 바위문이 열리고 하늘과 땅 사이에 처음으로 봄이 오는 것이다. 신도에는 이러한 영성적 자각의 경험이 결여되어 있다. 그것을 개념적으로 보충하려고 하면 다른 곳에서 재료를 빌린 것으로 의상을 만드는 셈이 된다. '있는 그대로 있다'가 부정의 길을 따라 다시 제자리로 돌아가는 방식에 일본적인 것이 있다. 여기서 일본적 영성이 나오는 것이다. 또한 여기서 절대자의 절대 사랑을 발견하게 된다. 이 절대적 사랑은 그 대상을 향해 어떠한 상대적 조건을 붙이지 않고, 그것을 그대로, 그 있는 그대로의 모습으로 받아들인다는 데 일본적 영성의 직관이 있다. 선을 긍정하고 악을 부정하는 것이 보통의 윤리이지만, 지금의 경우에는 선을 부정하고 악을 부정하고 꾸짖은 후 다시금 그 선을 선으로, 악을 악으로 삼는 것이다. 더구나 절대적 사랑의 입장에서는 선도 악도 그대로 두고 모두 사랑 자체 속에 포용하고 버리지 않는 것이다. 더러움을 보고 그것을 정화해 없애는 것은 대상적 논리의 영역을 벗어날 수 없다. 없어진 더러움은 다시 돌아오게 되어 있다. 그것이 대상적 세계의 필연이기 때문이다. 그러므로 더러움은 정화한 후에 다시 다가온다고 할 수 있다. 청정한 곳에는 티끌이 없을 것이라고 말하면 벌써 거기에 티끌 하나가 날아오고 있지 않은가. 정화는 감성·정성 세계에서의 현상이다. 이것이 영성적 자각의 세계에 오면 정화해야 할 더러움도 없고, 정화하지도 않게 되는 것이다. 이것이 '있는 그대로 있다'이다. 게다가 더러움은 그때그때 정화되고 있는 것이다. '원래의 근본'이라는 진의에 도달할 때에는 이것이 직관의 사실이 되어야 한다. 신도는 정성적 세계에 있으면서 영성적 세계를 개념적으로 구현하려 한다. 거기에 부족함이 느껴지는 것이다. 이는 절대적 사랑의 움직임이 일본적 영성 위에서 느껴진다는 경험이 아직 거기에 없기 때문이다.

7. 영성의 불교적 현현

보통 신란은 불교도이기 때문에 그 경험과 언설은 모두 불교적이라고 생각하겠지만, 이는 그를 부정확하게 이해하는 것이다. 그는 일본인이기도 하다. 일본인이라는 것이 그의 본질이고, 불교도라는 것은 부수적이라 해야 할 것이다. 우리는 부모이면서 또 자식이다. 자식 됨을 보는 동시에 부모인 것을 보아야 한다. 가마쿠라 시대에 태어나 호넨의 제자가 되었다는 데 신란 정토교도로서의 필연성이 있었다고 하겠다. 그러나 그가 일본인이라는 것은 그 스승으로부터 물려받은 사상을 일본적 영성의 직관으로 뒷받침한 데서 볼 수 있다. 영성 그 자체는 근본적으로 개인을 초월한 것이지만, 동시에 자기를 통하지 않으면 그 스스로를 표현하지 못하는 것이다. 즉, '신란 한 사람을 위해'라는 것이 되지 않으면 안 된다. 절대적 사랑은 물론 자아초월적이지만, 그것이 자기 위에 바로 나타날 때 정말 절대적인 것이다. 이 모순이 신란의 그리고 곧 우리의 종교적 경험이 되어야 한다. 이 경험을 가마쿠라 시대의 일본인 중 한 명에 의해 경험할 수 있었다. 하지만 이는 세계 어느 종교인에 의해서도 경험할 수 없었으며 중국에서 이천 년의 정토계 사상 전통에 의해 길러지고 있었어도 불교도 중 누구 한 사람도 경험할 수 없었던 것이다. 그래서 이것을 일본적 영성의 직관이라고 하는 것이다. 일본적 영성에는 무언가 이때 직각 또는 자각을 가능하게 하는 본래의 것이 있을 터이다.

이것이 왜 '신도'에서 누군가에 의해 체험되지 않았을까. 신도야말로 더 일본적이고, 그 흐름에 들어가지 않는 자는 일본인이 아니라는 말도 있을 정도인데, 왜 신도자에게 이때 영성적 직관이 없었던 것일까. 그것은 앞서 말했듯이 신도의 경험은 감성적·정성적이고, 영성적이지 않기 때문이다. 영성적 직관은 우선 개인의 영혼 상에서 가능하다. 즉, 한 사람의 직관이다. 그런데 신도에는 집단적·정치적인 것은 충분히 있지만 '한 사람'적인 것은 없다. 감성과 정성은 가장 집단적인 것을 선호한다. 그것은 집단 위에 스스로를 비춰줌으로써 자신의 존재를 가장 잘 말할 수 있는 것이다. 영성적 직관은 고독하다. 신도에 '개산開山'(개조開祖의 뜻)이라고 할 수 있는 사람이 없는 것은 그 때문이다. '개산'은 아무래도 개인적 자기를 자기 위에 비추는 '한 사람'이기 때문에 집단성을 갖지 못한다. 집단은 '한 사람'의 '개산'을 중심으로 모이는 것으로, 집단의 위에서 어떤 것이 점점 넓어지는 것에는 중심이 없다. 어떤 의미에서 그것은 전체적인 것이지만, 이런 종류의 전체성은 중심이 없는 집합, 단순한 군중에 불과하다. 그때그때의 감성과 정성의 움직임에 맡겨 이리저리 흔들리는 행동을 하기 일쑤다. 이것들은 영성적 직관에 의해 지도되어야 한다. 영성적 직관 위에만 형이상학적 체계가 더해질 수 있기 때문이다. 또한 이 체계가 없으면 감성 및 정성에 기초한 여러 직관만으로는 정착성이 없기 때문이다. 여기서 신사 신도와 종파 신도가 구별되는 것이다(신사 신도 및 종파 신도라는 명칭은 역시 정확한 타당성을 결여하고 있다고 생각되지만). 전자가 그 중축이 되어야 할 영성적 직관을 갖지 못한다는 사실이 그것으로 하여금 정치적 행동에 나서게 하는 것이다. 정성의 세계와 영성의 세계를 혼동하는 것은 논리적으로 철저하지 못할 뿐만 아니라, 집단의 실제적 생활과 행동 위에 적지 않은 위험을 초래할 수 있다.

8. 신도와 불교

'신도'를 보고 있으면 다음과 같은 환상이 떠올라 일본인으로서 내 안에 있는 일종의 그리움 같은 것을 느끼게 된다. 무한히 펼쳐져 있는 것은 아니지만 나무가 무성한 숲속의 작은 공터가 있다. 그 안에 백목으로 된 건축물이 서 있는데, 사면이 활짝 열려 있다. 그다지 큰 집은 아니다. 그를 둘러싼 마당에는 온통 흰 자갈 또는 조약돌 같은 것이 깔려 있다. 티끌 하나 없이 아주 산뜻하다. 그 물길을 흐르는 개울은 바닥까지 보이고 또 맑다. 아직 새벽녘 같지만 어디선가 아침 해가 떠오르면 그 그림자가 숲의 나무들을 통해 집과 그 주위의 하얀 모래자갈 위로 내리쬔다. 전면에 푸른 안개 같은 것이 감돌고 있다. 그 고요함과 신선함은 표현하기 어렵다. 무언가 소리가 나서 귀를 기울이면 집 안에서 들리는 것이다. 그래서 보면 흰옷을 입은 한 사람이 빈집 안에 경건하게 앉아 있는데, 무엇인지 읽고 있다. 낭랑한 목소리지만 자못 조심스럽게 들린다. 뭔가 대단한 것이 앞에 있는 것처럼 그의 태도는 긴장되어 있고 겸손하다. 그러나 전체 풍경에서는 낭랑하고 맑게 느껴진다. 말하자면 새해 첫날 아침의 분위기 같은 것이다. '집에 대대로 내려오는 큰 칼을 찬' 것 같은 느낌이다. 이에 반해 절대적 사랑의 영성적 직관에서는 어떤 환상이 떠오를까. 예를 들어 신란이 에치고로 유배를 가서 대지 위에 누운 백성이 되었다고 상상해본다. 그는 일찍이 헤이안조 시대의 염불자였던 승려 교신敎信을 존경했다고 한다. 교신은 어떤 생활을 하고 있었을까. 다음과 같은 기록이 있다(『불교대사휘仏教大辞彙』).

사미(교신)는 원래 고후쿠지興福寺의 학장学匠으로서, 유식唯識과 인명因明을 연구했다. 고후쿠지에서는 의식주 및 하인들이 풍족하게 갖추어져 있었지만, 그는 '염리예토 흔구정토厭離穢土欣求浄土'의 깊은 마음을 일으켜 끝내 그 절을 떠나기로 했다. 먼지를 덮어쓰고 흔적을 남기지 않으며 그는 계속 서쪽으로 갔고 반슈 지역 가코군 니시노구치에 이르렀다. 여기서부터 서쪽 멀리까지는 맑아서 극락을 구하기에 이상적인 장소였다. 그는 초가 암자를 지었고 머리도 밀지 않고 손톱도 자르지 않았으며 가사 등의 옷을 입지 않았다. 서쪽으로 울타리도 만들지 않은 채 본존도 안치하지 않았다. 처자를 거느리고 마을 사람들 밑에서 일하며 밭을 갈거나 여행자의 짐꾼 노릇을 하기도 했는데, 늘 밤낮으로 쉬지 않고 아미타불의 이름을 부르며 염불했다. 사람들은 그를 '아미다마루'라고 불렀다. 그는 염불 외에는 만사를 잊은 듯했다. 이렇게 하기를 30년이 지나 조간 7년(865) 8월 15일에 세상을 떴다.

그는 포자 한 장만을 걸친 진흙투성이 대지의 백성이다. 땀을 닦는 것조차 잊은 것이다. 그는 부지런히 일하는 것 외에는 아무것도 모르는 것 같다. 괭이를 한번 올렸다 내릴 때마다 나무아미타불이라고 한다. 그의 손이 괭이를 대지에 박는 것인지, 나무아미타불이 괭이가 되어 대지로 빨려 들어가는 것인지 알 수 없을 정도이다. 어쨌든 괭이는 공중으로 움직이고 있다. 지금은 그도 피곤했는지 대지 위에 두 손도 두 발도 벌린 채 누워 있다. 따뜻한 봄날은 나뭇잎 덕분에 그의 얼굴에 어른거린다. 그는 그것을 마음껏 맛보고 있는지 뭐라고 말하지는 않지만, 코 고는 소리마저 들린다. 누군가 검고 칙칙한 토병에 차를 끓인 것을 가져온다. 그는 눈을 뜨고 한 잔, 두 잔을 기울인다. 뭔가 그 사람과 즐겁게 이야기하는 것처럼 보이고, 크게 웃는 소리까지 들린다. 두 사람은 가을 수확이라도 예상하고 있는 것일까 아니면 봄빛의 한가로움에 그 마음이 스스로 안면신경을 이완시킨 것일까. 그 사이에도 나무아미타불은 두 사람의 입에서 나온다. 진흙투성이의 손발, 풀잎이 무성한 들녘 — 정말이지 간나가라의 풍광이 아닌가. 여기에는 정직한 마음도 순수한 마음도 청명심도 없는 것 같다. 그저 웃음이 가득한 얼굴과 땀이 줄줄 흐르는 맨살이 있을 뿐이다. 마음이 없고 맨살이 있는 것이 이곳 풍경의 특징이다.

아침 햇살이 채 가시지 않은 공터의 백목 오두막에 정좌한 흰옷 입은 사람은 일본인이고, 진흙투성이 손도 더럽고, 땀으로 범벅된 몸의 밭일하는 남자는 일본인이 아닌가. 하나는 쌀 먹는 사람, 다른 하나는 쌀 만드는 사람. 먹는 사람은 추상적이기 쉽고, 만드는 사람은 항상 구체적인 사실에 입각하여 산다. 영성은 구체적인 사실에서 그 양식을 구하는 것이다. 사람은 깨끗한 백의를 입고서 괭이를 들지는 않고, 의관 속대를 하고 대지에 눕기에는 적합하지 않다. 괭이를 들지 않고 대지 위에서 자고 일어나지 않는 사람들은 도저히 대지를 구체적으로 체득할 수 없다. 그들은 알고 있다고 입으로 말할 것이고 마음으로도 그렇게 생각하겠지만, 그것은 한낱 추상적이고 관념적인 것일 뿐이다. 대지를 그것이 주는 은혜의 열매 위에서만 아는 사람들은 아직 대지에 친숙하지 않은 사람들이다. 대지와 친하다는 것은 대지의 고통을 겪는 것이다. 단지 위아래 괭이질로 대지는 그 비밀을 열어 보여주지 않는다. 대지는 말할 것도 없지만, 거기서 일하는 사람이 그 정성을 다해 사심을 떠나 스스로도 대지가 될 수 있으면 대지는 그 사람을 자신의 품에 안아준다. 대지는 속임수를 싫어한다. 농부의 돈후 순박은 실로 대지의 기운으로부터 나온 것이다. 고전의 해석에만 몰두하는 사람은 대지의 은혜와 쌀 맛을 그저 관념적으로 알고 있을 뿐이다. 절대적 사랑의 영성적 직관은 이런 관념성 밑에서 싹트지 않는다. 특히 일본적 영성은 구체적 사실 위에서 길러지고 있기 때문에 이 사실이 움직이지 않는 곳에서는 전혀 드러나지 않는다. 일본인의 영성적 직관은 문자나 기록의 탐색과는 관련이 없다. 그것으로부터 나오는 것은 지성적인 것이다. 지성의 중요성은 물론 의심의 여지가 없지만, 지성은 영성적 직관 속에서 나와야 한다. 이와 반대로 지성적 언사를 주체로 하고 그로부터 직관을 끌어내려 해서는 안 된다. 실제로 그것은 불가능하다. 정성적 직관을 설파하는 사람들도 지성의 언사를 꺼리지만, 그렇다고 이 꺼림이 영성으로부터 나온 것과 동일 계열에 속하지는 않는다는 것을 깊이 기억해야 한다.

9. 영성적 직관의 시간성

신도는 우주생성론에 그 전면적 의미를 요구하고 있는 것 같다. 그리고 정치적 · 역사적 · 윤리적 가치를 부여함으로써 만사가 족하다고 생각하는 것 같다. 그것도 물론 있을 수밖에 없는 일이지만, 그것 때문에 일본적 영성의 존재가 무시되는 경향이 생기게 된다. 일본인의 존속이 세계적으로 무언가 의미가 있고, 그 역사의 생성에 뭔가 기여해야 할 사명을 가지고 있다면(나는 이와 같은 것이 정말로 있음을 확신하고, 본서도 그런 마음으로 쓴 것이지만) 우리는 일본적 영성의 특이성을 선양할 것을 가볍게 여기지 말아야 할 것이다. 신도가들은 우주생성론을 말하지만, 그것은 직선적 · 시간적이며, 생성의 진의를 구하지 않는다. 직선적 시간성으로 역사적 기억을 해석하려다 보면 그 속에서는 현재와 미래가 나오지 않는 것이다. 과거조차도 한정된다. 그러다 역사는 창조성을 잃고 경화되고 만다. 영성도 그 일을 할 수 없게 된다. 시간을 직선적으로 생각하면 모든 것이 기하학적 도식이 되어 천지의 생성 · 변화성이 없어진다. 산다는 것은 긴 선을 긋는 것으로 표상되는 것이 아니다. 몇천 년이나 몇만 년 내지 몇억 년이라도 상관없지만, 시작이 있는 삶의 방식은 끝이 있어야 한다. 무한은 과거 쪽에도 미래 쪽에도 적용되어야 한다. 이것은 유한한 직선으로는 안 된다. 실제로 직선은 모두 유한하다. 유한하기 때문에 직선이다. 무한을 어떤 점에서 잘라 보기 때문에 그 사이만이 직선인 것이다. 무한은 직선일 수 없다. 여기서 시작한다고 하면 여기서 끝난다는 것이 이미 그때 정해져 있다. 그런 한정을 받는 것은 살아 있지 않다. 삶은 반드시 무한해야 하고, 직선이어서는 안 된다. 삶은 원환圓環이다. 중심이 없는 혹은 어디서나 중심인 원환이다. 이생의 무한대 원환성은 영성이 아니면 직관할 수 없는 것이다. 그 외의 여러 직관은 어딘가에서 분명 제한을 받는다.

무한대 원환성 따위는 생각할 수 없다. 그런 것은 추상적·개념적으로 가장 황당한 것이라고 하는 사람이 많기 마련이다. 영성적 직관이 없는 사람들이 이렇게 말하는 것이다. 영성적 세계의 진실성을 경험해 본 적이 없는 자는 반드시 그런 반항을 한다. 사실에 입각해서 말하면 직선적 시간관으로 세계를 보고, 역사를 보고, 삶을 보고 있는 사람들은 시간을 무한대 원환에서 직선으로 한정해서 보기 때문에 이렇게 한정하는 것이 오히려 추상적이고 개념적임을 모르는 것이다. 영성적 직관에서는 시간과 공간에서 움직이고 있다고 생각되는 생명은 사실상 무한대 원환성을 지님을 본다. 이 직관을 분별적 지성으로 헤아려 비교하고 비판해서는 안 된다. 이것들은 영성적인 직관 위에 세워져야 하며, 직관을 분별력에서 추출해내서는 안 된다. 이 순서를 거꾸로 하면 가장 구체성의 사실이 추상적이 되고, 개념적이 되고, 무언가 꿈처럼 되는 것이다. 여기서 생각나는 것은 난센南泉 선사와 꽃 이야기이다(『벽암록碧巖錄』 제41칙). 어느 날 높은 관리가 난센을 찾아 승조僧肇의 말을 인용하며, "천지는 나와 같은 뿌리이고, 만물은 나와 한 몸이라고 하는데, 이것은 정말 매우 신비로운 말이 아닙니까?" 하였다. 난센은 이 말을 듣고 즉각 대답하지 않고 그저 마당 앞의 꽃을 가리키며 세상 사람들은 이렇게 아름답게 피어 있는 꽃을 봐도 꿈만 같다고 했다. 지금 눈앞에 피어나는 국화꽃, 이렇게 현실적이고 구체적인 것은 없다고 생각할지 모르지만, 이를 진정으로 그렇게 볼 수 있는 사람은 영성적으로 깨어 있는 사람이다. 만물일체관을 가진 사람은 철학적 개념들의 사이를 떠날 수 없기 때문에 꽃을 꽃으로 볼 수 없다. 꽃도 왠지 꿈처럼 되어 그대로 희미해져 가는 것이다. 추상적이 되어 버린다. 감성적 세계는 현실이라고 해도 영성적 직관에 의해 뒷받침되지 않으면 그것은 허황된 것이다. 지성적 분별의 경계에서 방황하는 자들 역시 진실한 구체성으로 일관할 수 없다. 우주생성론을 직선적 시간성 측면에서 해석하고 그것으로 다했다고 생각하면 생산의 영혼은 생물학적 생명의 파편이 되어 그 영성을 망각하게 된다. 그리고 나서 진언종에서 가르치는 금강계·태장계의 양계 만다라의 이원론적·감성적 해석이 받아들여질 수 있다. 신도가 진언종과 부둥켜안는 것은 이 점에서 자연스럽다고 생각된다. 불교도가 말하는 법계연기(모든 사상이 서로 인연이 되어 끝없이 융합되어 있는 모습)는 화엄종에 기초한 것인데, 이것이 일찍이 신도에 어떤 영향을 미친 적이 있었는지 정확히는 모르지만 신도가 직선적으로 시간을 해석하는 한, 화엄의 법계관과는 별 인연이 없었다고 상상할 수 있다. 일본이 바다에 둘러싸여 있으면서도 대양적 세계관 또는 역사관의 영향을 받지 못한 것은 신기한 일이다. 강 하류의 직선성 대신 대해의 원환성을 생각할 수 있었다면 좋았을 것이다. 미루어보건대 이러한 원환성에 대한 생각이 없었다는 것은 가마쿠라 시대에 이르기까지 일본적 영성이 아직 자각의 경지를 얻지 못했기 때문일 터이다. 감성적이고 지성적인 삶의 영역에서 벗어날 수 없다면 아무래도 우주 생성의 사실은 직선적인 시간성 위에 구성될 수밖에 없을 것이다. 영성적 직관은 이를 파괴하는 것이 아니라 심화시키는 것, 높이는 것, 기초를 지키는 것, 사실화하는 것이다. 영성적 직관 위에 그것이 세워질 때 그것은 정착해야 할 곳으로 정착하게 되어 안정성과 포용성을 되찾게 된다. 우주 생성의 이치가 직선적으로 이해되는 것이 아닌, 곧 무한대 원환성의 것으로 직관되는 때, 직선적 해석도 역시 스스로 적절한 입지를 찾게 된다. 정치나 역사나 윤리뿐만 아니라 과학도 철학도 논리도 아무런 배경도 없이 직선적 해석만을 최후의 궁극적 진실로 삼게 되면 일본적 영성의 자각도 무의미해질 뿐만 아니라, 우주적 영혼 또는 초개인적 사람과도 관련이 단절되게 된다. 그것은 모든 것의 멸망을 의미할 것이다. 삶 자체를 부정하는 것은 자살이나 다름없다. 영성적 직관이 무한대 원환성이므로 그 중심은 어느 곳에든 있을 수 있고, 그렇기에 '신란 한 사람을 위한다'에서의 '한 사람'의 의미를 이해할 수 있다. 거듭 말할 필요도 없다고 생각하지만, 이 '한 사람'은 개인적인 한 사람이 아니다. 만약 한 개인으로 생각한다면 그 작은 차이는 돌이킬 수 없는 착오를 만들게 된다. '한 사람'은 초개인적 한 사람으로, 중심이 없는 무한대 원환의 중심을 형성하는 곳이다. 영성적 자각은 이 중심이 없는 중심을 인정할 때 성립한다. 이때 '천상천하 유아독존'의 '한 사람'이 되는 것이다. 그것이 진실한 자기-초개인적인 자기의 자각이다. 자기가 아닌 자기라는 모순이 곧 가장 구체적 사실로 인정되고, 이 존재가 가장 궁극적인 진실성을 얻게 되는 것이다. 신란의 일본적 영성은 한편으로는 전통적으로 호넨에 의해 자극받으면서, 또 다른 한편에서는 대지와의 살아있는 접촉에 의해 정말 스스로도 살아있는 것으로서의 직관이 성립된 것이다.

초개인적인 자기로서의 '한 사람'은 고독성을 가지고 있다. 그것도 절대 고독이다. "고독한 하늘과 땅 사이에 홀로 서서 보니 전망이 무한히 펼쳐진다"라고 하듯 중심이 없는 무한대의 원환 안에 혼자라는 중심을 인정하는 의미는 모순성을 지닐 수밖에 없다. 그래서 고독은 절대고독이고, 이는 마치 "봄의 산에는 푸르름이 켜켜이 쌓여있고, 흐르는 봄의 개울에는 그 푸른 그림자가 비치네"라는 분위기를 지닌다. 절대고독한 '한 사람'은 온갖 사물 개개 그 자체이기도 한 것이다. 이때 모순이 가능한 이유는 우리 모두가 무한대의 원환 속에 중심이 없는 중심을 차지하고 거기서 생활하고 있다는 가장 구체적 사실이 실존하기 때문이다. 이것이 영성적 직관이다.

영성적 자각은 개인의 삶의 마지막 경험이기 때문에 한결같다. 단지 논리에서 문득 그것은 유아론唯我論(solipsism, 자기중심주의)이라고 생각할 수 있을 것이다. 그러고 보니 정말 그렇다. 그러나 'solip(sis)tic' 한 것은 이미 그렇지 않은 것을 내포하고 있기 때문에 솔립시즘은 보통의 논리로도 성립할 수 없다. 그러나 이는 차치하고 영성적 직관의 세계에서 이 직관 그 자체 외에는 모두 부수적일 뿐이다. 즉, 개인적 직접성을 띠지 않는 것은 모두 낡은 것으로 취급되는 것이다. 타인의 기록에 대한 주석 또는 해석에 전전긍긍하지 않는 것이다. 그것은 헌 옷이나 남은 찌꺼기, 소문, 풍문이나 마찬가지로 가치가 없는 것이다. 영성은 언제나 혼자이고 전면이며 적나라하기 때문에 헌 옷의 세계에서 살기를 싫어한다. 개개의 영혼은 초월적 영혼과 직접적으로 협상을 개시한다. 어떤 경우에도 매개자를 수용할 수 없다. 그래서 그 직관은 초월적 영혼의 개인적 영혼화가 아니면 안 된다. 개개의 영혼은 개개의 영혼이면서도 또 그것이 아니다. 그래서 개즉초개, 초개즉개여야 한다. 즉심즉불은 비심비불이고, 비심비불은 즉심즉불이기 때문이다. 영성적 직관은 가장 구체적이기 때문에 가장 개인적이다. 그러므로 가장 추상적이고 가장 보편적이다. 그것은 하나의 직관이다. 주변이 없는 원환 속에 중심이 없는 중심을 차지하고 있다는 자각이다. 이것을 신란의 일본적 영성으로 표현하면, "미타의 본원은 오직 신란 한 사람만을 위한 것이다"라고 하는 것이 된다. 절대적 사랑 속에 받아들일 때는 선과 악을 그대로 둔다. 이원적·역사적·직선적 생활은 그대로 놔둔 채 부정되지 않는다. 부정 즉 긍정, 긍정 즉 부정이라는 모순의 논리가 절대적 사랑, 즉 무변의 대비라는 측면에도 적용되어 타당한 것이다. 다만 일본적 영성은 이 논리를 논리로서 보지 않고 사실의 직관이라고 보고 있음을 잊지 말아야 한다.

10. 불교의 통속화라고 하는 것

사람들은 흔히 정토계 사상이 불교를 통속화한 것이라고 하는데 나는 여기에 동의하지 않는다. 왜냐하면 원래 종교라는 것은 영성적 자각에 기초를 두고 있는 것이고 또 이 기초가 되는 것은 어떤 일정한 개념적 체계에서 산출되어 제멋대로 만들어지는 것이 아니기 때문이다. 불교의 통속화라는 것은 인위적 공작으로, 즉 지성적 조작으로 어떤 대상에 맞는 것을 짜임새 있게 완성한다는 뜻으로 풀이된다. 영성적 직관이 먼저 있고 나서라면 거기에 지성적 공작을 가할 수도 있겠다. 아니, 뭔가 그런 공작이 필요할 것이다. 직관은 단지 직관으로 멈출 수 있는 것이 아니다. 인간 의식은 어떤 형태로든 이것을 표현하려고 한다. 따라서 종교의식의 성립에도 어떤 형이상학적 체계가 있어야 한다. 그러나 이에 반하여 우선 체계 자체에서 영성적 경험을 이끌어내는 것은 소를 때리지 않고 차를 때리는 격이다. 뒤에서 나온 것을 앞세우는 것이다. 호넨이 천태종 교리에서 정토계 사상을 추출하여 그것을 대중을 향해 만들었다는 생각은 호넨의 종교 경험을 무시한 것이며 또한 그 통속화의 대상이 되는 대중의 영성적 생활에 대해서도 충분한 이해가 없는 것이다. 나는 이른바 통속화해야 했던 이유가 어디에 있었는지 살펴보고 싶다. 시기에 딱 맞아떨어진 것도 있겠지만 이것이 사실상 가능하다면 통속화의 주체와 객체, 능동과 수동 양쪽에 대응되는 것이 있어야 하지 않겠는가. 한쪽이 능동적이고, 다른 쪽이 수동적이라고 해도 그 수동 쪽도 능동성이 없으면 양자 사이의 교섭은 불가능하다. 불교의 통속화도 마찬가지다. 상층에서 행해진 불교가 그대로는 대중에게 받아들여질 수 없기 때문에 물이든 설탕이든 더해서 하라는 식으로 통속화되어 그것을 대중 쪽에서 마치 아이가 당의정을 먹듯이 수용한다면, 불교의 통속화에는 상당히 본질 이외의 것—설령 무해하다고 하더라도—이 들어 있는 것이다. 보통 대중화 또는 통속화는 과연 그런 방식으로 이루어지는 것인가. 뭔가 더 분명한 의미가 밝혀져야 할 것이다. 어쨌든 통속화된 불교를 받아들이는 대중에게도 뭔가 스스로 움직임이 있었다는 점을 고려해야 한다.

특히 가마쿠라 시대에 그 '통속화'가 이루어졌던 것은 그 사유가 이른바 대중 사이에서 발생한 것이기 때문이라고 보아야 한다. 그리고 그 사유가 대중의 영성적 생활 위에 어떤 작용을 일으켰다고 생각해야 한다. 그러다 보니 그에 상응하는 지성적 구조가 기존 종교 사상 체계 속에서 비집고 나온 것이다. 양쪽에서 손을 내밀면서 비로소 상호 간의 호흡이 맞았던 것이다. 학자들 사이에는 인위적 공작으로 외부 구조를 바꾸기만 하면 내면생활이 그에 상응하게 된다고 생각하는 경향이 있는 것 같다. 과연 환경의 영향은 강하기는 하지만, 유전의 영향도 무시되어서는 안 된다. 역시 인연이 무르익어야 한다. 내 생각으로는 이에 관해 잊기 쉬운 원인이나 유전 또는 영성 쪽에도 학자는 충분한 주의를 기울여야 한다는 것이다.

　내친김에 언급하고 싶은 것은 양부습합両部習合(양부신도両部神道, 주 17 참조)이라든가 신불융통(신불습합)이라든가 하는 사상이다. 이것은 처음으로 본지수적설本地垂迹説로 형성되었는데, 일반적으로 학자들은 이것이 불교가 그 가르침을 신도에 적합하게 하여 일본인들 사이에 불교를 퍼뜨리게 하려는 불자의 교활함을 보여준다고 한다. 그런데 이는 정말 이상한 생각이다. 아무리 방편의 본가인 불자라도 함부로 자신의 교리를 곡절시켜 신도의 신들을 사로잡을 생각은 하지 않았을 것이다. 신불습합설은 그보다 더 자연스럽게 이루어졌던 것으로 보인다. 사상적 훈련의 면에서 불자는 천군만마의 사이를 달려왔기 때문에 소박한 신도가의 적이 아니다. 후자는 처음부터 전자에 대해 감히 대적할 수 있는 입장이 아닌 것이다. 그러므로 신도는 잠자코 있었겠지만 불자 쪽에서는 신도를 가만히 바라보고만 있을 수는 없었다. 불교는 어쨌든 밖에서 왔고, 어느 정도 세월이 지나 유기체가 되었지만, 이 사상적 유기체는 그 땅에 있는 것을 아무것도 받아들이지 않으면 스스로를 형성할 수 없기 때문이다. 신도는 이미 그 땅에 있는 것이다. 따라서 그것에 대해 어떻든 고찰하지 않으면 불교는 유기체로서 일본 국토에 존재해나갈 수 없는 것이다. 신불습합은 아무런 인위적인 요소 없이 이렇게 저절로 추세를 따라 자연스레 이루어진 것이라고 나는 믿는다. 자연이란 습합의 사실에 인위적 기교가 개입되어 있지 않다는 뜻이다. 불교의 통속화도 이와 비슷하게 자연스레 이루어진 것이지, 호넨 쪽에서 통속화된 정토계 사상을 전통적 사유 방법으로 만들어내겠다는 지성적 의도에서 일에 착수하여 이루어진 것이 아니다. 전술한 것처럼 말세 사상을 운운하는 설에도 개념적인 것이 섞여 있을지언정 그것만으로는 당시 일본인의 영성적 생활을 올바르게 묘사할 수는 없다고 말하고 싶은 것이다. 이 글을 통해 내가 주장하고 싶은 것은 종교의식의 형성과 확립에는 영성적 직관이 먼저 있어야 한다는 것이다. 그리고 그런 뒤 사상적 구조는 그 위에 생긴다. 그렇다면 그 영성적 직관은 인간 정신이 역사적으로 발전하는 가운데 자연에서 경험될 수 있다. 역사적 발전이라는 것 속에는 상당히 복잡한 인자가 포함되어 있지만, 지금은 그것을 다루지 않고, 다만 간단하게 인간 정신은 역사적으로나 시간적으로 그 안에서 가능성을 끊임없이 발전시켜 나가는 것이라고 말해두고자 한다. 일본인의 영성적 생활은 가마쿠라 시대까지는 그 본래의 의미에서 경험할 수 없었던 것이다.

11. 전통에의 순응과 믿음

그다음으로 또 한마디 해두고 싶은 것이 있다면 그것은 가르침과 자각의 관계이다. 이는 오래된 문제로, 여러 가지 방식으로 논의된다. 정치, 윤리, 종교, 교육 등에서 각각의 입장이 있다. 즉, 모두 자타 사이의 주객, 능소적 관계라고 해도 좋다. 공평한 관찰은 상호 의존한다는 것일 터이다. 이 문제를 종교 위에서 보면 타력·자력의 문제다. 또는 법法과 기機라고도 한다. 기독교 신학에도 이와 유사한 문제가 있다. 개인적 자기에 대한 관념이 있는 한 이 문제는 종식되지 않을 것이다. 이것을 사람이라는 측면에서 보면 가르치는 사람과 가르침을 받는 사람의 관계가 된다. 가르친 것이 전부인가 아니면 그것으로부터의 무언가 또 궁리가 나오는 것인가 하는 문제이다. 예를 들면 도겐道元 선사의 유명한 『쇼보겐조 즈이몬키正法眼藏随聞記』에는 다음과 같은 구절이 있다.

우리는 책으로부터 배워 상호 광명을 구족하고, 중생을 위해 설법하는 덕을 갖춘 석가, 미타 등을 부처라고 안다. 그러나 선사는 개구리나 지렁이 또한 부처라고 말하니, 제자들은 개구리나 지렁이가 부처라는 것을 믿고, 지금까지 알고 있던 것을 버려야 한다.

표면상 보면 이는 스승이 가르치는 것만을 믿는 것이 제자의 도리라는 것으로 보인다. "산이 무엇이다"라고 하면, "예, 그렇군요"라고 받아들이고, 말을 가리켜 "사슴이다"라고 하면, "훌륭하십니다"라는 대답이라도 하지 않으면 제자는 스승을 믿지 않고 자기의 판단에 의지한다고할 것이다. 그러나 이렇듯 스승 또는 초월적 개인에게 절대적으로 의존해서 이런 것이 제자의 길이라고 한다면 제자는 그 어떠한 창의성도 갖지 못하게 된다. 동적인 세계의 변화도 영원한 묘지처럼 되어버리고 말 것이다. 도겐의 말은 과연 이런 것을 뜻하는 것인가? 어떤 의미에서 보면 그렇다고 인정할 수도 있겠지만, 또 다른 관점에서 보면 명확히 부정할 수 있는 것이다. 종교적 전통은 이렇듯 모순에서 생겨난다고 할 수있다. 신란은 『탄니쇼』에서 다음과 같이 고백하고 있다.

신란에 와서는 다만 염불하고 미타에게 의지할 수밖에 없다. 오로지 믿는 것밖에는 다른 생각이 없다.

이는 도겐과 반대쪽에서, 즉 제자 쪽에서 한 고백이다. 그러나 양쪽 모두 '신'(믿음)을 중심으로 양 개인의 관계를 보고 있는 것으로, 차이는 없다. 문제는 곧 순종 등의 윤리적 항목에 있는 것이 아니라 영성적 자각의 영역에 있다. 이것이 분명하지 않으면 도겐도 신란도 알 수 없게 되고 또 '일본적'인 것도 파악할 수 없게 된다. 영성적 자각을 대인적 어휘로 나타내면 '믿음'이다. 즉, 스승이 "어이"라고 부르면 "네"라고 대답하는 것이다. 여기서 단순한 감성적 또는 정성적 직관만 보지 말고 더 깊이 나아간 것을 느껴야 한다. 감응의 세계는 순종적이라고 하지만, 그 안쪽의 믿음을 보지 않으면 사물의 표현밖에 들여다볼 수 없는 것이다. "하늘이 무슨 말을 하랴"라고 유교에서 말한다면, "사시가 진행되니 만물을 기른다"고 아는 것이 믿음이다. "백성의 믿음이 없으면 아무것도 할 수 없다"라고 하는 것은 정치의 본뜻이지만, 이 믿음도 영성적 자각에 뿌리를 두고 있을 때 비로소 확고한 것이 된다. 도겐과 신란도 이 자각 위에 서서 제자의 순종을 요구하고 고백하고 있는 것이다. 그런 점에서 도겐의 개구리, 지렁이에 대한 생각은 다음과 같이 계속되고 있다.

그렇다고 개구리와 지렁이에게서 부처님의 상호 광명과 여러 덕목을 찾는 것도 여전히 어리석은 것이다.

여기서 도겐은 지렁이를 지렁이로 보고, 개구리를 개구리로 보라고 얘기하고 있다. 지렁이에게서 32상(부처가 갖추고 있다는 32개의 뛰어난 신체적 특징)을 보려는 자는 집착적 정견^{情見}에 지나지 않는 것이다. 도겐은 더 나아가 "다만 네가 지금 보고 있는 모든 것을 부처로 알라"라고 말한다. 지렁이를 지렁이로 볼 때, 지렁이를 부처라고 알 수 있다는 것

이다. 그는 또 말하길,

이와 같이 가르침에 따라 정과 집착을 버리면 자연히 도에 일치되게
될 것이다.

'자연히 도에 일치된다自契' — 이것이 윗 인용문의 핵심이다. 이는
영성적 직관을 의미한다. 이 직관이 현전할 때 순종적인 진의를 발견하
게 된다. "백척간두에 손발을 놓아버리고 한 걸음을 나아가라"고 하면
"예"라고 순종하며 걸음을 옮길 때 비로소 스스로 지렁이와 개구리가
부처라고 하는 도에 일치된다. 그러나 이 '예'는 순종만으로는 나오지
않는다. 의심과 망설임을 몇 번이고 반복한 뒤가 아니면 나오지 않는
것이다. 순종은 먼저 부정되고, 그 후로부터 최고의 진리인 승의勝義를
얻게 된다. 그렇다면 이 경우 순종에는 영성적인 것이 있다고 해야 한
다. '자계自契'라는 것이 곧 그것이다. 자계는 부정의 과정을 거친 후에
나오는 것이다. 필경 순종은 비순종이기 때문에 순종하지 않으면 지렁
이는 부처가 되지 않는 것이다. 혹은 지렁이는 지렁이가 되지 않는 것이
라고 해도 좋다.

신란의 경우도 그렇다. 신란은 우선 "말씀을 받고" 그리고 "믿을 수
밖에 없다"고 하는데, 실제 심적 경과는 믿음이 있고, 그로부터 '좋은
스승의 말씀'이 들렸던 것이다. 그의 영성적 직관은 호넨의 지시에 의하
여 깨달았다고 하나 직관과 지시는 엄연히 별개이다. 호넨의 지시, 즉
'말씀'은 그의 모든 제자를 향해 내려진 것이지만, 모든 제자가 직관을
얻은 것은 아니다. 오직 신란만이 호넨의 "어이"에 즉각 "예"로 응했던
것이다. "어이"와 "예"의 순서를 생각하지 않으면 "어이"가 "예"이고,

"예"가 "어이"가 될 수 없는 것이다. 이 모순이 영성적 직관을 특징짓고 있다.

모순이기에 '믿음'이 성립한다. 모순이 없는 곳에 '믿음'은 없는 것이다. 기독교 신학자들이 말하는 "Credo quia absurdum est", 곧 "나는 그것이 불합리하기에 믿는다"라는 말이 있는데 이 말 그대로이다. 신란의 스승에 대한 순종은 '믿음'으로 성립하는 것이다. 또한 '믿음'은 순종으로 성립한다. 이처럼 '불합리'한 것도 없다. 영성적 직관이 분별지의 잣대로 측정될 수 없다는 것은 이런 의미이다. "염불은 의미 없음을 의미로 한다"라는 것이다. 신란의 염불은 여기서 출발하여 비로소 '좋은 스승의 말씀'이 성립하는 것이다. 염불은 지옥행으로의 지침인지 극락행인지 우리는 알 수 없는 것이 아닌가(이에 대해서는 뒤에서 다시 언급할 것이다). 도겐이 요구하는 순종은 순종의 기회가 무르익지 않은 곳에서는 실현 불가능하다. 이 기회가 무르익는다는 뜻은 그의 영성적 직관이 작용할 조건이 갖추어졌다는 것이다. 영성에는 능동적인 것이 있는데, 그 타이밍이 맞으면 화약이 터지듯 하나의 성냥으로 대파괴 작용을 일으킨다. 그저 분별력을 바탕으로 백척간두에 한 걸음을 내디딘다고 해서 진행되는 것이 아니다. 분별을 떠나서 나아가야 할 것이 움직일 때 진행되는 것이다. 진행된 흔적을 보면 결국 가르침에 대한 순종이지만, 스스로 도에 일치되는 사실, 즉 자계를 경험한 쪽에서 볼 때 순종은 곧 자계이다. 순종은 결코 우연한 사건이 아니며, 단순히 수동적인 것이 아니다. 상호감응의 묘기는 영성적 직관이 있어야 비로소 이해되는 것이다. 호넨과 신란의 관계도 이 직관을 중심으로 보아야 한다. 직관은 '믿음'에 어긋나지 않는 것이다. '믿음'의 본질로 인해 순종이라는 용어가 타당성을 얻게 된다.

어쨌든 능소를 나누어 이야기하는 세계에서는 순수한 수동성이란 있을 수 없는 것이다. 불교의 통속화를 말할 때도, 신불습합을 말할 때도 오직 한 방향으로만 생각해서는 안 된다. 양자가 대결하는 세계는 그 상호관계성을 이해함으로써 가능한 것이다. 하나가 항상 능동적이고 다른 것이 항상 수동적이라든가, 하나는 삶이고 다른 것은 죽음이라든가 하는 일은 없다. 순종은 곧 양자의 상호작용이다. 이것이 생명의 진실한 모습이다. 기독교나 가톨릭교의 승단에서는 절대적인 순종 또는 복종을 요구한다. 장로의 명령은 절대적이다. 신의 대관으로서 그의 말은 지상명령이다. 작은 위반조차 용납되지 않는다. 얼핏 정말이지 전횡·독단적으로 들려서 어떻게 그런 단체에 가입해 일생을 보낼 수 있느냐라고 생각할 수 있겠지만, 사실 거기에서는 정말 즐거운 생활을 볼 수 있는 것이다. 종이 한 장을 갖고 싶어도 그렇다고 그곳에 있는 것을 바로 사용할 수 없고 반드시 장로의 허락을 받는 것 등은 성인들이 참기 어려워하는 부분인 것 같다. 그뿐만 아니라 가령 "거기 절벽을 뛰어내려 바닷속으로 가라앉아라"라는 명령을 받아도 아무런 이의 없이 "예" 하며 뛰어내리는 것이다. 성 프랜시스의 말처럼 그 몸은 완전히 죽은 사람이 되어 왼쪽으로 밀면 왼쪽으로 쓰러지고, 오른쪽으로 밀면 오른쪽으로 넘어진다. 일어나나 앉으나 다른 사람이 시키는 대로 하는 것, 이것이 하나님을 섬기는 사람의 마음 자세라는 것을 가르쳐준다. 도겐이 가르치는 순종은 지성적이지만 가톨릭교 승단의 의지 속까지도 침투할 수 있는 것이다. 지성이라고 해도 의지가 기초가 되겠지만, 도겐 또는 선종 신자 일반의 요구는 분별지를 일거에 물리치는 데 있다. 그리고 거기서 자계라는 영성적 직관이 이루어져 '하늘과 땅에 오직 혼자'(선어, 독립자존의 경계)라는 경지를 획득하게 된다. 그러나 기독교의 경우에는 그런 것이 아무것도 없다. 신은 절대의 힘이다. 절대의 '지혜'나 '자비'가 아니라 절대 힘이다. 아니, 신은 자비롭고 지혜롭지만, 그를 받아들이는 쪽에서는 그것보다 힘의 면이 강조되어 있으므로 복종 또는 순종만이 눈에 띈다.

여기서 흥미로운 심리 상태가 보인다. 어떤 의미에서는 무심 또는 무아지만 가톨릭교 승단은 불교와 크게 그 주체를 달리하고 있다. 기독교에서는 힘의 관념이 강하기 때문에 자신의 의지를 그보다 더 강한 것에 맡긴다. 자기 의지가 없는 것은 아니지만, 스스로 움직이지 않을 정도로 미약한 것이 되어버린다. 불교의 무아는 영성적 직관 위에 이루어지는 자계(자각)이기 때문에 주체적이고 자유롭게 움직이고 움직여지며, 거기에 자연법이의 세계가 펼쳐지는 것이다. 기독교의 무아는 완전한 타력이다. 자타를 대립시켜 놓고 그 위에 다른 힘을 세우려고 하는 것이다. 불교에서는 자타의 대립은 대립이긴 하지만, 거기에 대립을 초월한 것이 움직이고 있음을 자각하고(이것을 영성적 자각이라고 한다), 이 직관으로부터 대립의 세계를 재검토하는 것이다. 즉, 자타 대립의 세계, 다양한 사물 개개는 이 직관 위에서 일하기 때문에 순종도 없고, 복종도 없으며, 무력의 굴종도 없고, 절대력의 압박도 없는 것이다. 하나의 원인을 따로 세워 모든 것이 그것에서 나온다고는 말하지 않는다. 이는 소위 법계연기로서, 다양한 만물이 그대로 각각 자주적으로 원융무애한 것이다. 주변이 없는 원환이 스스로를 한정하여 어디에든 중심을 두고, 거기에 신란의 '한 사람'을 현전시킨다. 무애의 대도가 영원으로 통하는 것이다. 기독교의 절대복종 또는 절대 의존과는 크게 다른 점이 있다. 그러나 기독교의 절대복종에는 심리적 기초가 있다. 자기 자신을 세우면 그 행동에 대해 책임을 져야 하는 것이다. 이것은 꽤 성가시다. 집단생활을 해야 하는 인간은 또한 윤리적이어야 하고, 각자가 그 행위에 대해 책임이 없다면 집단은 그 결합력을 지속해나갈 수 없다. 그러나 다른 한편으로 인간은 개미 떼나 벌 떼가 아닌 호랑이나 사자처럼 혼자 살고 행동하는 존재이다. 한마디로 인간은 한편으로 윤리적으로 책임감을 갖지만, 다른 한편으로는 무책임하게 자기 본위에 제멋대로 행동하고 싶은 자주성을 가지고 있다는 것이다. 인간은 후자를 원하지만, 생활의 실제는 그것을 허락하지 않아 결국 전자의 요청에 순종해야 하는 것이다. 이것은 귀찮은 것이기 때문에 인간의 심리 형태는 두 가지로 나뉜다. 하나는 가능한 한 제멋대로 굴면서 윤리적 책임감을 최대한 약화시키려는 형태다. 다른 하나는 오히려 소극적인 태도로서, 내 맘대로 하겠다는 의지는 강경해도 비판력이나 자성력이 오히려 더 강하다. 책임감도 크다. 그래서 스스로 고통받을 때가 많다. 첫 번째 유형은 이른바 영웅호걸에게 많지만, 두 번째 유형은 성자형이다. 자성하고 스스로 고통받는 유형의 사람은 이 고통에서 벗어나기 위해 자신의 의지를 최소한도로 약하게 줄인다. 그 방법 중 하나는 자신보다 훨씬 강한 것을 추구하고, 그것에 모든 것을 던지는 것이다. 따라서 자신의 행위에 대한 책임은 일체 그 강한 것으로 돌아가는 것이다. 자신의 행위가 자신의 의지에서 나오는 것이 아니라 타력의 작용이라고 한다면 어떤 일이 있어도 그것은 자신의 책임이 되지 않는다. 죽든 살든, 다른 사람을 죽이든 자신을 죽이든, 선악 모두 타력이다. 아주 시원시원하고 마음은 참 편해진다. 이것이 가톨릭 성직자들의 심리다. 군대식이지만 중심의 추진력은 오히려 소극적이라고 할 수 있다. 어쨌든 모두 역학적 계보다.

어쨌든 순종적이라는 것을 생각할 때 윤리적, 즉 정성적으로 보는 경우와 영성적으로 보아야 하는 경우에 대해 유의해야 할 것이다. 도겐 등의 순종을 고찰할 때 영성적인 측면에서 보지 않으면 가톨릭교 승단식의 생각에 빠질 우려가 있다. 사실상 후자에게도 영성적인 것은 있지만, 그들의 관점은 일본적으로 영성적인 것과 다르다.

제 III 장

호넨과 염불 칭명

일본적 영성의 인격적인 현현이라고 볼 때, 호넨法然과 신란親鸞을 하나로 간주하는 것이 이치에 맞는다고 나는 생각한다. 물론 몇몇 경우에서는 그들을 따로 보는 것이 필수적이다. 그러나 영성적으로 현현된 형태에서 일본적 인물을 고려한다면 그들은 하나로 가장 쉽게 이해된다. 그들 덕택에 염불 칭명의 진정한 의미가 발전되었다. 그들 중 어느 하나도 없었더라면 아마도 완결적으로 진화하지 않았을 것이다. 그러므로 우리는 그들을 하나로 볼 수 있다. 호넨의 가르침에 복종하기만 하라는 신란 자신의 발언에 의해 설명된다. 그러나 신란의 신앙의 주관적 면만 있는 것은 아니다. 그를 뒷받침하는 객관적 요소가 있는 것도 확실하기 때문이다. 그 자신만을 지지하기 위해서 그를 호넨으로부터 분리하는데, 그의 추종자들은 지나치게 열심이었다. 그는 호넨과 함께 보는 것이 보다 나을 것이다. 그들에게서 일본적 영성이 그 특성들을 나타낸다고 말할 수 있다.

I. 헤이케 가문의 몰락

1. 헤이케 모노가타리平家物語 — 호넨의 출현의 의의

나는 일본의 정치사에서 헤이케 씨족의 몰락만큼 비극적인 것은 없다고 생각한다. 타이라 키요모리(1118~1181)는 헤이안 시대의 마감을 자리매김하는 데 매우 적합한 인물이다. 키요모리는 군사적 위력 행사에 의해 400년 동안 깊이 자리 잡은 정치적 악덕의 대표적인 인물이었다. 또한 완전히 귀족화되었기 때문에 그 자신이 패배의 쓰라림을 맛보는 것 이외에 다른 대안은 없었다.

1167년에 그는 태정대신이 되었고, 1171년에 그의 딸 토쿠시가 천황의 아내인 켄레이몬으로서 천황실에 입궁하였다. 이는 헤이케 가문 번영의 절정이었다. 키요모리가 태정대신이 되고 19년이 지난 후에 단노우라 해변에서 최후의 일격을 받았다. 이러한 부침에 따른 완전한 변화의 신속함과 헤이케의 마지막 순간 극도의 불행은 같은 종류에 있어서 최고의 걸작인 헤이케 모노가타리를 읽으면 온전하게 알 수 있다. 이는 정치적 비극의 서사적 이야기뿐 아니라 이 급변하고 예상치 못하는 세계에서 삶을 기술하는 시문학의 뛰어난 예이다.

헤이케 모노가타리가 카마쿠라 시대에 쓰였다는 것은 깊은 의미를 가진다. 헤이안 시대가 오랫동안 지속되는 가운데 문학적 생산은 상당하였고 다양하였으나 헤이케 모노가타리와 같은 것은 출현하지 않았다. 헤이안 시대에는 전쟁이 없었다기보다는 헤이안의 세계에는 '전쟁문학'이 발전하지 못했다. 일정한 업보적 변화가 물론 모든 세계에서 있을 수 있겠으나 헤이안 시대의 세계에서는 이것들이 지성적·문학적인 방식으로만 다루어졌고, 인생 그대로의 경험으로 나타나지 않았다. 후술의 묘사는 어느 곳에서 누구도 말할 수 있지만, 헤이케 모노가타리를 펴고 읽기 시작하면 우리는 이 말들이 단지 추상적이거나 개념적이라고는 느낄 수 없다: "기온 사원의 종이 울리는 것은 모든 것의 무상성을 느끼게 한다", "살라나무의 꽃 색깔은 올라가는 모든 것이 떨어진다는 것을 나타낸다", "번영은 길지 않다. 이는 봄날의 밤의 꿈과 같을 따름이다", "용감한 자도 결국에는 바람 앞의 먼지와 같이 사라질 수밖에 없다." 이러한 말이 헤이안 문학에 나타났다면, 이 말들은 공허한 울림을 가지고 있었을 것이다. 우리가 이들을 헤이케 모노가타리에서 만나게 된다면 우리는 작가가 인생의 실재와 직접적으로 대화를 나누고 있다는 것에 심오한 인상을 받게 될 것이다. 가마쿠라 시대에 오게 되면 일본인들은 처음으로 인간 존재에 대해서 주의 깊게 성찰하게 된다.

헤이케 모노가타리에는 아직도 헤이안 시대 여성적인 문화의 잔재가 상당히 남아있다. 아마도 일본인의 감상적인 면이라고 불려야 할 것이 꽤 분명하다. 그러나 감상성의 이면에는 성찰의 요소가 부가되었다. 여기서 일본적 영성이 깨어났음을 알 수 있다. 영성적 삶은 성찰에서 시작된다. 그것 없이 영성적 삶은 있을 수 없다. 성찰은 부정이다. 이는 뒤로, 좌우를 바라봄이 없이 한 인격이 전심으로, 바로, 직설적으로 질문을 하고, 멈추고, 그의 근저를 안고 자신과 자신의 상황을 주시하는 데서 일어난다. 이는 이전의 무모한 태도의 부정이다. 이는 인간에게 한정된 특권으로 다른 동물과 이를 소유하지 않는 천상적 존재에는 발견되지 않는 것이다. 동물들이 단지 본능적인 긍정으로 움직인다고 말한다면, 천상적 존재도 그러하다고 말해야 할 것이다. 우리는 전자가 악이고 후자가 선이라고 상상할 수 있을 것이다. 여기에서는 자유도 창조성도 존재하지 않는다. 이는 부정의 경험을 통하여 가능할 것이다. 영성적 존재는 여기에서 일어난다. 헤이케 모노가타리에서 영성에 눈을 뜨게 되면서 카마쿠라 시대의 일본인 상황을 엿볼 수 있다. 저자가 누구이든 간에 그는 그 시대에 유행하던 영성을 다루고 있다. 이 유행 운동은 정토 사상에 그 중심이 있고, 이는 그 시발점을 인생의 부정에서 찾는다. 인생의 부정이 필연적으로 정토에서 환생을 내포하지는 않는 다고 하더라도 이는 현재 존재에 대한 심각한 비판을 보여준다.

정토 사상이 헤이안 시대에도 존재했지만 그때는 정토가 현 세상의 연장이라고 여겨졌다. 그 시대의 사람들에게는 현 세상에 대한 부정, 비판과 성찰이 결여되어 있었다. 비록 이것이 존재했다고 하더라도 이는 개념적이거나 혹은 심오한 인간 존재에 굳건한 뿌리를 두지 않은 단지 유사적이거나 교육적인 다른 것이었다. 일본인의 영성적 삶은 아직 전면에 나서지 않았다.

헤이안 시대와 카마쿠라 시대의 정토 사상의 차이는 실제로 외부로부터 추가된 것과 내부에서 부상한 것의 차이이다. 그러므로 카마쿠라 시대의 사람들이 염불 칭명을 하고 낙원에서 환생을 얻고자 하더라도 그들의 양심의 근저에서 움직이는 것은 단지 관습과 전통에 그 뿌리를 둔 것은 아니었다. 여기에서 우리는 호넨의 출현의 의미를 찾아야 할 것이다.

우리, 풍부한 선천적인 천재를 제외하고, 영성적 삶의 운동은 헤이안, 카마쿠라 시대의 중간에 살았던 궁정인들 사이에서는 나타나지 않았다. 많은 불교 경전이 읽히고, 암송되고, 그에 대한 강론이 있었고, 연구되었다. 불교 성상들이 숭배되었고, 다양한 종류의 형식적 의식이 실행되었다. 그러나 그것을 문화적 소일거리 이상의 것으로 보기 어렵다. 승가적 서클 안에서도 진실로 영성적 토대를 붙잡고 있던 이들은 드물었다. 승려가 되어 검은 승복을 입고서도 그 '출가'로부터 다시금 출가하지 않으면 안 된다고 요구되었으며, 때때로 검은 승복을 다시 염색하지 않으면 안 되었다. 그러므로 그렇게 많이 염불을 외우면서도 소위 배운 사람, 지식인 계급 혹은 그 시대의 승려들은 아마도 그것에 맞게 행동하지 않았을 것이다. 전쟁의 무자비함과 슬픔과 헤이케 가의 몰락에 따른 인생의 우여곡절을 직면했을 때 궁정 대신과 승려들은 진정성을 갖도록 요구받았다. 여기에 헤이케 모노가타리의 10장에서 타이라 시게하라의 예가 있다.

(헤이케 가의 시게하라는 겐지 가의 포로로, 겐지 가는 3보^寶를 돌려주는 대신에 그의 몸값을 지불하려고 제안하지만, 헤이케 가는 거절한다.)
대답을 받았을 때, 겐지 가는 그를 동부 지방으로 보내기로 결정하였다. 수도를 떠나야 하는 계획은 그를 회한으로 젖게 했다. 그는 도이지로에게 승려가 되기를 허락해달라고 물었다. 그의 요청은 요시츠네에게 전해져서, 그는 전하에게 보고하였고, 요리토모에게 이 일을 넘기기로 결정하였다. 이것에 대하여 듣고, 시게히라는 말하였다. "미래의 존재에 대해서 승려와 오랜 친구를 만나서 이야기를 나누면 안 되겠습니까?" "누가 이 승려인가?" 도이는 물었다. "그의 이름은" 시게히라는 대답하였다. "쿠로다니의 호넨입니다." "그 경우라면 허락하겠네."
매우 만족하여서, 시게히라는 곧 이 승려와 만나서, 울며 말하였다. "나는 생포되어 곧 수도로 압송되었네. 그러나 나의 미래의 존재에서 나의 운명은 무엇인가? 내가 벼슬을 가지고 세계에서 높은 위치에 있을 때는, 많은 것으로 인해 산만해졌고 이 삶의 구속을 꼭 붙잡고 있었다.

나의 마음은 완전히 교만에 바쳐져 있었고, 나에게 일어날 것에 대해서 알지 못하였다. 불행이 우리 가문에 닥치고, 수도를 떠나게 되어서 이곳저곳에서 싸우고 고생하면서, 나의 마음은 다른 사람을 죽이고 나의 생명을 구하려는 악한 욕망으로서의 장애가 생겨서, 선한 생각이 나에게 머물지 않았다. 나라의 화재에 대해서는, 그것이 천황의 명령이든, 군사적 명령이든, 이 세상의 길은 벗어나기 어렵고, 승려들의 악행에 대해서, 우리는 그들에 대항을 분쇄하기 위해서 쳐들어갔다. 그 후에 잇따른 절의 방화는 내가 막을 수 없었다. 내가 아직 사령관일 때, 벌이 어느 한 사람에게 내려져야 한다면 나의 머리 위에 그것이 떨어질 것이다. 그래서 어떠한 수치가 나를 엄습한다면, 이 행동의 응보일 뿐이라는 것을 나는 안다. 그러므로 나는 나의 머리를 깎고 탁발승이 되어, 계를 지키고 단지 부처의 길을 추구할 따름이다. 그것이 나의 상황이어서, 내가 원하는 대로 할 수 없었다. 나의 운명은 오늘 혹은 내일의 일이 가늠키 어려웠으므로, 어떠한 수련을 행하여도 나의 과거 업보의 삶이 해결되기는 어렵다는 것은 후회스럽다. 아! 나의 과거의 삶을 생각해 볼 때, 나의 죄는 수메루산보다 크고, 반면에 나의 정의로움은 한 점의 먼지보다 작다. 헛되이 나의 삶을 마감한다면, 분명히 3고의 상태로 환생하게 될 것이다. 나는 당신 호넨에게 청하건대 친절함과 자비로 나와 같은 무가치한 사람을 도와주셔서, 어떻게 구원을 이룰 수 있는지 보여주십시오."

이에 호넨은 울음을 삼키며 잠시 아무 대답도 할 수 없었다. 드디어, 그러나 몸을 세우고 아래와 같이 말했다: "인간으로 태어나는 귀한 기회를 가지고 난 이후에, 다시 3고로 떨어지는 것은 너무나 비참한 운명이다. 그러나 만약 이 죄 많은 세계를 혐오하여 정토에서 환생을 구한다면, 당신의 마음에서 악을 없애고 선으로 향하시오. 삼계의 모든 부처가 분명히 기뻐할 것이고 좋아할 것이다. 구원으로 가는 여러 길이 있지만 말법의 퇴락 시대에 염불이 최고이다. 그래서 모든 마음을 고정하고 모든 수련을 6음절 반복으로 집중시키고, 그보다 지루하고 혹은 무식한 것이 없으나, 그 염불은 상달될 것이오. 당신의 죄가 그렇게도 깊으나, 자신을 미워하지 마시오. 3범죄와 5반역을 저지른 자라 할지라도 아미다에게 귀의를 하면 극락을 얻을 것이오. 비록 당신의 가치가 작다 하더라도 당신의 서원을 포기하지 마시오. 만약 진지한 마음으로 염불을 반복하면, 확실히 아미다가 와서 당신을 만날 것이오. 만약 믿음을 가지고 염불을 반복하면 극락을 얻을 것이오. 온 마음으로 그것을 반복하면, 극락은 당신 것이오. 만약 참회를 하면서 염불을 반복하면, 당신은 과연 참회하는 것이오. 만약 전능한 검으로서 염불을 신뢰한다면, 어떠한 악업도 나가지 않고, 죄로부터 정결하도록 염불을 믿는다면, 당신의 모든 죄는 깨끗해질 것이오. 정토 가르침의 본질은 여기에 있소, 그리고 위와 같이 요약될 수 있소. 극락을 얻는 것은 신앙에 있소. 만약 당신이 이 가르침을 깊이 믿는다면, 당신의 마음에 믿음을 가지고, 모든 행위, 말, 마음에 있어서 그리고 삶의 4가지 양태에서(가기, 서 있음, 앉음, 누움) 입으로 염불을 반복하면, 당신의 삶이 끝날 때, 이 만고의 세계를 떠날 때, 당신은 의심치 않고 돌아오지 않는 나라, 서방정토에 환생하게 될 것이오." 이 말에, 시게하라는 크게 환희에 젖어 대답했다. "나는 이제 계를 받아들이고 싶습니다. 그러나 승려가 되지 않고 그것을 할 수 있는 것이 가능합니까?" "물론이오." 호넨은 말했다. "승려가 되지 않고 계를 지키는 것은 매우 보통의 일이오." 그리고 면도날을 들고 이마에 대었다. 이후 그는 그에게 10계를 전해주었다.

시게하라는 이 가르침을 기쁨의 눈물로 받아들였다. 그리고 호넨도 또한 기쁨의 눈물을 가지고 큰 동정의 마음을 가지고 울먹임으로 찬 목소리로 이 법을 그에게 가르쳤다.

우리는 언제 시게하라가 호넨을 만났는지 알지 못하지만, 그때의 그의 심적 태도가 동부 지방에 포로로서 잡힌 때의 상태와는 천지 차이였다는 것은 의심의 여지가 없다. 그의 짐짓 겸손한 반향을 울리는 "죽은 뒤에는 나의 운명은 어떻게 될까?"는 그 시대의 사람들의 버릇이었다 — 지금도 보여지는 바다. 그리고 그가 죽은 뒤에 정토에서 태어나는 것을 의미하지는 않는다. 그는 한 마음이 악한 욕구로 장애가 생겨서 선한 생각을 위한 여지가 없다고 말하면서 어떠한 수련을 하건 구원받을 가능성은 없다는 것은 아니다. 지옥에 떨어질 것을 두려워하는 사람인 것이다. 이는 인생의 엄한 비판을 하는 사람으로 여기는 것이 나을 것이다. "나의 감정은 무엇이 나에게 닥칠지 일말의 생각이 없으면서 완전히 교만하게 되고 있다"라고 그가 말할 때, 내성을 하지 않고 나날을 살면서 그는 타락하는 동물과 같은 인생을 자인하고 있다. 비록 그런 삶이 "악하다" 하면서도 그가 "나는 구원을 원한다"라고 말할 때, 무언가 영성적인 것이 보여지고 있다. 이는 "악인" 시게하라의 절실한 고백인 것이다. 고위 공직자의 한 사람으로서 그는 그러한 고백을 할 수 없었을 것이다. 혹은 만약 그가 그렇게 했다면 공허한 말이었을 것이다. 여기에 헤이안 시대와 카마쿠라 시대의 차이가 있다.

2. 카마쿠라 시대의 무사의 염불

다시 한번 여기에 렌쇼보 쿠마가이 나오자네의 종교적 각성의 좋은 일례가 있다. 헤이안 시대에서 전국시대(794~1558)까지 승려가 되는 지식인과 무사의 수는 상당히 증가하였다. 머리를 깎고 검은 옷을 입는 것이 영성의 삶에 어떤 의미가 있는지 궁금하다. 그들 사이의 관계가 물론 신비한 것이지만, 수다한 역사적 예가 그런 일이 있었음을 증언하고 있다. 이것이 좋은 면인지 나쁜 면인지 나는 확신하지 못하지만, 무언가 일본적 특성이 보인다. 쾌락을 따르고, 세상적 삶 혹은 잔인한 삶을 추종하는 사람이 머리를 깎고, 염주를 손에 들면 긍정적인 외관으로 보이며, 점잖고 우아한 기풍을 갖게 된다. 이는 모두 미적으로, 감정적으로 긍정적이다. 그러나 결국은 헛되고, 완전히 영적인 것이 결여되어 있다. 렌쇼보는 물론 전국시대, "전쟁의 시대"의 다른 전사들 중 하나였다. 그는 인간의 삶에 대한 냉철한 견해를 가지고 있었다. 그의 타이라 아쯔모리와의 추정되는 만남 외에 의심할 수 없는 것은 나오자네 자신의 인생에 대해 엄격한 견책을 하고 있다는 것이다. 나오자네의 것으로 추정되는 두 개의 시에서 그의 극도의 진실성이 잘 나타나고 있다.

이 (승려의) 종이 옷이 나의 이전의 갑옷보다 낫다.
바람의 화살까지도 이를 뚫지 못한다.

내가 아미다에게 약속한 염불을 나는 되뇐다.
내가 정토에 환생하는지 아닌지는 그의 손에 있다.

후자는 사무라이의 정신적 태도를 확연하게 보여준다고 할 수 있다. 염불을 되뇌며 자신을 기도에 투신하는 사람, 정토를 얻을 수 있는 여부는 완전히 아미다의 손에 있고, 그의 계산에 있지 않다 — 이는 타력 신자인 나오자네 렌쇼보의 태도이다. 이 태도는 또한 그가 사무라이로서 길에 충실하게 해준다. 그 염불, 부름의 결과에 대해 연연하지 않음은 그러한 관념은 그가 알지 못하는 것으로, 칸토 지방의 인민들의 진실되고 직설적인 성격을 잘 표현한다. 한번 그가 자신의 갑옷을 승복으로 바꾸었을 때 어느 것도 두려워할 것이 없고 비록 무상의 바람이 불행의 화살을 가져올지라도 이는 승려 나오자네 렌쇼보의 정신 상태를 꽤 정확하게 묘사한다.

II. 정토 사상의 측면들

1. 염불 · 정토왕생 · 기도

정토 사상의 핵심은 염불에 있지 정토에서 환생을 득하는 데 있지 않다. 정토종의 신자들은 모두 염불이 방법이고, 정토에서 환생하는 것을 득하는 것이 목적이라는 것을 믿는다. 그러나 염불이 없이는 왕생도 없다. 연쇄는 염불→왕생: 왕생→염불. 이것이 맞다. 염불이 왕생이고, 왕생이 염불이다. 우리의 일상 의식으로 이해하기 위해서 이 의식은 "이 세상"과 "저세상"에 대조하는데, 염불에서 왕생으로의 운동에 대해서 말하게 된다. 그러나 이는 물론 실재가 아니다. 단지 지성적인 장치이다. 왜냐하면 환생이 염불의 바깥에 있다면, 왕생의 길은 염불의 바같에 존재할 수밖에 없다. 만약 염불을 되뇌면, 왕생을 득하게 된다. 염불이 있는 곳에 극락이 존재하고, 왕생이 존재하는 게 따라오게 된다. 이는 염불삼매(samadhi)의 삶이다. 왕생을 득하려는 생각을 가지고 되뇌는 염불은 진정한 것이 아닐 것이다. 하나의 절대적인 염불이 아닐 것이다.

호넨은 승려 나오자네 렌쇼보에게 "염불의 수행은 부처의 원초적인 기도의 수행"이라고 가르쳤다. 원초적인 기도의 염불만이 있어야 한다. 그는 계속해서 말한다:

> 왕생을 득하기 위해서, 진정으로 염불을 삼만 번, 오만 번, 육만 번씩 반복하라. 만약 아직도 시간이 남아있으면, 다른 선행을 하라. 만약 육만 번 그것을 말했다면 아무것도 더 하지 않아도 된다. 만약 일심으로 꾸준히 삼만 번, 혹은 오만 번 반복을 하면, 계를 완전히 지키지 않아도, 괘념할 것 없다. 계가 정토에서 환생을 결정하는 것이 아니니까.

그가 의미하는 것은 무엇인가? 삼만 번 염불을 반복하는 데 적어도 10시간이 걸릴 것이다. 육만 번 혹은 십만 번 하는 것은 아마도 밤에 잠자는 시간이 없을 것이다. '나무-아미다-부츠'를 생각 없는 빠르기로 하루에 삼만 번 외우기에는 상당히 많은 시간이 걸린다. 그것도 육체적으로 기진맥진하게 하는 것이다. 어떠한 선행 혹은 악행 시간도 없을 것이므로 사람은 염불 기계가 된다. '한마음으로' 하는 염불의 '마음'은 들어갈 여지가 없다.

왜 정토왕생을 그렇게나 열광적으로 추구해야 하나, 정토에 대해서 정말 아무것도 없는데 말이다. 나의 『정토계 사상론』에서 정토에 대해 언급했으므로 이 주제에 대한 세세한 언급을 거기에 맡긴다. 나는 정토 왕생을 하나의 상징으로 생각한다.

중요한 것은 염불 그 자체이다. 일심의 염불만이 중요한 것이다. 잠 정적으로 우리는 정토왕생이 현세의 부정을 넘어서 있다고 가정한다. 그러나 나무아미타불에는 왕생과 부정이 진실로 통일되어 있다. 그러 므로 6음절 이름 반복의 덕택으로 모든 악업이 제거될 수 있다. 이 제거 가 정토왕생이다. 호넨과 그 문도들은 전통적인 길로서 염불 칭명이 왕 생을 달성하기 위해서 요구되는 행동이라고 의식적으로 느꼈지만, 그 들의 영성적인 통찰력은 거기에 있는 것일 수는 없었다. 이 통찰력이 아직 완전히 그들에게서 실현된 것이 아니기 때문에 '이 나라, 저 나라', 부정한 세계의 혐오와 거기로부터의 해방, 정결한 나라에 대한 환희와 추구는 서로 상반되는 것으로 상상되었다. '일심염불'은 아직 실현되지 않았던 것이다. 게다가 그들의 목적은 언제나 일심성에 고정되었으므 로 그들은 왕생에 대해서 말할 때조차도 절대 잊지 않았다.

어떤 의미에서 염불은 또한 기도이다. 이 세상에 대한 비판은 그 부 정이다. 그리고 이 부정의 이면에는 정토의 긍정이 숨어 있다. 이는 의 식 혹은 무의식에 관련된 것이 아니다. 혹자가 이 현재 실존을 넘어서려 고 시도할 때 거기에는 기도가 있다. 시게하라가 마음이 악의 장애에 막혀 선을 품을 수 없다고 말할 때 그는 자신의 악한 마음을 반성하고 그것을 초월하려 하는 것이다. 혹자가 어떻게든 어떻게 초월 이후가 달 성되는 것을 깨닫지 못한다면 초월에의 염원은 일어나지 않을 것이다. 여기에 기도와 나무아미타불이 개입하는 곳이다. 여기서 원초적 기도 의 염불이 기능을 하기 시작한다. 기도는 영원하다. 이 이유로 염불은 영원하다. 그리고 부처의 원초적인 기도 또한 영원하다. 삼만 번, 육만 번 혹은 십만 번의 염불은 단지 염불, 기도의 영원성을 의미할 뿐이다. 그것을 의미한다고 하기보다는 아마도 그것을 구체화한다고 하는 것이 나을 것이다. 만약 일심이 아니라면 영원한 염불은 일어나지 않는다. 영원성은 일심성이다. 이는 영원한 현재이다. 이는 "나무아미타불의 목소리이다."

2. 염불 칭명의 지속적인 연쇄 — '하나의 생각'의 순간

염불 칭명의 문제는 숫자의 하나가 아니다. 호넨의 말, "보통 사람이 염불을 매일 이만 번 혹은 삼만 번 수련한다 할지라도 그 숫자는 아무것도 아니다. 그러나 다수의 반복이 권장된다"라는 그가 반복하는 다수의 수가 그 자체로 좋다고 느꼈음을 의미한다. 그러나 그는 곧바로 말한다. "그 칭명의 지속성을 보장하기 위함이다. 숫자는 필연적으로 본질적이 아니다. 그러나 상시 염불의 필요성이 있다. 만약 반복의 일정한 수가 준비되어 있지 않으면, 태만에 이르게 된다. 그러므로 큰 수의 반복이 권장된다."

문제는 그러므로 지속적인 올바른 마음가짐의 문제이다. 이는 일심성과 다름이 아니다. 왜냐하면 이는 일심성에 모든 행동이 포함되어 있다는 것이다. 일반적으로 말해서 '모든 행동'은 시간의 연쇄에 있다. 그러나 여기 모든 행동은 일심성이 과거, 현재, 미래의 3계에서 득해질 수 없는 곳인 칭명의 바로 생각, 순간 안에 포함되어 있다. 혹자의 행동에 말하자면 시간은 하나의 진행으로 여겨진다. 이는 하나의 칭명의 순간 속에 에워지고 분별지의 이해를 넘어서는 것이다. 이는 공간적 의미에서 수메루산이 겨자씨 안에 포함되는 것처럼 분별적 의식의 수준에서는 이해 불가능한 것이다. 이러한 이해가 없이는 이는 아미다의 근원적인 기도가 영원 속에서 소진될 수 없으며 혹은 염불의 수행이 곧바로 정토에 이르게 한다는 것은 이해하는 것이 가능치 않다.

혹자가 유식하고 혹은 그렇지 않음의 여부는 문제가 되지 않는다. 나는 전적으로 염불만의 수행을 권한다.

모든 행동은 6음절의 이름의 부름에 담겨 있다… 만약 당신이 염불에 마음을 집중하면 확실히 왕생을 득할 것이다.

나의 의견에서 이 말을 적절하게 이해하는 유일한 길은 염불이 구별의 염불이 돼서는 안 된다는 것이고, 비분별적 지혜로부터 나타나는 것이라고 말하는 것이다. 만약 자연스럽게 영성적 통찰에서 흘러나오는 것이 아니라면, '지속적' 집중은 가능치 않고, 전수염불, 일심염불이 모든 다른 수련을 제외하면서 완성될 수 없다.

염불의 수련은 다른 양태의 행동 혹은 시간 혹은 공간에 의거하지 않는다.

이러한 말은 분별지 내에서 오는 것이 아니다. 정토의 도반은 언제나 분별의 상황에서부터 염불을 주장하였다. 비록 이것이 대중에게 보다 잘 받아들여지도록 하기 위함이나 그 진정한 의미는 득하기보다 어렵다. 스즈키 쇼산은 선불교의 인물이었다. 그 때문에 그는 이 포인트에 매우 단도직입적이어서 보다 이해하기 쉽게 하였다. "모든 가르침, 미망의 불교 교의를 토해내라. 그리고 완전히, 완전히 염불의 사람이 되어야 할 뿐이다. '잘라내는' 염불은 염불의 검으로 선악의 생각을 공히 씻어낸다. "나무아미타불", "나무아미타불." 그에게 염불에 대해서 질문을 한 사무라이에게 그는 말했다. "사무라이로서, 너의 적이 방어하고 있다는 것을 생각하지 말고 염불을 말하면서 거기로 뛰어들라. 그것을 자유롭게 할 수 있을 때까지 이 '뛰어드는' 염불을 수련하라."

모든 선악의 생각을 잘라버린 이후에 모든 시간의 모든 행동은 칭명과 하나가 된다. 이것이 일심염불의 수련이다. 이는 그리고 모든 행동들의 염불이 된다. 정통 그룹의 사람들이 아마도 전수 (배제적) 염불이 많은 길에 있다고 설명할지 모른다. 이는 교조적인 미사여구이다. 전수 염불은 다른 것들 사이에서 선택된 것이 아니다. 절대적 염불이 호넨과 신란 모두의 진정한 의도와 보다 잘 조응한다고 의미하는 것을 말한다. 이는 영성적 통찰 자체로부터 보는 염불이고 일본적인 것이다. 역사적 염불을 개념적으로 따라가는 것보다 아미다의 근원적인 기도를 직접적으로 자신의 개인적인 영성의 깨달음에서 보면 이는 분명하고 내밀하게 느껴질 것이다. 이것이 호넨의 '소박한 나무의 염불'이다. 지성적인 마음의 승려들은 대화와 논쟁을 그 자체를 위해서 하는 불행한 습관이 있다. 비록 이것도 몇몇의 경우에서는 나쁘지 않다. 그러나 삶의 진실을 대면하고자 하는 자에게 염불은 영성적 통찰과 함께 '소박한 나무' 안에서 다루어져야 한다.

우리 대부분에게 영성은 그 본질적인 조명을 내비치지 않는다. 왜냐하면 지성이 그 길에 개입하기 때문이다. 이는 정토 염불이 '아무것도 모르는' 자들의 수행인 이유이다. 어떤 의미에서는 영성이 감정적이거나 감각적인 직접성을 가지고 있기 때문에 '단순한 마음의 여자' 등등에 대해서 말을 할 때 우리는 영성이 본능적인 어떤 것으로서 완전히 지성이 없는 상상을 하기 쉽다. 그러나 이제껏 계속 반복해 온 바대로 영성적 통찰은 자신 안에 그 의미를 지니고 있다. '어리석고 무식한' 자들에게 이는 무엇보다도 불가해한 매력을 가지고 있다. 이는 염불이 일반 대중에게 그렇게나 쉽게 받아들여진 이유이다.

3. 일본적 영적 통찰과 "이찌마이 키쇼몬一枚起請文"

이제까지 다뤄진 상황들을 개진하는 문서로서 호넨의 "이찌마이 키쇼몬"은 정토 신앙의 근본적인 진리를 세우고 있다.

염불로써 나는 중국과 일본의 현자들이 거론한 부처에 대한 명상의 수련을 의미하는 바는 아니고 염불의 의미에 대해 연구와 이해의 결과로서 부처의 이름의 암송을 의미하는 것도 아니다. 이는 이것이 신자의 정토에서 환생에 이르게 될 것이라는 것을 의심하지 않은 채 아미다의 이름을 암송하는 것일 뿐이다. 이것만이, 다른 생각 없이, 필요하다. 삼심三心과 사수四修에 대해서 언급이 있었다. 그러나 정토에서 환생이 가장 완결적으로 "나무아미타불"에 의해서 보장된다는 믿음에 이 모든 것이 포함된다. 만약 이것 이상의 것을 상상한다면, 그는 두 신성한 자, 아미다와 석가모니의 축복에서 제외될 것이고, 근원적 기도에서 제외될 것이다. 염불을 믿는 자는, 아무리 석가모니의 모든 가르침을 잘 배웠어도, 아무것도 모르는 문맹 혹은 단순한 마음의 여신도와 같이 행동해야 한다. 규정에 구애되는 것을 삼가고, 일심으로 부처의 이름을 암송해야 한다.

이는 정토왕생에 정토종의 사상이 그 중심을 갖고 있다고 말할 수 있다. 그러나 정토 신도들은 정토에 대해서 많이 말하지 않는다. 대신에 경전에서 담론적인 기술에 의지한다. 이는 자연적으로 의문을 가져야 하는 것이다. 그러나 이상하게도 그것을 다루지 않는다. 왕생만이 떠들썩하게 표현되고, 염불이 왕생으로 가는 유일한 길로 강조된다. 정토는 명확하게 개념화되지 않는다. 정토에서 환생과 환생의 절대적인 요구로서 큰 강조되고 있다.

일상의 경험으로 볼 때 왕생의 경험은 이 세상의 부정을 뜻한다. 그리고 이렇게 염불은 세계의 초월을 명확히 의미한다. 이를 비판하거나 지성적으로 고려한다면 많은 문헌을 제시할 수 있다 — 혹자가 그것을 말했다, 다른 이는 그것을 반박했다 등등. 혹자는 다른 이의 문구에 빠져서 결국에는 박식한 히에이와 나라 학승들의 주름 잡힌 이마를 따라하며 토론하고 흉내 내는 데 빠지게 된다. 이 결과로 아무것도 득이 될 수 없는 일생, 일생이 영성의 삶에 하나의 빛도 던지지 못한다. 일본적 영성은 언제나 무엇보다도 실존적인 실재를 파악하려고 노력하므로 추상적인 논쟁의 우여곡절에 관심이 없었다.

호넨이 학자적인 전망에 만족하고, 경전의 장구한 가르침에 안주하고, 염불의 원리를 본질적이라고 논의하였다면 그는 그 시대의 특출한 학승, 현자로 추앙받았을 것이다. 그리고 히에이와 나라 체제의 분노와 박해를 피했을 것이다. 기껏해야 '오하라의 담화'와 비슷한 무엇이 있었을 것이다. 그러나 예상과는 달리 전반적인 박해가 일어났고, 염불의 수행에 대한 금지가 발효되었고, 문서로 된 맹세를 요구했으며, 결국에는 호넨의 벽지로의 귀양이 있었다. 이러한 사건의 전개는 호넨의 염불이 공허한 개념화로 치부할 수 없으며, 인간 삶의 실재를 종국적으로 건드렸음을 증명한다. 히에이와 나라의 학승들은 영성적 삶의 진정한 경험에 이르지 못했다. 켄신(1131~1192), 천태종의 종정은 이렇게 말하면서 이 단점을 인정하고 호넨의 가르침을 긍정하였다:

> 나는 밀교와 현교의 종파의 교설들을 공부해왔다. 그러나 세상적인 명성을 좇는 데 너무 바빠서, 정토에 태어나는 것을 추구하는 데 열렬하지 못했다. 도샤쿠와 젠도의 가르침을 보지도 못했다. 호넨 외에 누구도 그러한 선포를 하지 못했다(『호넨의 일생』).

그들은 아직 영성적 통찰이 무엇인지 알지 못했기 때문에 학문과 지성적 문제에 통달하는 것이 모든 종교적인 것의 목적이라고 느꼈다. 그리고 무엇보다 그것 때문에 비록 승려직이 천황가의 보호 아래서 발전하였고, 모든 이의 존경을 받았음에도 평신도 공동체 이상이 아닌 것에 이르지 못했던 것이 아닐까? 내가 믿기에 그러한 상황에서 호넨이 문맹과 단순한 마음을 가진 자와 함께한 이유와 과도하게 보일 정도로 계율의 무관심을 보였던 것 같다.

"파계하거나 어리석은 승려에게 공양을 하는 데 어떠한 선이 있는가?"라는 질문에 대해서 호넨은 대답한다. "이 말세에 우리는 그와 같은 승려를 부처만큼 공경해야 한다." 이 답변은 완전히 명확하지 않다. 그는 바로 이렇게 계속하기 때문이다. "모든 나의 답변은 전달자에게 전해주었다 ─ 그에게 물어봐라." 확연히 호넨의 기록을 통해 우리에게 전해져 내려오지 않은 명확히 하기 위한 (구전의) 부가적 정보가 주어졌을 것이다. 그러나 호넨이 염불을 일심으로 반복할 수 있다면, 그 자체로서의 계를 지키는 것은 중요치 않다고 느꼈을 것이다.

한번은 호넨이 좌정한 다다미를 가리키며 말하였다. "이 다다미가 존재하므로 우리는 그것이 낡았거나 그렇지 않은 것을 말할 수 있다. 만약 다다미가 없다면, 어떻게 그것이 낡았거나 그렇지 않을 수 있을까? 이같이 말법에서는 계율을 지키거나 어길 수 없다. 왜냐하면 승려 자신도 명목만 있을 뿐이다. 그러므로 계율을 어기거나 혹은 지키는 것의 문제는 없다." 이러한 관점에서 호넨은 그 당시의 승려와 승가의 계율을 보고 있다.

나는 '어리석은'(愚痴)이라는 단어가 호넨 시대에 어떤 의미를 지니고 있었는지에 대해 논쟁할 생각은 없다. 다만 '어리석은' 혹은 '무식한'의 의미로 이해한다. 구치라고 기술된 사람들은 호넨이 너무나도 열성을 가지고 독려하고 환영한 바로 그 사람들이다. 정말로 사람이 구치가 아니라면 염불을 불러일으킬 수 없다. 학문과 지성의 염불은 분별의 층위를 떠나지 않는다. 그러한 염불을 부르는 자의 정토에서 태어남은, 즉 그의 영성적 통찰은 불가능하다. 그리고 그 수련은 헛되다.

나는 더 이상 왕실의 모자를 쓰지 않는다. 나는 단지 10가지 악행의 짐을 진 어리석은 호넨이다. 그러나 그러한 사람이 염불을 부르며 왕생을 득한다.

여기서 우리는 호넨의 본질적인 면을 본다. 그는 또 이렇게 말한다.

근원적인 기도의 염불은 사람을 도움 없이 홀로 설 수 있게 한다. 도움이란 지혜를 통한, 계를 통한, 덕 또는 자비를 통한 도움이다. 이는 '도움이 없는 염불'이다.

이것이 문제의 바로 중심을 치지 않는가! 이는 본질적인 무지로 돌아가게 한다. 태어날 때의 아이로, 아무것도 모르는 문맹으로 되게 한다. 이는 개별자의 마지막 근저에 이르게 한다. 이는 '모든 우주 안의 단지 고양된 자'의 염불이다. 여기에 만에 왕생을 향한 간직된 원이 실현된다. 이것 이외에는 왕생이란 없다. 너무나 많은 정토 신자들이 왕생에 머무르는 경향이 있고, 염불 자체에 대해서는 잊어버린다. 나무아미타불이 임제의 '붉은 몸뚱이에 한 사람의 무위진인'일 때, 이 말의 의미를 뚫고 들어간다: "당신이 다른 일을 하고 있을 때도, 염불을 외면서 하라. 이를 다른 어떤 것에도 부차적인 것이 되게 하지 마라." 무엇을 할 때에 염불이 외워져서는 안 된다. 염불 자체가 아침에 일어나고, 밤에 자러 가고, 불렀을 때 예라고 대답하고, 산의 샘에 닿았을 때 차가움을 느끼고, 더운물 잠겼을 때 온기를 느끼는 것이다. 만약 염불과 염불을 부르는 사람이 분리되면 일심의 염불은 가능치 않다. 젠도가 말한 상태도 가능치 않다. "걷는 것 혹은 서 있는 것, 좌정하는 것과 누워있는 것, 잠시라도 그것(염불)의 수행을 멈추지 마라…" 만약 이름과 자기 자신이 하나가 되지 않는다면, 그는 젠도가 기술하는 염불삼매를 득하지 못한다. 호넨은 말했다. "젠도의 주석을 보면서, 호넨의 눈에는, 삼심이 나무아미타불이고, 사수가 나무아미타불이고." 영성적 통찰에 진정으로 꿰뚫은 사람이었다. 단순한 학자는 그러한 말을 절대로 할 수 없다. 정토종의 묘코닌의 발언과 일치하는 말인 것이다. 이 점에서 선불교의 사람은 '나 홀로, 모든 우주 안에서' 실존하는 사람은 호넨과 궤를 같이 한다. 그러나 호넨의 통찰의 특이한 성질은 그가 선불교의 사람이 하는 것과 달리 '깨달음'이라고 하지 않는다는 것이다.

『로안교』에서 스즈키 쇼산은 말한다.

한 오래된 시에서 말한다. "깨달음은 깨달음이 아닌 깨달음이다. 깨달음인 깨달음은 깨달음의 환상이다." 실제로, 깨달음인 깨달음은 위험하다! 나는 깨달음이 또한 깨달음이 아닌 것을 좋아한다. 호넨의 염불왕생은 또한 깨달음이 아닌 깨달음이다.

4. 호넨과 스즈키 쇼산

나는 이제 스즈키 쇼산으로 돌아가 보겠다. 그의 염불관은 호넨의 그것을 강하게 생각나게 한다. 일본적 영성의 출현으로서 동일한 광채 안에서 살았다고 말할 수 있다.

쇼산은 말한다: "농장 일에서 모든 업보의 장애를 소진하기 위한 커다란 원을 가졌다. 만약 당신이 괭이질을 할 때마다 '나무아미타불'로 농장 일을 한다면 확실히 성불을 할 것이다." 또한 염불을 통한 괭이를 올리고 내리고 하는 것을 여기에 의미한 것은 아니다. "나무아미타불"이 괭이질을 할 때마다 괭이를 움직여야 한다. 호넨의 가르침도 비슷하다. 다른 일을 하는 동안 한 염불을 거부하면서 그는 염불을 외는 것이 이러한 '다른 일'을 행하는 것이라고 가르친다. "분산시키는 생각이 나의 마음으로 들어올 때 무엇을 해야 하나?"라고 물었을 때 호넨은 "단지 염불을 열심히 반복하라"라고 설명한다.

비록 이는 공안선에서 잘 알려진 대로 대면할 수 있는 무엇이다. 여기 정토왕생은 또한 '분산시키는 생각'에 포함된다. 염불을 일심으로 말하는 사람에게는 염불과 분리된 모든 것이 분산시키는 관념, 환상, 복잡성, 추론이다. 단지 이것을 좋아하고 저것을 싫어하는 무의미한 일상, '분산시키는 생각들'에 관련되지 않는다. 즐겁게 정토를 추구하고,

혐오스러운 것으로서 지옥을 피하는 것은 크고, 주된 분산시키는 생각이다. 그리고 모든 염불의 원천이다. 호넨은 사람이 이러한 모든 것을 잘라버려야 한다고 말하지 않는다. 단지 거기에 주의를 두지 말라고 말한다. 이는 긍정적인 면에서 염불 전수 '배타적' 염불이다.

쇼산은 말한다.

염불을 말하는 데는 두 가지 길이 있다. 부처가 되는 것을 생각하는 것은 업보 윤회의 행동 중 하나이다. 실제로, 올바른 길은 염불로 모든 정념을 되뇌어서 버리는 것이다. 그러므로 사람은 염불을 통해서 일반적으로 부처가 되는 것은 아니다. 그렇지만, 너는 사후에 부처가 될 것이다라는 생각과 같은 것은 모두 사후의 갈망이다…. 당신에게 모든 것을 접어두는 유일한 길은 "나무아미타불", "나무아미타불", 당신의 호흡을 고르고, 지속적으로 죽음을 공부하고, 모는 당신의 가치를 위해서 염불을 말하고, 평화로운 죽음을 받아들여라. 너는 단지 일심염불을 하라(『로안교』).

이 글에서 쇼산의 '염불 선불교'의 특별한 특징이 잘 나타나 있다. 우리는 또한 호넨과 대조되게 쇼산의 염불에서 단도직입적으로 몰입하는 버릇을 볼 수 있다. 히에이와 나라 학승들의 규정에 구애받는 분위기와 헤이안 시대 관습의 잔재가 호넨에게는 약간 보이고 있다. 여기에 그의 특이한 관심을 볼 수 있다. 그러나 쇼산은 미카와 지방의 사무라이로서 토쿠가와 시대(1615~1866)에 살았다. 그의 어법이 살아나는 것은 실제 전투에서 분투하고 죽는 사무라이의 삶에 기인한다.

너는 단순히 목적의 일심으로, 산만하지 않고 네가 자아로부터 이탈될 때까지 염불을 사용하라. 자아에서 이탈한다는 것은 "나무아미타불", "나무아미타불"을 반복하면서 죽음을 배우는 것 그리고 죽음의 문제에 대해서 깨닫는 것을 의미한다. 네가 또한 너의 개인적 자아를 크게 중요히 여기는 것을 안다. 그러나 이는 어렵거나 긴 문제는 아니다. 단지 염불로 자아를 소진하라.

쇼산이 말하고 있는 자아自本는 개인적 자아의 의식이다. 그는 이를 염불을 통해서 소진하기를 가르친다. 혹자가 단도직입적으로 "나무아미타불", "나무아미타불"을 외우면 생사는 모두 사라진다. 그때 그 자아는 자연적으로 되뇌어지고, 일심성의 진정한 형태가 생겨난다. 이는 정토왕생의 기회이다.

다른 곳에서 쇼산은 이렇게 말한다. "과거에 대해서 생각하지 마라. 미래에 대해서 판단을 하지 마라. 단지 헛되이 현재를 낭비하지 마라. 순수하게 그것을 사용하라." 일심성은 "현재 생각, 순간" 이외에 어떤 것도 아니다.

호넨의 글 중에서 아래의 것과 유사한 것이 발견된다. 쇼산에 따르면 아래와 같이 그것을 인용하고 있다:

한 겨울날에 혹자가 호넨에게 어떻게 미래의 존재를 준비해야 하는지 물었다. 내세에 대한 욕망에 대해서, 바로 머리가 잘릴 사람의 마음의 상태에서 염불을 되뇌어야 한다고 대답하였다. 이는 좋은 가르침이다. 만약 염불이 이러한 길로 실행되지 않는다면, 자아에의 집착은 절멸될 수 없다.

이러한 마음의 상태를 득하지 못하면, 그 '홀로 섬의 염불', 의지하지 않는 염불, 아미다의 근원적 기도의 일심의 염불은 불릴 수 없다. 이러한 때에 지식은 도움이 되지 않는다. 계율, 도덕, 선악, 자비와 자비가 없음 — 이중 어느 것도 충분치 않다. 이때 마음의 상태를 '소박한 나무', 생득적인, 자연적인 혹은 '안정된 믿음의 마음'이라고 우리는 부를 수 있을 것이다. 호넨은 말하기를, "아미다의 근원적 기도는 일자무식의 정토에서 확실히 환생하고자 하는 믿음으로 깊고 진정한 원으로 그 이름을 지속적으로 반복하는 나무꾼, 장작 패는 사람, 물장수 등이 말했을 때, 가장 큰 잠재력을 가지고 있다"고 한다.

호넨은 일심염불의 의미를 공부로 성립하지 않았다. 그와 선사인 스즈키 쇼산은 이 점에서 영성적 통찰을 키우는 동일한 입장에 서 있다. 호넨의 진정한 면은 학문 대신 '무지'를 원초적인 요소로 만드는 데에서 이해되어야 한다. 그는 용감하게 학승들에게 도전한다. 왜냐하면 그들은 지식을 너무나 많이 저장하고, 명성, 부, 세상의 욕심, 일본적 영성의 태동을 가져오는 데 가장 미약한 조건들에 헌신하기 때문이다. 호넨은 강건하게 그 진정한 땅 위로 걸었다. 한순간이라도 거기에서 분리되지 않은 채로. 쇼산의 말에 의하면, "땅과 함께하는 사람이 되었다." 여기에서 카마쿠라 시대에서 호넨의 출현의 중요성을 평가할 수 있다 — 일본적 영성의 각성의 흥기.

III. 염불과 '문맹'

1. 호넨의 박해의 의미

호넨의 가르침은 나라의 전역에 퍼졌다. 그러나 그의 문도 몇몇은 자신
만의 욕구를 충족시키려는 죄를 범하였다. 더욱이 근원적 기도인 염불
을 배타적으로 수행함으로써 저질러진 잘못이었다. 이를 이용해서, 나
라와 히에이의 승려들은 염불의 수행을 불법화하려고 호넨의 영향을
막으려고 전념하였다.

위의 내용은 『호넨의 일생』 31장에서 따온 것이다. 의심 없이 그의
문도 중에는 행동의 극단까지 간 자들이 있었을 것이다. 그러나 그러한
계율을 파기한 자들이 기존의 교단 승려 중에도 있었음이 확실하다. 물
론 이는 호넨의 문도에 국한된 것만은 아닐 것이다. 이를 이용해서 호넨
과 그 신자들을 검열하고자 하는 시도는 핑계인 것 같다. 실제 이유는
다른 곳에 있다.

이러한 학승들은 추상적인 교설과 경전들의 대화로 소일하고 영성
의 길에 따라서 진행하는 시도조차 하지 않았다. 여기에 대항하여 호넨
은 그러한 길에 따라 꾸준히 움직였고, 이는 다른 사람들로 하여금 질투
를 일으켰다. 물론 추상적인 대화는 또한 필요하다. 이는 강건하고 구
체적인 경험에 뒷받침되어야 한다. 히에이와 나라의 학승들은 이를 가
지고 있지 않았다. 그러므로 그들의 영향은 한 번도 문맹의 일반인들
사이에 우세를 띈 적이 없었다. 전쟁터에서 생사를 가르는 전투에 참여
하는 사무라이 계급에서도 환영받지 못했다. 비록 소위 지식인 귀족들

사이에서 듣는 것처럼 귀를 기울였을 수는 있다 하더라도 그들의 종교
는 어떠한 경우에도 일천하고 의례적인 불교이고, 영성적 삶의 표현이
아니었다. 호넨이 추구하는 것은 그들이 원한 것과 완전히 다른 것이었
다. 그는 그 자연적 표현에서 일본인의 영성을 파악하려 노력했다. 비
록 그가 불교 가르침은 말법 시대의 아둔한 일반인에 맞지 않는다고 말
했다 하더라도 그러한 말은 아마도 전통적인 발언이고, 종파 창시자의
중언부언일 뿐이다. 그가 무의식적으로 하고 있었던 것은 그가 서명한
7개조의 맹세에서 거명한 바로 그 사람들 사이에서 존재하였던 영성의
삶을 거론하려 한 것이다. 그들은 진정하고 살아있는 요소들을 다룰 수
있는 사람들이었다. 누가 이런 사람들인가? 아래의 7개조 맹세에서 나
는 그들을 로마자로 표시하였다. 이 7개조의 맹세는 호넨이 전통적인
종파 승려들의 원망을 잠재우려고, 자신의 문도들에게 극단의 행동에
대해서 경계하려고 쓰였다.

문도들에게 그리고 염불 승려들에게, 나는 아래와 같이 선포한다.

(1) 너희들은 진언종이나 천태종의 원리를 경전과 주석을 보지 않고
　　반대하며 비판하지 말라. 또는 다른 부처와 보살을 모욕하지 말라.

(2) 문맹은 지식인들과 혹은 종교적 이론과 수련에서 다른 사람들과
　　논쟁하는 것을 자신에게 허락하지 마라.

(3) 다른 신앙과 수련의 사람들에게 그들의 구별되는 종교적 수련을
　　포기하도록 바보스럽게 혹은 편협하게 주장하지 마라. 그리고 그
　　들을 비웃어서도 안 된다.

(4) 계율을 요구하지 않는다고 네가 말하는 염불의 이름으로 육식이나
　　음주에 만족하라고 사람들을 이끌지 마라. 엄격하게 계율을 지키

는 사람들을 "잡스럽게 수행을 하는 사람" 혹은 부처의 근원적 기도를 신뢰하는 사람들은 절대로 악행을 두려워할 필요가 없다고 말하지 마라.

(5) 문맹은 도덕적 차이에 대해서 아직 자신의 마음을 명확하게 하지 못해서, 경전의 성스러운 가르침에서 벗어나서 그리고 스승의 의견을 반대해서 타인에게 자신의 생각을 의도적으로 강요하지 말아야 한다. 시끄러운 논쟁을 함으로써 문맹을 미혹에 빠뜨리지 말아야 한다. 이는 지식인들의 비웃음을 너에게 불러올 것이다.

(6) 아둔해서, 너는 진정한 길에 대해 설하려고 해서는 안 된다. 올바른 다르마를 모르면서, 무식한 승려와 평신도에게 영향을 주려고 모든 종류의 악한 교의를 해설해서는 안 된다.

(7) 부처의 가르침에 반해서 부당하게 조사의 관점이라고 부르며 왜곡된 가르침을 전개해서도 안 된다.

_ 겐쿠(호넨)이 서명하고 봉인하다, 1204년 11월 17일에

이 맹세가 다루고 있는 사람들은 기존의 학승들에 반대했던 사람들이다. 후자는 다양한 신앙과 수행의 지식인들로 바름과 그름을 알고 있었고, 경전적 가르침을 따르고, 성인의 가르침에 부합하고, 올바른 다르마를 지켰다. 그들은 단순하거나 무식하지 않았다. 그들이 호넨과 그 문도들에게 정반대였기 때문에 호넨이 민중의 실재적 인생에 큰 진전을 이루는 것을 보고 그들은 자신들의 분개를 참을 수 없었다 — 짐작건대 자연스러운 인간적 반응이다.

2. 일본적 영성 – '어리석은 자와 무식한 자'

일상생활에서 호넨이 어떻게 영적 상태에 이르게 되었는가를 알기 위해서는 점술가 이와노스케의 경우를 살펴보는 것이 도움이 될 것이다. 우선 이를 알아보기로 하자. 그 시대의 점술가는 짐작건대 오늘날 거리의 점쟁이와 같을 것이다. 호넨은 이 점술가가 소위 무식하고 배우지 못한 계급의 일원이었고, 그가 하는 염불은 호넨 자신이 수행하는 염불과 다를 바가 없다고 하였다. 이는 신란의 말과 동일하다. "호넨의 믿음은 진여(Tathagata)에 의해서 주어진 것이고, 신란 또한 진여에서 온 것이다. 그러므로 우리의 믿음은 동일하다." 이러한 인정은 당대의 학승으로부터는 올 수 없었다. 이론만이 아니고, 이를 신란이 했던 것과 같이 그의 선생의 면전에서 말한다는 것은 인생의 궁극의 실재를 건드리지 않고는 불가능할 것이다. 아래의 것은 『호넨의 일생』 19장에서 온 것이다.

호넨의 추종자, 아와노수케라는 이름의 점술가는 호넨을 기다렸고, 염불을 수련하였다. 한번은 호넨이 그를 가리키며 말했다. "무엇이 나은가, 점술가의 염불인가 내 것인가?" 이 물음은 그의 제자 중의 한 사람인, 쇼코보에게 향해졌다. 쇼코보는 호넨의 물음의 의미를 잘 이해하였지만, 그의 생각의 확신을 원하면서, 대답하였다. "어떻게 당신의 염불이 언제나 그의 것과 같을 수 있습니까?" 이 답변이 호넨의 표정을 변하게 하였다. "그러면, 어떻게 줄곧 정토의 가르침을 듣고 있을 수 있었는가? 그 점술가는 염불을 말하며 자신을 구하라고 부처를 부르고 있다. 나도 그렇다. 우리 사이에는 조금도 다름이 없다." 비록 이것이 쇼코보가 처음부터 가졌던 이해였지만, 마치 진정한 본질적 의미가 다시 온 것 같아서, 그의 눈에서 눈물이 떨어졌다.

전임 섭정 후지와라 카네자네 그리고 그 아내와 같은 호넨의 영향 아래에 온 귀족들은 의심 없이 호넨 없이도 다른 불교 가르침의 대상이 되었을 것이다. 그러나 점술가, 어부, 창녀, 도적, 여자와 같은 자들은 아마도 그가 없었으면 구원받을 수 없었을 것이다. 불교 수련승 주이렌의 일화는 호넨의 염불을 설명하는 또 하나의 기회를 준다. 연꽃을 연꽃으로 보고, 매화꽃을 매화꽃으로 보는 것, 이것이 염불. "그 특이성은 특이성이 부재하는 것이다." 그것을 떠나서는 삼심과 같은 것에 여지는 없다. 오념, 사수 혹은 삼심에 사로잡힌 사람들의 삶은 산과 숲의 고행의 환경 이외에는 어느 것도 알지 못한다. 그들은 한정된 환경에서 자라온 것이다.

주이렌이라는 수련승은 호넨의 신심 깊은 추종자가 되었다. 그의 귀양지에서 조수로서 같이 갔다. 호넨은 그에 대한 깊은 자비의 마음이 있었다. 그리고 왕생을 득할 수 있는 길에 대해서 설명하였다. 그는 심오한 신심으로 가르침을 받아들였고 분리되지 않은 심정으로 염불을 수행하였다. 호넨의 서거 이후, 1214년, 혹자는 그에게 염불을 아무리 수행하여도 공부를 하여 삼심을 완전히 이해하지 않으면 그는 정토에 태어날 수 없다고 말했다. 여기에 대해서 주이렌은 말했다. "호넨은 염불의 특이성은 특이성의 부재이다. 그리고 유일한 것은 부처의 말씀을 믿고, 염불을 수련하면, 사람은 정토에 확실히 태어날 것이라고 말하곤 하셨다." 여기에 그 사람은 계속해서 말했다. "그러한 것들을 이해하기 어렵다고 생각하는 사람을 위해서, 쉽게 하기 위해서 그는 거기에 계셨다." 그리고 그는 호넨의 진정한 의미에 대해서 자신의 해석을 주었다. 그는 많은 경전과 주석에서 인용을 하여서, 주이렌은 그가 옳지 않은지 생각하였고 의심하기 시작하였다.

하룻밤에 그는 꿈을 꾸었다. 그가 사찰 호쇼지의 서문을 지나가면서, 연못에 각양각색의 연꽃이 모두 만개해 있는 것을 보았다. 그가 그 절의 서쪽 베란다를 향해 가면서, 엄청나게 많은 승려가 줄지어 앉아 있는 것을 보았다. 그들은 정토 교설에 대해서 대화하고 있었다. 그는 계단을 올라가서 호넨이 남쪽을 면하고 북쪽에서 앉아 있는 것을 보았다. 그는 호넨을 향하여 존경스럽게 절을 했다. 호넨은 이것을 알아차리고, 그에게 가까이 와서 앉으라고 말했다. 그는 가까이 갔다. 한 말씀을 건내기 전에, 호넨은 그에게 다음과 같이 말했다. "너의 마음을 최근에 사로잡고 있는 주제에 대해서 약간의 근심도 가지지 말아라." 주이렌은 그것에 대해서 누구에게도 말한 적이 없었다. 그래서 어떻게 호넨이 그것에 대해서 알고 있었는지 의아해했다. 그러므로 위에서 말한 대로 모든 이야기를 호넨에게 하였다. 여기에 호넨은 말했다. "저쪽의 연못의 연꽃이 아니고 매화나 벚꽃이라고 혹자가 너에게 헛소리를 했다고 치자, 그러면 너는 믿겠느냐?" 주이렌은 대답하기를, "그것들이 진실로 연꽃인 한에는, 누가 무엇을 말한 것과 상관없이 어떻게 다르게 믿을 수 있겠습니까?" "그러면", 호넨은 계속했다, "이는 염불에서와 마찬가지다. 연꽃이 연꽃이라고 믿는 것과 같다. 유일하게 할 것은 그 이유에 대해서 염려하지 않고 염불을 굳건하게 믿는 것이다. 연꽃이 벚꽃이나 매화라는 것과 같은 억지를 믿지 말라." 이로써 그는 그의 꿈에서 깨어났다. 그리고 모든 의심은 사라졌다.

그의 염불에서 쌓은 선업과 마지막이 왔을 때, 그는 정토에서 태어나는 오래 품어왔던 원을 완전한 평정으로 얻을 수 있었다고 말해진다(『호넨의 일생』, 20).

3. 호넨과 배운 것 없는 사무라이

이네 사무라이와 호넨의 관계에 대해서 이야기하고자 한다. 쿠마가이 나오자네와 다른 사람들의 염불 회심은 이미 기술되었다. 여기서 나는 아마카수 타로 타다쯔나의 일례를 타이라 시게히라의 이야기에서와 같은 동일한 극한의 실용주의로 특징지어지는 것으로 언급하고자 한다. 아마카수가 무장하고 전장으로 달려가려고 준비를 하면서 그는 왕생의 본질적 의미와 사무라이로서 그의 직업 사이에 모순을 느꼈다. 이를 해결하기 위해서 그는 호넨을 방문하고자 하였다. 1192년 11월 15일에 그의 거처에서 그를 불렀다. 이는 바가바드기타의 아르주나를 상기시키는데, 아마카수의 경우는 개인적 일이었다. 그의 문제는 그가 사무라이였고, 그때 그런 사람은 학문과는 거의 친근하지 않아서 더욱더 급박한 긴급성을 띠고 있었다. 그의 이야기는 『호넨의 일생』에서 발견된다.

무사시 지방에 이노마타 씨족의 사무라이로 아마카수 타로오 타다쓰나고 불리는 사람이 살았다. 그는 미나모토 가문을 모시고 있었다. 그는 호넨의 추종자가 되었고, 염불 수련에 매우 열심이었다. 이때 히에이산의 엔랴쿠지의 승병들은 승가가 온건한 면만을 지니고 있다고 반발하면서 정부에 대항하여 무장봉기를 준비하고 있었다. 그들은 효시 하쵸지 사찰의 편을 들고 있었고, 타다쓰나는 황실의 칙령에 의해 이 봉기를 진압하기 위한 군대의 지휘를 맡게 되었다. 1192년 11월 15일, 출정할 준비를 하면서, 그는 호넨을 방문하였고 말하기를, "나는 당신이 종종, 우리와 같은 죄인도, 염불만 외우고 아미다의 근원적 기도에 그 모든 믿음을 가지면, 의심 없이 왕생을 득할 것이라고 말하는 것을 들었습니다. 내가 비록 이를 굳건히 믿는다고 하지만, 이는 병상에 누워서 조용히 종말이 오기를 기다리는 사람들의 경우라고 생각합니다. 사무라이로서, 나는 내가 하고 싶은 대로 할 수 없습니다. 그리고 이제 황실의 칙령을 받들어 반란을 일삼는 산몬 승려를 벌주기 위해 하쵸지의 성으로 출정하고 있습니다. 나는 군인의 가문에 태어났고, 무기를 사용하는 것에 훈련을 받았습니다. 한편으로는 적어도 어느 정도로서는 나의 조상의 유훈을 실행하는 데 실패하지 않으려고, 다른 편으로는 나의 후대에 영광을 물려주는 데 책임을 가집니다. 군인으로서, 만약 나의 적들을 물리치는데 자신을 맡기면, 사악하고, 맹렬한 정념이 내 안에서 요동칠 것이고, 나의 가슴에 신심 있는 느낌을 깨우기 매우 어려울 것입니다. 그러나 만약 삶의 무상성에 대해서 염불 왕생에 대한 진실에 대해서 언제나 생각하도록 허용하면, 나는 적들에게 포로로 잡힐 위험에 빠져서, 영원히 겁쟁이로 낙인찍히고 나의 모든 유산이 몰수될 것입니다. 나 같은 어리석은 사람에게는 어떤 길을 선택할 것인지 결정하기가 매우 어렵습니다. 어떻게 내가 사무라이로서 내 가문의 명예를 희생시키지 않으면서 왕생에 대한 나의 귀중한 원을 달성할 수 있는지 가르쳐주시겠습니까?"

여기에 대해서, 호넨은 아래와 같이 대답하였다. "아미다의 근원적 기도는 사람이 선 또는 악한지와는 관련이 없고, 그의 종교적인 수련의 양을 말하지 않는다. 이는 순수하고 불순한 것의 구별을 두지 않는다. 시간, 공간 혹은 다른 어떤 인간의 삶들에서 다양한 상황을 고려하지 않는다. 인간이 어떻게 죽느냐는 문제가 아니다. 그가 그런대로 사악한 사람은 이름을 부르면 왕생을 얻을 것이다. 그러므로, 사람이 사무라이 가문에 태어나 전쟁으로 가서 생명을 잃으면, 만약 그 이름을 반복하기만 하면 그리고 아미다의 기도에 의지만 하면, 아미다가 그의 극락에 그를 환영할 것이라는 것에는 어떠한 일말의 의심도 없다." 이러한 친절한 가르침에서 그의 의심은 그를 떠났고 기쁜 마음으로 그는 소리쳤다. "타다쓰나의 왕생은 바로 이날에 일어났다." 호넨은 그에게 성스러운 머리띠를 주었고, 그는 그것을 갑옷 아래에 넣었고, 하치오지를 향해서 출정하였고, 반란 승려들과의 전투에서 자신을 투신하였다. 전투 중에 그의 검은 부러졌고, 그는 깊은 상처를 얻었다. 이를 희망이 없음으로 알고, 검을 버리고, 합장을 하며, 큰 소리로 이름을 불렀다. 그리고 적의 수중에 자신을 내맡기면서…

4. 영성, 어리석음, 문맹

비록 이제 호넨의 어리석고 배우지 못한 전사들과 일반인들 사이 염불의 흥기에서 촉매로서의 역할을 이야기하는 좋은 시점이라 할지라도 이는 잠시 돌려놓는다. 왜냐하면 카마쿠라 시대의 일본적 영성의 발흥이 지식인에서 온 것이 아니고, 어리석고 배우지 못한 일반인에서 왔다는 아이디어에 집중하기 위해서다. 이 점에서 호넨은 일본적 영성사에서 전환점을 표시했다고 할 수 있을 것이다.

비록 그가 순전히 헤이안 사상의 흔적에서 자유롭지 못했다 할지라도 그가 없었으면 신란은 출현할 수 없었다. 이것이 우리가 신란과 호넨을 하나의 단일한 영성적 인격으로 볼 수 있게 한다.

영성의 깨우침은 지성의 부정을 통과해야 한다. 그러므로 완전히 문맹인 사람은 실재적 의미에서 영적으로 깨우쳐질 수 없다고도 말할 수 있다. 그러나 보다 심오한 의미에서는 깨우침은 영성 자체로부터 자연적으로 나타난다고 할 수 있다. 지적인 부정이 있는 곳에조차 만약 영성의 자발성이 나타나지 않는다면 단지 계기만이 있고, 실질적인 실재화는 일어나지 않는다. 신란과 호넨은 기회와 실재화 모두 가지게 되었고, 그들의 발군의 영적 삶은 이렇게 나타났다. 그러나 '일자무식의 사무라이', '단순한 마음의 신자'와 그런 부류의 사람들에게 열린 유일한 길은 그들의 지도자가 깔아놓은 길을 신심 깊게 따르는 것이다. 아직도 영성적 통찰 자체를 득하는 문제에 있어서 두 사례에는 차이가 없다. 혹자는 지적인 부정의 길을 따르고, 이어서 영적인 깨우침을 얻고, 그러한 경로에서 촉발된 우여곡절을 지나치며 자신뿐 아니라 다른 사람도 알게 된다. 이와 마찬가지로 그는 자기가 가르치는 바를 믿게 되고, 다른 사람들도 그것을 믿도록 인도한다. 만약 그의 믿음이 가능하다면, 다른 사람들의 믿음 또한 가능하다는 것을 의미한다.

반면에 이른바 배우지 못해서 어리석다고 여겨지는 사람들이 영성에 이르는 길은 비교적 직접적이지만, 지적인 사람들은 좀처럼 영성에 이르는 깨달음을 얻지 못한다. 왜냐하면 그의 지성의 장애 때문이다. 이는 시인 사이교가 읊었던 가을 황혼과 같다 ─ 동서를 통해서 지금 그리고 과거에서 어디든지 같다는 것이다. 지적인 마음을 가진 사람 또한 구원의 대상이기 때문에 성인도 그들에 대해서 관심을 가지고 있었다. 그러나 일본의 영성사에서 카마쿠라 시대 이전에는 이것이 표현될 기회가 없었다. 자신들이 지성의 두꺼운 껍질을 가지고 있었던 그 성인들에 침잠한다는 것은 우리에게 의미가 없다. 일본적 영성의 깨어남이 호넨과 신란의 개인적 인격을 통해서 자신을 나타냈으므로 우리의 주의는 자연적으로 그들에게—개인으로서— 향한다. 그러나 우리가 일본적 영성의 깨어남을 볼 때 우리는 그것을 일자무식 일반인의 문맥 안에서 이러한 민중이 가졌던 준비가 그들로 하여금 신란과 호넨을 그렇게나 자발적으로 순종적으로 따르게 하였던 준비 속에서 보아야 한다. 카마쿠라 시대의 시작과 함께 일반적인 민중의 영성이 이러한 깨우침의 구조적 기반이 되었다. 어리석고, 무식하고, 배우지 못했다고 일컬어지는 이 민중은 땅 자체의 자연적 풍요성을 가지게 되었다. 이는 호넨과 다른 영성적 지도자들이 일본의 영성사에서 처음으로 나타날 수 있었던 이유이다.

일본적 영성의 실재화의 처음의 표현은 『이치마이 키쇼몬』에서 발견된다. 겐쇼보 토토미 지방의 사찰 렌게지의 승려이자 천태종 교의를 연구하는 학승은 이 『이치마이 키쇼몬』이 가르치는 바를 실제로 실천하였다. 그가 쿠마가이 렌쇼보로부터 호넨에 대하여 그리고 어리석은 죄인들의 정토에 환생하는 기로서의 그의 염불의 가르침에 대해서 들었을 때, 그는 서론을 입수하고 수도로 가서 요시미즈에서 호넨을 방문하려 하였다. 문답을 교환한 이후 그는 정토 사상에 대하여 깊은 이해를 얻을 수 있었다. 호넨은 아미다의 근원적 기도 모든 어리석은 죄인을 구원할 것이라고 가르쳤다. 세 가지 가르침(계율, 명상, 지혜)과 같은 지식이 없는 자라 할지라도 부처의 버림을 받지 않을 것이다.

그 이름을 부르는 자는 그들이 지금 가지고 있는 본성과 함께 염불하면, 지혜로운 자는 지혜로운 자로서, 바보는 바보로서, 그래서 모두 평등하게 왕생을 얻을 것이다.

나, 호넨이 고위의 종교적 위치를 얻지 못한다고 해서 나로 왕생이 불가능하다고 생각하는 것은 잘못일 것이다. 우리의 일상생활은 가장 쉽게 염불을 말할 수 있는 것이어야 한다.

염불의 길을 막는 어떤 것도 피하고, 버려야 한다… 만약 순결을 지키면서 염불을 말하지 못한다면, 남편으로서 가장으로서 그것을 말해야 한다… 가장으로서 그것을 말하지 못한다면, 은둔자로서 그것을 말하라… 염불을 완료함으로써, 모든 다른 것은 부차적이 된다….

그의 세세한 가르침 덕택에 젠쇼보는 깊게 호넨의 염불에 헌신하게 되었다. 호넨은 이별 시 다음과 같은 메시지를 주었다.

신성한 길의 교의에 따르면, 우리는 우리의 지적 능력을 최고로 발전시켜 운명의 윤회 바퀴에서 자유로워져야 한다. 반면에 정토 수련은 우리가 정토에 환생하기 위해서 자신의 태생적인 단순함으로 돌아갈 것을 요구한다.

그의 태생적 장소로 돌아간 이후에 기쁘고 깊게 호넨의 염불의 진리에 확신에 찬 젠쇼오보오는 사찰에 돌아가지 않을 결심을 하고, 목수로서의 생업을 얻게 되었다.

유배지로 가는 길에서 근처를 지나가면서 류칸(1148~1227)은 젠쇼보에 대해서 알아보려 토토미 지방의 노쿠부에 멈춰 섰다. 그는 젠쇼보라는 이름의 승려가 렌게지 사찰에 사는지 물었다. 승려들은 그런 대사에 대해서 아는 바가 없다고 말했지만, 그 지역에 젠쇼오라는 이름의 목수가 일하고 있다고 대답했다. 젠쇼오가 경내에 들어갔을 때 류칸은 나와서 그의 손을 잡고 그를 안으로 불러들였다. 두 사람은 과거에 대해 말을 하며 울음을 터뜨렸다. 젠쇼오를 비천한 목수로 내려다보았던 그 사무라이가 이 감동적인 장면을 목격하고 놀라움을 맞았다. 두 사람이 이별을 하면서 류칸의 문도들은 젠쇼오에게 그들이 좌우명으로 삼을 말을 구했다. 잠깐의 침묵 후에 그는 말했다. "언제나 열심히 염불을 외고 왕생을 얻어라." 그리고 그는 사라졌다.

IV. 염불 칭명

1. 호넨의 『니마이 키쇼몬 二枚起請文』에서 염불 칭명

호넨은 『이치마이 키쇼몬』에 더해서 『니마이 키쇼몬』을 썼다.

승려와 평신도 모두 자신이 조금도 지성을 가지고 있지 않다고 여겨야 한다. 비참함에 빠져 있는 사람들의 왕생의 심각한 문제가 부처의 기도에 의지하지 않고 얻어질 수 있다고 믿는 것일까? 너희들은 아미다 부처의 자비로운 기도를 믿고, 이름을 꾸준히 환기하여 타력을 청해야 한다. 이것이 근원적 기도의 문제이다. 그의 이름을 소리 내서 부르면서 구원을 애원하기만 하는 것 이상으로 권장할 만한 것은 없다. 교만스럽게 이렇게 잘못 생각하지 마라. '이 나의 행동은 선하다.' 일반적으로 말해서 부처에 의지하는 것은 명상적 반추에 참여하는 것을 의미하지는 않는다. 그러나 이름을 환기하는 것을 의미한다. 이는 근원적 기도에 의지하는 것 이외에 아무것도 아니다. 염불의 수행자는 단순히 부처의 명상적인 반추에 멈춰서는 안 된다. 음성적으로 그 이름을 말해야 한다. 이 칭명 이외에 우리의 환생을 결정적으로 규정하는 올바른 이유는 없기 때문이다. 칭명 이외에 우리의 환생을 결정적으로 규정하는 올바른 행위는 없다. 칭명 이외에는 우리의 환생을 결정적으로 규정하는 옳은 업보는 없다. 칭명 이외에는 우리의 환생을 규정하는 명상적인 반추는 없다. 칭명 이외에는 우리의 환생을 결정적으로 규정하는 초월적인 지혜는 없다. 게다가 칭명을 떠나서는 삼심三心도 없다. 칭명을 떠나서는 사수四修도 없다. 칭명을 떠나서는 오념五念도 없다. 아미다의 근원적 기도는 칭명 이외의 것이 아니다. 이 오염의 세상을 혐오하는 마음은 이 칭명의 근본에 있다. 아미다 여래의 무제한적이고 무조건적인 힘은 오래전의 바로 법장보살의 근원적 기도의 타력에서 연원한다는 것을 믿어야 한다. 비록 네가 이것보다 심오하고 박학한 것을 안다고 하더라도, 거기에 얽매여서 염불을 하지 않는다면, 일본의 60개 현 내에서 보다 크고 작은 징벌에 빠질 것이다. 너는 48개 서원이 박탈될 것이고, 앞으로 올 삶에서 끊임없는 고통과 괴로움의 지옥에 떨어질 것이다.

비록 두 장짜리 유언이 한 장짜리 유언과 같이 인간의 가장 깊은 마음을 본래로 되치는 것이라고 말할 수 없을지라 하더라도 칭명에 대한 강조는 거기에 큰 의미를 준다. 비록 염불이 칭명이라고 확신을 가지고 말할 수 있다 하더라도 이 구절에서 호넨은 실제적인 염불의 발언을 강조하고 있다. 이를 사람의 심정 안에 명상적인 반추로 제한하지 않으면서 그는 이름의 말을 말하는 행동의 중요성을 고양하고 있다. 그의 입에서 흘러나오는 "나무아미타불", "나무아미타불"에서 호넨이 말하는 일종의 의미가 있을 수 있겠는가? 그 자신은 매일 수만 번의 염불을 되뇌었다고 전해진다. 신란이 그렇게 수다한 염불을 말했는지 나는 알지 못한다. 그러나 그는 실로 그 심오한 의미를 인정했다. 염불의 수련은 그 문도들과 동료들 사이에서 끊이지 않았다. 그들 중 몇몇은 이 수련 때문에 이단적인 신앙을 가진다고 의심을 사기까지 하였다.

근대에는 예를 들어 신치리 고준, 무라타 죠쇼, 테이신니와 그들과 같은 다른 신자들이 모두 염불 칭명을 계속했다. 만약 신앙이 이미 득해졌다면, 그러면 왜 염불인가? 염불은 부처의 자비에 대한 사람의 감사의 한 표현이라고 말해졌다. 그러나 그것이 정확히 의미하는 바는 무엇인가? 단순히 감사의 문제라면, 왜 염불은 꾸준히 지속할 필요가 있는가? 자력의 의미에서 칭명을 보는 해석에 어려움은 거의 없다. 그러나 부처의 자비를 위한 고마움의 행동인 염불—특히 '지속적인' 염불—을 우리는 어떻게 해석해야 하나?

나는 다른 곳에서 염불 칭명의 의문을 보다 자세히 다루었다. 그러나 아직 불충분하다. 나는 후에 거기로 돌아갈 것이다.

2. 나무아미타불의 주인이 되다 — 부처의 은혜에 대한 감사

렌뇨(1415~1499)의 『고이치다이키키가키御一代記聞書』에는 "사람은 아미다를 받아들이면 나무아미타불의 주인이 되고, 나무아미타불의 주인이 되는 것은 믿음을 갖는 것이다"라고 쓰여 있다. 바꾸어 말하면 믿음을 얻는 것은 나무아미타불의 주인이 되는 것이다. '주인이 되는 것'

은 아미다를 받아들이는 것을 의미한다. 정상적으로는 나무아미타불의 주인이 되는 것은 나무아미타불 자신이 되는 것을 필요로 한다. 이는 자기 자신과 나무아미타불이 둘이 될 수 없다는 것을 말한다. '나무아미타불이 되는 것'은 그가 자신의 주인이 되는 것이다. 이는 개인에게서 자아-주체를 버리는 것과 그럼으로써 자아-주체를 초월하는 영성으로의 깨우침을 의미한다. 여기서 믿음이 세워진다. 이 "아미다에 의지함"에서 주체는 아미다에 의지를 하고, 의지의 기반이 되는 둘이 될 수 없다. 이는 마치 사람이 자신에게 의지하는 것이 되어야 한다. 또는 아미다가 아미다의 존재로 깨우치는 것이라고 우리는 말할 수 있다. 다른 말로 하면 믿음은 둘로 일어날 수 없고, 하나가 하나로서 실현되는 곳이다. 이러한 연유로 "나무아미타불"을 반복하는 것은 아미다고 자신에게 자신을 통하여 부르는 것 이외의 것이 아니다. 이 '자기 자신'이 부르는 것은 주체를 초월하는 영성이다. 불린 '자기 자신', 개인적 주체이다. 그러므로 아미다가 자신을 분리하여 근원적 기도의 실재화가 일어난다. 기도가 나타났을 때 믿음의 득함이 일어난다. 『안진케츠죠쇼오安心決定抄』에서 우리가 발견하는 바는 "그러므로 비록 거론한 염불삼매가 우리 쪽에서 염불의 공경하는 부름이라 할지라도, 이는 우리의 행동이 아니다. 우리는 아미다의 행동을 행하는 것이다." 이는 이전에 말한 것과 같은 것이다. 만약 개인적 주체의 주체가 염불삼매의 직접적 체현이고, 나무아미타불의 주인이라면 칭명의 의미는 무엇인가—소리 내어 부르는 염불—, 부처를 향한 고마움의 행위인가? 렌뇨는 말한다.

믿음을 득한 후, 부처의 호의에 대한 너의 고마움은, 이름의 암송으로 하는, 무시해서는 안 된다. 그러나, 가슴 깊이 공경과 감사함이 부처의 호의 덕이라고 네가 생각하는 것과, 마치 의도치 않게 입으로부터 나오는 염불의 실재적 암송에 주의를 주지 않는 것은 큰 잘못이다. 자연스럽고, 제한되지 않은 이름의 암송은 부처의 지혜에 의한 것이고, 부처의 호의에 대한 감사의 염불 이외의 무엇도 아니다.

위에 기술된 것에 따르면 믿음을 얻은 후에 사람은 염불을 말해야 한다. 부처의 호의에 대한 감사함의 염불로서 말이다. 단지 감사 혹은 공경은 그 호의에 대한 사람의 경의의 표현이 아니다. 믿음을 득한 이후에 염불의 발언이 있어야 한다. 이는 자체로 부처의 호의의 칭송이다. 만약 이것이 진실이라면 부처의 은총을 경험하는 것은 믿음의 득함에 자연스럽게 나오는 한 계시이다라는 것이 도출된다. 이 경우에 계시의 형태가 나무아미타불이었던 것이다. 염불은 외부에서 강제된 것이 아니다. 이는 자연스럽게 출현하는 것이다. 그러면 이는 믿음이 "나무아미타불"의 단순한 반복에서 요구되는 어떤 것이다. 이는 부처의 긍휼이나 호의에 대한 공경 혹은 고마움의 생각에서 오는 의식 혹은 다른 어떤 것이 없이 말이다. 염불은 일의로서 인위적이라고 되어서는 안 된다. 단지 무념의, 큰 소리로 말해진 "나무아미타불" 정토 전통과는 어떠한 관련이 없다고 말해져야 한다. 그리고 과연 부처의 호의에 대한 마음과 동일시될 수 없다.

『尊号真像銘文本』에 중국 정토종 조사 젠도를 칭송하는 명문이 있다:

젠도는 아미다 부처의 화신이다. 부처의 6음절을 외우고 부처를 칭송하라, 참회하고 회심하라, 왕생을 득하고 모든 존재를 구원하려는 서원을 내고, 너의 모든 선행이 정토를 장식할 것이다.

치에이가 쓴 이 명문에 대해서 신란은 다음가 같이 주석한다.

치에이는 중국의 성자였다. 그는 젠도의 특별한 덕성을 칭송하며 아미다 부처의 화신이라고 불렀다. "부처의 6음절을 외워라"는 "나무아미타불"의 6음절을 외우는 것을 의미한다. 다음의 구절은 "나무아미타불"을 외운다는 것은 무시無始의 시간을 거슬러 올라가는 죄를 참회하고 회심하는 것을 의미한다. 다음은 나무아미타불을 말하는 것은 안식의 열락의 정토에서 왕생을 득하는 것과 모든 중생에게 자신의 선업을 전하는 것을 바라는 것을 의미한다. 마지막 구절은 모든 선행이 3음절 아-미-다에 담겨 있으므로, 이 이름을 반복하는 것은 정토를 장식하는 것이다. 이렇게 치에이 젠지는 젠도를 칭송하였다.

고마움의 염불은 이 주석에서 보이지 않는다. 그러나 이 점에 대해서 무라타 와조는 간략하게 주석한다.

염불은 나무아미타불이다.
나무아미타불은 아미다 님이다.
아미다께서는 우리를 구원한다.
이에 대한 고마움으로 염불하라.
필요한 것은 이뿐이다.

여기서 본질이 명확히 파악된다. 아직 '고마움'을 표현하기 위해서— 무라타 와조가 권하는 대로— 사람들이 한곳에 모여서 "나무아미타불", "나무아미타불"의 큰 합창을 하는 것은 필요치 않을 것으로 보인다.

3. 무라타 조쇼의 염불 상속

이세 현의 이신덴의 승려 무라타 조쇼는 현대의 두각을 나타낸 염불 수행가이다. 그는 규슈의 하카타의 시치리 고준에게 사사했다. 그의 말과 행동은 『네구사리ねぐさり』라는 책에 기록되었다. 정토종의 사람들뿐 아니라 깊게 읽고 마음속에 두는 사람들 모두에게 이는 실로 환영받는 책이었다. 무라타 와조는 사람들을 한데 모으고, 그들을 특별한 목적이 없이 염불을 크게 반복하는 것 외에 어떤 것도 하지 않게 하고, 자신은 자신에게 일어나는 생각을 말하고 주어진 질문들에 대답하곤 하였다. 이 이유로 그는 정토진종 사람들에게 비정통적으로 거명되었다. 아래의 묘사는 그의 '집회'가 어땠는지 보여준다.

스님, 왜 우리는 여기로 와서 이 모든 큰 소리로 염불을 목이 쉬도록 외칩니까? 들어보십시오…. 한 곳에서 '나 나 나…', 한 곳에서 '다 다 다…', 다른 곳에선 '난 난 난…'이라고 하는 소리를 듣습니다. 특히 한 비구니는 '이세 이세 이세… 야마다 야마다 야마다…'라고 말하는 듯합니다. 아무도 그 이름의 6음절을 외우는 듯하지 않습니다.

이는 그 집회에 대해 명료하게 집중한다. 이로써 우리는 그 목소리들의 귀에 거슬리는 외침을 상상할 수 있다. 와조 자신은 일어나는 것에 무심한 채 있고, 단지 "나무아미타불", "나무아미타불"의 지속적인 흐름만을 내고 있었다. 여기로부터 판단하건대 "나무아미타불", "나무아미타불"을 반복하는 데는 무언가가 있는 것 같았다. 부드럽건 소리가 크건 이는 간단히 부처의 호의에 고마움의 문제가 아니었다.

와조가 여기에 어떤 목적을 가지고 있었던가? 그의 스승 시치리 고준의 길이 성스러운 가르침과 불일치하지 않은지 의문을 가지며, 와조는 한 학자에게 그러한지 물었다. 그리고 답변을 들었다: "그것이 고준의 위대성이다." 이를 그는 집회에 보고했다. 그리고 덧붙이기를, "우리는 모두 기어가는 아이들이다. 그러므로 우리는 이성과 논리에 구애될 필요가 없다." 그리고 그는 호칭 기도를 다시 시작하였다. "나무아미타불."

이는 부처 또는 다른 어떤 것에 대한 감사가 없이 그는 단지 "나무아미타불", "나무아미타불"을 반복하고 다른 이들을 동일한 것을 하게 한 것인가? 비록 단지 우리가 염불을 발언하기만 하면 집회의 지도자가 아직도 지속적인 염불을 반복하고, 부처의 힘에 모든 것을 맡긴다면 무엇이 임박한 것으로 말할 수 있을 것이다. 그리고 비록 나와 같은 사람들이 그것에 대하여 이론화하기를 원한다면 그것으로 옳다고 할 것이다. 전쟁 전에 옥스퍼드 운동이라고 불리는 영국에서 종교적인 운동에 대해서 들어보았는데, 이는 커다란 성공을 거둔 것으로 안다. 이는 어떤 의미에서 나에게 그것을 생각하게 한다.

스즈키 쇼산은 『로안교』에서 염불의 5가지 종류를 열거하고 있다. 짐작하건대 비록 제안으로서 의도되었다 하더라도 이는 또한 참고점으로 이용될 수 있다. 염불의 본질에 대한 어느 농부의 질문에 답한 것으로 보인다. 첫 번째로 쇼산은 공덕의 염불을 기술한다. 이는 이름의 6개 음절 각각의 덕성의 심오한 의미를 생각하면서 행해진 것이다. 둘째로 수치와 참회의 염불이 있다. 다음으로 '잘라내는' 염불, 즉 염불의 검으로 선악의 생각을 씻어내는 염불이다. "나무아미타불", "나무아미타불…." 네 번째는 죽을 때의 염불을 말한다. 다섯 번째는 동일함의 염불이다. 소나무들을 통해서 바람이 스쳐 지나가듯이 완전히 장애가 없이 흘러나오는 염불이다. 이 설명은 농부를 크게 기쁘게 하였다. 그는 말했다. "그 모든 것이, 괜찮다. 그러나 내가 생각하기에 '잘라내는' 염불만을 선택하겠다. 이것이 모든 것에 충분하다." 그는 기쁨으로 환희에 싸였다. 6년 이후에 멋진 왕생을 득하였다고 전해진다.

비록 '잘라내는' 염불의 의미가 정토 전통의 염불과는 동떨어진 것으로 보이지만, 선악의 부담이 없는 것으로 남아 있을 수 있는 것은 염불의 주인이 되지 않으면 이해될 수 없다. 그럼에도 쇼산의 경우는 또한 믿음의 득함에 있어서 염불의 주인이 되는 것에서 다르다고 말할 수 있다. 왜냐하면 그는 '잘라내는'의 사상을 그 처음부터 내세웠기 때문이다.

그러나 로안쿄오에서 다른 경우가 제시되고 있다. 이는 이전에 언급된 5가지 타입의 염불 중 어느 것에도 부합되지 않는 듯 보인다. 때로는 하루에 육만 번에 이르렀던 호넨의 염불 반복의 수련과 유사하다. 또는 아마도 간화선에서의 공안 연구에 비견될 수 있다.

한번은 한 사람이 그의 고장에서 최근에 일어난 놀라운 일에 대해서 들었다. 거기에는 60세 먹은, 아주 욕심이 많고 종교에 무심한 사람이 있었다. 그의 아들은 이 상황에 몹시 슬퍼하여 그것을 고치려는 방법을 생각하였을 때, 시도해보았다. 그는 아버지에게 말했다. "여기에 제가 있습니다. 약간의 돈을 얻을 길을 발견했는데, 그 일을 할 시간이 없습니다. 아버님이 종교에 관심이 있으시다면, 이는 아버지께 좋은 기회라고 생각합니다." 돈에 대한 말 때문에, 아버지는 아들을 보다 세세하게 알려달라고 치근덕거렸다. 결국에는 아들은 동의했다. "어떤 사람이 있어서 자신을 위해서 3년간 매일 육만 번 염불을 반복하는 누구에게 10량을 주겠다고 합니다." 그의 아버지는 말했다. "이것은 바로 나를 위한 일이다. 다른 사람에게 그것을 하게 하지 마라. 내가 할 것이다."
아들은 약속을 확인하고 그 돈을 기꺼이 아버지에게 주었다. 아침부터
밤까지 그는 약속한 대로 염주를 놓지 않고 염불하였다. 이는 거의 2년
간 지속되었다. 그리고 한 날에 그는 아들을 불러서 말했다. "나는 늙었
고, 나의 종말이 가깝다. 나는 이제 아무것도 필요치 않다. 내가 왜 이
돈을 받았는지 모르겠다, 이제까지 해 온 것은 비참한 것이었다. 이제
나 자신의 미래 삶에 대해서 일하기에는 너무 늦었다. 나는 다른 사람
의 미래를 위해서 일하며 나의 모든 시간을 허비하였다. 나는 내가 지
난해 동안 반복하였던 염불을 나의 자신의 구원을 위해 돌리고 싶다.
그리고 내가 받은 돈을 돌려준다. 나는 거기에 나의 돈을 보태기까지
원한다. 나의 심심한 사과와 함께 돌려주라." 그는 슬프게 참회하였다.
아들은 그 사람이 무엇이라 말할지 확신이 서지 않는다고 말하였으나,
그 돈을 돌려주겠다고 약속했다. 그의 아버지는 점점 더 진리를 깨우쳤
고 훌륭한 믿음을 지닌 사람이 되었다고 말하였다.

비슷한 이야기가 하쿠인의 문도 중의 한 사람에 관하여 존재한다.
그러나 호넨의 일일 육만 번의 염불이 그 선승의 염불 소조쿠와 동일한
의미를 가진다는 것을 말하지는 않는다. 무라타 와조의 "지속적인 염불
은"은 쇼산 혹은 하쿠인의 염불과 동일한 범주에 놓일 수는 없다. 각각
분리되고 세세한 연구가 행해져야 한다.

4. 염불과 "안정적으로 좌정하기"
— 영성적 자각, 맹수 퇴치, 적진으로 돌진하기

『네구사리』의 저자는 쓰기를, "그의 전성기에, 그(무라타 와조)는 올곧음과 엄격함으로 이름을 얻었다. 이는 선종의 수련과 똑같았다. 그 당시에 그의 지도를 거친 사람을 만나면, 당신은 그의 영향을 아직도 느낄 수 있었다." "스님은 염불을 할 때 곧추서고 당신의 힘을 당신의 몸의 아래 몸통 쪽으로 흐르도록 하라고 가르쳤다." 자연스럽게 우리는 위의 말에서 와조의 염불의 전체를 알 수 없다. 그러나 이 말들로부터 그것을 지시하는 무엇을 느낄 수 있다.

차의 달인이 언젠가 말한 것처럼, "차의 의례에서 안정적인 몸통을 가지고 좌정하는 것이 필수적이다." 여기서 무라타 와조의 이 가르침에 관련한 말이 여기 있다. "나무아미타불… 위대한 가르침이 전파되는 길에는 놀라운 것이 없다. 왜냐하면 이것이 아미다 사마의 놀라운 가르침이기 때문이다… 이는 가르침의 전파가 아니다. 그보다는 안정적인 몸통을 가지고 앉아서 행한 염불이다… 나무아미타불…", "안정적인 몸통을 가지고 좌정하기", "너의 힘을 너의 배로 흐르도록 하고", "선의 수련과 같이" 이러한 말들은 부처의 자비에 대한 고마움의 염불이 단지 고마움에 그치지 않음을 보여준다. 그것은 부차적인 문제이다. 그리고 와조의 진심과 관계가 없다. 영성적 통찰이, 내가 생각하기에, 일본적인 무엇의 반성으로서 그러한 것이 보이는 것을 포함함을 보여준다.

염불 칭명에 대해서 생각하면서 나는 『네구사리』에서 언급을 하고 싶은 무엇을 만났다. 이는 에추에서 온 19세 소녀의 이야기인데, 그녀는 이세의 내부 사원 뒤의 산림에서 야생 동물의 공격의 위협에서 바람과 빗속에서 끔찍한 밤을 보냈다.

끔찍이도 무서워서 그녀는 자신의 가치를 위한 염불을 반복했다. 그녀의 목소리가 약해지면 동물들은 다가오기 시작했다. 그래서 그녀는 밤을 지새워가며 염불을 계속하였다. 이는 그녀가 결국 구조될 때까지 짐승들을 붙들어두었다. 비슷한 다른 이야기도 있다. 이는 미카와 지방 출신의 여인으로 오소노라는 여인의 이야기다. 밤에 산길에 혼자 걷고 있었는데 갑자기 큰 개를 맞닥뜨리게 되었다. 가시적인 탈출로가 없어서 그녀는 염주를 손에 들고 공격하는 개에 맞서 염불을 외우기 시작하였다. 알 수 없는 이유로 개는 갑자기 돌아서더니 숲속으로 사라졌다. 나는 이와 유사한 더 많은 예가 존재할 것으로 믿는다. 이와 같은 경우들에서 이는 염불일 필요는 없다 — "나무아미타불". 일련종의 "나무묘법연화경"도 된다. 혹은 아마도 『반야심경』을 반복하는 것도 된다. 7세기 중국 승려 현장이 인도로 여행했을 때 그는 반야심경을 외우는 것을 잊지 않았다고 전해진다. 진언종에는 오무아보키아가 있고, 천리교 사람들에게는 "텐리 오 노 미코토"라는 말이 있다. 이 모든 것이 동일한 결과를 얻으리라고 믿는다. 말씀의 기적적인 힘 혹은 그 의미의 신비적인 본성을 넘어서 어떤 특정한 사람이 특정한 시점에서 그 온전한 자세와 태도에서 오는 일종의 영성적 기운이 적을 쫓아낼 수 있었던 것이다. 짐승들은 본능적으로 이를 감지할 수 있었던 듯하다. 검술인은 '틈'이 없음을, 상대가 이용할 수 있는 긴장의 선의 열림이 없음에 대해서 말한다.

몇 년 전에 상하이 사건에 일단의 일본 병사들은 전투에 참여해서 적의 거점을 공격하였다. 처음에 그들은 단지 소리를 지르며 공격하였다. 그러나 어느새 그들의 함성은 "나무아미타불", "나무아미타불"로 변해 있었다. 그들은 염불을 하면서 적들에게 돌진하였던 것이다. 이는 스즈키 쇼산의 대답을 불러일으킨다. "바로 안으로 헤쳐 나가라, 염불을 말해라." 어떻게 염불을 해야 하냐고 질문한 사무라이에게 말한다. "네가 목이 잘리려고 할 때도 '나무아미타불', 네가 너의 적을 보내려고 할 때도 '나무아미타불', 피동성, 능동성, 부정, 긍정, 염불은 이 모든 것에서 온다."

비록 내가 이 논의에서 곁길로 나갔지만, 염불 칭명에서 포함된 것이 역사적으로 다양한 의미를 가진다는 것만을 말하고자 한다. 여기 영성적 통찰의 출현이고 거기에는 그 통찰로의 길을 열어주려고 하는 수련이다. 그리고 다시 심리적인 효율성 혹은 정토 사상에서 이야기되는 부처의 호의에 대한 고마움의 의미를 겨냥한 무엇일 수도 있다. 그리고 또한 이 고마움의 의식을 불러일으키는 시도도 있다. 이것에 더해서 다른 것이 첨가될 수 있다. 그럼에도 여기에서 일본적 영성의 성장과 발전이 호넨의 나무아미타불에 의해서 깨우쳐졌다는 것이 단일한 측면이나 하나의 방향의 문제가 아님을 다시 강조하는 데 만족할 것이다.

더 나아가 염불 칭명에 대한 별도의 연구가 앞으로 이루어지기를 기대한다.

제 IV 장

묘코닌 妙好人

I. 도슈道宗

1. 그의 삶과 렌뇨와의 관계

정토 신도 중 믿음과 선함에서 특별히 풍부한 사람들을 묘코닌이라 부른다. 이는 직역하면 '놀라운 선인善人'이다. 묘코닌은 학문에 출중하지도 종교적 가르침의 좋은 점들을 대화하는 데 출중하지도 않다. 그는 정토 전통의 사상들을 경험하였고, 그 안에 이것이 살아있다. 학승을 포함하여 모든 정토교 신도들 역시 그래야 하겠으나, 이 점에서 특별히 재능을 지녔던 사람을 묘코닌이라고 부른다. 그는 비범한 사람이므로 묘코닌이라는 이름은 진실로 소수에게만 바쳐진다. 묘코닌의 어떠한 삶도 이러한 신심 있는 사람들의 개인적인 삶으로 구성되어야 한다.

묘코닌의 리스트의 앞에 있는 사람은 깊은 믿음으로 길러진 투신으로 렌뇨 쇼닌(1414~1499)의 호위 무사로서 봉직했던 사람일 것으로 생각된다. 이 사람은 에츄 번의 아카오의 도슈였다. 실제로 우리는 그의 삶에 대해서는 아는 것이 매우 적다. 렌뇨의『고이치다이키키카키』에서 그는 두 군데 혹은 세 군데 언급되거나 인용된다. 그리고『속 진존대계』에서도 언급되고 있다.

묘코닌은 그들의 믿음의 내용은 검토해봐야 하는 일본적 영성의 역사적 발전과 연관된 어떠한 작품을 위한 좋은 자료가 된다. 그러한 작은 연구로서 제안과 아주 체계적이지 않게, 나는 도슈와 나아가 또 다른 묘코닌, 아사하라 사이치로 눈을 돌리려 한다. 나는 그것으로 내가 어떻게 영성을 보는지 그리고 어떻게 그 발전의 증거를 찾아야 하는지 일반적으로 보여주겠다.

도슈에 대한 우리의 제한적인 지식에도 불구하고 그는 발군의 그리고 올곧은 정신적 능력을 가진 진리의 추구자로 보인다. 비록 그의 믿음의 정확한 실체는 분명하게 보이지 않지만, 의심 없이 최대의 영적인 투신을 가지고 렌뇨를 위해 봉직하였으며, 그렇게 함으로써 부처의 호의에 대해 감사를 표하고자 하였다. 그는 '21결의'를 엮었는데, 여기에서 비록 그의 믿음의 본질을 포함하지 않는다고 하더라도 그것을 엿볼 수 있게 한다. 아래의 것은 세이지 이와쿠라 씨가 나에게 제공한 정보 그리고 사찰 도슈지의 주지인 시주오 도슈 대사가 야슈시 쿠스노키 씨에게 보낸 편지에 바탕을 둔 것이다. 이는 이와쿠라 씨가 수집한 책인데 곧 출판될 것이라고 들었다. 이는 도슈의 삶을 깊이 파헤치고 있고 독자들이 읽을 가치가 있다고 확신한다. 나는 그 출판을 열렬히 기다리는 사람 중 하나이다.

도슈의 생년월일은 알려져 있지 않다. 그는 에츄의 작은 산골 마을, 아카오 쇼강 상류 부근에서 태어났다. 아카오에 가기 위해서는 조가하나를 떠나 20마일 이상의 거리를 여행해야 한다. 계곡과 높은 산길을 통과해야 하는 위험한 여행이다. 나는 이제 그곳이 버스로 다다를 수 있다고 들었다. 산길은 너무나 위험해서 조금만 잘못하면 천 길 낭떠러지로 떨어진다. 겨울에는 이 지역은 20피트 이상의 눈으로 덮인다. 그리고 아카오와 조가하나의 사찰인 혼간지 사이의 여행은 말 그대로 삶과 사지를 잃을 위험이 있다.

전설에 따르면 도슈의 조상은 고 다이고의 남부 궁정의 가신이라고 하는데, 그것이 사실이라면 이는 그의 혈통에 사무라이 기질이 있다는 것이 된다. 그는 전국시대의 어려운 시절 동안 렌뇨를 따라 전국 방방곡곡을 다녔다고 한다. 그러므로 일의로서 그의 역할은 호위무사였다. 그리고 그는 아마도 무술에 능했을 것이다. 이와쿠라 씨에 따르면 도슈의 필적은 렌뇨의 그것과 매우 비슷했다고 한다. 다른 점은 그것이 보다 강하고, 솜씨 좋았다는 것이다. 이 자체가 우리에게 그의 무언가를 말해 준다.

그의 속명은 야시치이다. 그의 부모 모두 그가 어렸을 때 사망했고, 그는 조토쿠라는 남자에 의해서 양육되었다. 그의 부모는 그에게 매우 귀중하였으므로 그는 그들과 비슷한 사람을 찾기를 원하였다. 그는 쓰쿠시(규슈)의 500 아라한의 절로 가라는 말을 들었을 때, 그의 부모를 닮은 아라한을 찾을 수 있을 거라고 확신했다. 그 아라한이 야시치가 어디서 그를 알았다는 것을 이해하는 것처럼 비밀의 이해의 미소를 짓는 것을 볼 것이라 하였다. 그래서 야시치는 규슈로 여행할 것을 결심하였다. 그리고 에치젠 현의 아소주까지 가서 전승에 따르면 거기서 그를 렌뇨 쇼닌으로 인도한 승려를 만났다. 그리고 그는 렌뇨의 문하에 들게 되었다. 도슈가 영성적 통찰의 문제에서 감식력을 가지고 있다는 것은 렌뇨의 『고이치다이키키가키御一代記聞書』 131편에서 확실히 나타나고 있다.

"도슈는 어떤 말을 지속적으로 들었지만, 그는 언제나 그것을 처음 들었던 것만큼 고마워했다고 말했다." 130편에서 렌뇨는 도슈를 예로 들면서 왜 영성이 언제나 신선하고 새로운지, 늘 처음 듣는 것처럼 경험하는지 설명하였다: "대부분의 사람들은 새롭고 신선한 것을 갖기를 원한다. 그러나 믿음이 있는 사람은 비록 같은 것을 이전에 여러 번 들었다 할지라도 각각의 것을 새롭고 신선하게 느낀다. 얼마나 많이 들었다 할지라도 처음 들은 것같이 신선하고 새로운 것으로 들린다."

영성적 통찰에서는 언제나 각각의 것이 처음인 것처럼 경험된다는 것은 흥미롭다. 그리하여 얼마나 많이 온다고 하더라도 이는 언제나 신선하고 새롭다. 변하는 시간이 흘러간다고 하더라도 말이다. 도슈가 이러한 영성을 득했기 때문에 그의 말은 렌뇨의 『고이치다이키키가키』의 성인의 말처럼 전해지고 있다.

아카오의 도슈는 말했다. "일일 의무로서, 너는 가족 제단에서 아침 참배를 게을리해서는 안 된다. 종의 창시자, 신란을 경배하러 가까운 절에서 매월 참배를 해야 한다. 매년 본산本山 사찰로의 순례를 해야 한다…"

여기서 도슈는 '온종일 존경스럽게 신중한' 유학자의 모습을 나타낸다. 그는 길을 추구하고 그와 함께 계속하는 데 있어서 용맹하고 결단력이 있었다. 거기서 우리는 15세기 일본의 '전쟁의 시대' 정신의 무엇을 엿볼 수 있다. 그는 고향에 있을 때 이나미 절에서의 아침 불공을 거른 적이 없었다. 아카오에 있는 그의 집에서 이나미 사찰 사이의 길은 산 넘어 산의 영봉들이 산재해 있었다. 매우 강한 도보 여행자만이 어려움 없이 오갈 수 있었다. 특히 겨울의 경우 20 혹은 30피트 깊이의 눈이 쌓여 있을 때는 그러하였고, 발을 잘못 디디면 계곡 아래로 수천 피트 떨어지게 된다. 그러나 그것은 조금도 그를 막지는 못했다. 얼마나 오래 그는 이러한 과업을 계속하였는가? 전설이 과장되었다는 점을 감안하더라도 그가 이룬 업적은 뛰어난 것이었다. 이는 모든 사람의 경의와 존경을 얻었다. 매년 2번 혹은 3번 거르지 않고 그는 그렇게 먼 데서 자주 오는 것이 불필요하다고 한 스승 렌료의 말에 개의치 않고 수도인 교토로 여행하였다. 그는 렌료를 아미타의 화신이라고 여겼던 것 같다. 전설에 의하면 그는 렌료의 몸에서 나오는 섬광을 숭배하였다고 한다. 그는 렌료가 명령한다면 비와 호琵를 손수 진흙으로 메우겠다고 말한 적이 있다고 한다. 이 말은 그 종교적인 진지함에 있어서 호넨과 함께라면 지옥이라도 기꺼이 가겠다고 했던 신란의 맹세와 공통된 영성적 기저를 같이 한다.

도슈의 행동들이 거의 고행적인 요소를 가진다고 말할 수 있을 것이다. 대부분의 정토 추종자들은 바도 이러한 의미의 자제력 혹은 규율이 부족한 것으로 보인다. 이는 아마도 그들이 한편으로는 아미타의 타력에 의지하기 때문이고, 다른 한편으로는 정념에 긴밀한 고삐를 쥐도록 유지하는 자제력의 노력을 일으키지 않는 경향을 가지고 있기 때문이다. 그러나 도슈는 심한 금욕성을 연마하는 과정에 몰두했다. 물론 이는 그가 승인을 득하려고 노력하여 정토에서 태어나는 것을 얻는 것을 의미하는 것은 아니다. 그는 종파의 조사들에게 자신의 고마움을 의식하려고 지속적으로 투신하였고, 나태함과 퇴보에 반대하여 자신을 다그쳤다. 그는 심한 금욕적인 수행을 그 자체로서 구하지 않았다. 아카오에 있는 그의 집에서 그는 장작—48개의 장작—을 쌓아 올리고 그 위에서 자곤 하였다. 이 48은 아미타의 48개 서원을 나타낸다. 그는 이렇게 함으로써 깊은 잠에 빠지는 것을 삼가고, 아미타가 억겁(億劫) 동안 모든 생명을 위해서 수행을 쌓았다는 사실을 깊이 명심하고, 이를 느끼도록 하기 위한 것이었다. 또 다른 기록에 의하면 그는 빠른 흐름의 물 위로 자라나는 느티나무의 가지에 매달려 있었다. 그는 자신에게 반복하였던 태만에 대해서 자신을 꾸짖으며 "아래 삼악(三惡)의 격류가 흐르고 있다. 내가 단호하지 않으면…", 그는 이러한 구체적인 방법으로 자신의 질책을 자신의 눈앞에 강조했던 것이다. 여행을 할 때 그는 자신의 거처 마루에 왕겨를 뿌려 놓고 그 위에서 잤다.

렌료는 그 추종자들에게 보낸 편지를 편찬하는 데 전념하였다. 이는 단지 그가 자신을 믿음을 위해서 그것들을 원했을 뿐 아니라 아카오의 주민들에게 보여주기 위해서, 그 길로 그들을 지도하기 위해서였다. 렌료의 『어일대기문서御一代記聞書』 281편이 기술하기를, "도슈는 렌료에게 서면으로 가르침을 달라고 부탁했고, 렌료는 말했다. '네가 편지를 잃어버릴 수 있다. 그러나 심정에 갖은 믿음을 절대로 잃어버릴 수 없다.' 그럼에도 불구하고, 이듬해에 그는 도슈의 요청에 동의했다."

다음의 이야기는 어쩌다 한번 그가 교토를 향해 나아갔을 때의 일이다. 그의 아내는 믿음을 득하는 데 관해서 렌료에게 몇몇 가르침을 얻어달라고 그에게 부탁했다. 교토로부터 길고 고된 귀갓길 이후 자신의 짚신을 벗기도 전에 그는 여섯 글자, '나무아미타불'이 쓰인 종이 한 장을 내밀었다. 이는 그의 아내로부터 실망한 눈빛을 불러일으켰다. 그녀는 확실히 보다 자세한 것을 예상했던 것이다. 그는 그녀의 반응을 보고, 아직 신발을 벗지 않은 채로 말했다. "알았어." 그러고는 다시 한번 교토를 향해 떠났다. 수 마일, 여러 날, 고된 일을 앞으로 한 채. 비록 그가 산속을 지나 10일 이상의 여정을 마치고 돌아왔으나 바로 그날, 다시 한번 같은 여정을 시작하였다. 나는 이 이야기가―단지 전설일지라도― 도슈의 순수함과 정직함의 정도를 이해하도록 해주어서 그러한 고난과 궁핍이 끼어들 틈이 없었다.

도슈의 사당에 자신의 필적으로 쓴 3개의 두루마리가 보존되어 있다. 여기에는 23개의 렌료의 서한 복사본을 포함하고 있다. 아카오의 이 사당이 현재까지 그의 후손들에 의해 관리되어 오고 있다는 사실은 사람들 사이에서 도슈의 가르침의 영향력이 크다는 것을 확연히 보여주고 있다. 그의 아내에게 렌료의 편지를 주는 이야기는 여기에 있을 것이다. 아마도 그는 그의 마을에서 숭앙의 대상이 되었다.

한때 도슈의 선함이 널리 알려졌을 때, 이웃 마을의 천태종 승려는 그가 그렇게나 들어왔던 이 사람을 시험해보려고 하였다. 그가 밭에서

고개를 숙이고 김을 매고 있는 것을 보고 그 승려는 뒤로 가서 발로 차 넘어뜨렸다. 도슈는 표정을 바꾸지도 않은 채 일어나 다시 김을 매기 시작하였다. 승려는 또 한 번 시도하였다. 다시 차서 넘어뜨렸다. 반응은 똑같았다. 이 지경이 되자 승려는 참을 수가 없었다. "아무 이유 없이 누가 와서 너를 차서 넘어뜨리는데 너는 어떠한 분노도 보이지 않으면, 너는 도대체 어느 곳에 살고 있나?" 계속 미소를 지으며 도슈는 대답했다. "이는 나의 전생의 빚을 갚는 것이다. 아마도 아직 더 많이 갚을 것이 있을지 모른다."

전생의 빚이라는 개념은 원래 3개 시기(과거, 현재, 미래) 업보의 응보 관념에서 온 것이다. 그러나 이는 나의 믿음은 이 형태로, 전생으로부터의 빚을 갚는 것은 중국에서 온 것이라는 것이다. 제2대 중국의 선禪의 조사 혜가는 거기에 대해서 말하고 있다. 선은 『금강경』의 언설에 많은 믿음을 두고 있다. 이 표현은 자주 선승들의 입에서 오르내리고 있다. 이는 '업을 소진하는 것'이라고 불린다. 『금강경』에서 우리는 읽을 수 있다:

더 나아가 수보리여, 만약 선남자 선여자가 이 경을 받아 독경함으로써 사람들에게 천대와 멸시를 당한다면, 그 가람은 전생의 지은 죄업으로 인하여 악도에 떨어짐이 마땅하겠지만, 금세 다른 사람의 천대와 멸시를 받았기에 전생의 죄업이 소멸되고 반드시 가장 높고 바른 깨달음을 얻게 될 것이다.

우리 모두 이 빚을 지고 있다. 그리고 언젠가는 이를 갚아야 한다. 이 빚은 현재의 존재이다 ─ 개인적 주체. 그리하여 언젠가 이 존재는 돌려지고, 그 중심까지 침투해야 한다. 우리는 언젠가 개인적 주체에서 도약하여 초개인적 주체로 들어가야 한다. 이는 왕상회향이라고 불리고, 열락의 나라에서 태어나는 축복을 받는 것이다. 이것이 득해졌을 때 거기에는 환상회향, '회귀와 전이', 이 삶으로의 회귀와 동료 존재의 깨달음을 향한 자신의 모든 선업의 봉헌이 있다. 그러나 이것은 환상還相을 이룩하는 과정이 아니다. 이는 그의 선업의 전이가 따라오게 된다. 환상은 회귀와 전이이다. 왕생은 환상이다. 그 사이에는 상호관계가 있다. '빚을 갚는다'는 개인적 주체의 의식에서 오는 언설이다. 실제로는 갚아야 할 빚도 채무자도 채권자도 없다. 빚과 인간은 초개인적 주체의 우주 안에서 생멸한다. 불자들은 이를 법계연기 혹은 유희遊戲삼매라고 부른다. 그러나 이는 개인적 주체 안에서 업보는 소진되어야 한다. 여기에서 도슈는 진실로 결단의 도인이었다. 그가 세상을 떠난 후 들어선 토쿠가와 정권의 초기에 살았던 스즈키 쇼산을 떠올리도록 만든다.

쇼산은 선불교 사람으로서 불교 가르침에 대한 그의 태도는 물론 도슈와 다르다. 그러나 그들의 성격들, 꺾이지 않는 의지, 결단적인 품성에서 자못 가까운 유사성이 있다. 나는 쇼산이 '빚의 갚음'에 대해서 말했다고 기억하지 않는다. 그러나 교육적 목적에서 업보적 장애를 소진하는 것, 주체를 소진하는 것, 자기 헌신, '이 부패하는 육신에 의해서 미혹되지 않는 것'에 대해서는 과연 말하고 있다. 시코쿠섬 주위의 사찰 순례를 하는 순례객들에게 그는 그들을 위해서 애도해 줄 후손을 남기지 못하고 죽은 사람들을 위해서 사찰마다 애도하라고 말했다. 다라니를 외는 사람들에게 그는 다라니의 말을 의식적으로 반복하는 것을 통하여 업보적 장애가 자연스럽게 제거될 것이라고 가르쳤다. 그는 염불의 환기에서조차 사람은 부처의 은총에 간단히 믿음을 가져야 한다고 말했다. 그는 모든 자신의 존재를 위해서 예배를 드리는 것이 업보적 장애를 소진시킬 것이라고 가르쳤다. 주체를 소진하고, 그러한 행동을 통해서 사람이 부처가 될 수 있을 것이라는 생각을 품지 말라고 가르쳤다. "나는 조금도 업보를 두려워하지 않는다"고 말하는 사람에 대해서 그는 그들이 이 말의 증거라고 대답했다. "업보를 두려워하지 않는 사람들은 가장 큰 업보를 가진 사람들이다." 그는 말한다: "무엇보다도 초심자는 믿음을 얻게 해달라고 기도하는 것이 최선이다. 그리고 만트라와 다라니를 반복하고, 그의 마음과 몸을 소진하라. 또는 사람이 8음절의 다라니를 10만, 20만 또는 30만 번까지도 부르면, 그는 업보적 장애를 소진할 수 있고, 그의 믿음을 깊게 할 수 있고, 진리를 깨우칠 수 있다. 그는 존경스러운 승려가 되려는 어떠한 바람을 버리고 대지의 사람이 되기 위해서 진정으로 일해야 한다."

주체는 어떠한 경우에도 소진되어야 한다. 주체는 업보적 장애이다. 이는 사람의 전생의 빚이다. 이 지장으로 사람은 초개인적 인격에 이르지 못한다. 사람은 영성적 통찰을 깨우치지 못한다. 어떤 이로부터 이 빚을 갚으라고 발길질을 당할 것을 기다릴 필요는 없다. 사람은 자신이 앞으로 나아가야 한다. 그리고 그가 불타는 정념과 욕망의 주체라는 진리를 시험하고 깨달아야 한다. 이는 구체적으로 이 육체에서 그러한 정념의 존재를 다른 이로부터 들어서 경험할 수 없다. 정념과 욕망의 존재를 자신의 몸에서 실체로 경험할 때, 믿는 심정(믿음)을 얻는 것의 기회는 자연스럽게 나타난다. 전자의 절실함의 정도에 따라 후자는 굳고 명확해질 것이다. 우선 전자를 고려하지 않고 이해하면 후자가 올 것이다. 그렇지 않으면 너는 부처에 경의를 표하고, 그럼으로써 자신이 부처가 되기를 바라라.

도슈는 진정으로 영성적 깨우침의 길을 따라 여행하면서 자신의 치열한 자기 수련을 실행하였다. 표면적으로 고행, 고된 노동, 부지런함, 절대적 수동성, 절대적 신뢰 등은 많은 불일치를 포함하는 것 같다. 그러나 조금만 생각하면 그 깊이에, 그것들 모두에 공통되는 영성적 깨우침을 느낄 수 있을 것이다. 그리고 이러한 느낌의 형성이 일본적 특성을 가진다고 말할 수 있다.

도슈의 21개조 결의는 다음 장에서 제시될 것인데, 렌료의 사망 이후 세 번째 겨울에 만들어졌고, 개인적인 지침으로 의도되었다. 그러나 이는 주로 주민들에게 올바른 길을 제시하는 데 사용되었음은 의심의 여지가 없다. 도슈의 동료 신자들이다. 이 '결의들'이 그 자신이 이 시점까지 따랐던 수련 이외의 어느 것도 아니므로 그것을 열거하는 수고를 할 필요가 적었을 것이다. 그러나 렌료의 사후 주민들이 도슈에게 무엇을 써달라고 요청하였고, 그는 과거 경험을 천착하여 이러한 지침을 주게 되었을 것이라고 추측할 수 있다. 구체적으로 믿음 자체에 관한 것은 거기에 없다. 우리는 그것을 그의 동료 신자들에게 행동의 가이드로서 여길 수 있을 것이다(그리고 자신을 위해서도). 이는 옳은 수행을 장려하고 태만으로 떨어지는 것을 막기 위한 것이다. 만약 믿음에 관한 어떠한 장이 있다면 21항의 마지막 부분일 것이다. "절대로 사회의 법과 규정을 어기지 말라. 너의 심정에 '하나의 생각'의 믿음성과 축복을 보존하면서, 외부적으로는 타인들에게 깊은 신중함을 가지고 행동하라." 정토종의 문도들은 종종 세상의 법을 준수함과 과시를 하지 않고 믿음에 대해서 말을 한다. 사람은 단순히 '하나의 생각'의 믿음과 덕성을 자신의 심정에 깊이 가지는 것이다. 이는 자신의 믿음을 비밀스럽게 유지하는 극단적인 의미로 받아들일 필요가 없지만, 자신의 믿음을 어떠한 경우에서도 과시하는 것을 꾸짖는 것은 영성적 통찰은 가볍게 접근해서는 안 된다는 의미로 해석

된다. 이러한 통찰은, 몇몇 경우에는, 세상의 법 ― 사회의 도덕, 관습, 성문법을 도외시하는 경향이 있을 수 있다. 유럽 중세의 어떤 신비가 중에서 몇은 "나는 하느님이다. 나의 의지는 하느님의 의지이다. 나는 내가 원하는 대로 행동한다"라는 미명 아래 의심적은 행동을 저질렀다. 이는 언제나 경계해야 할 일이다. 그리고 모든 종교에 해당한다. 이는 아마도 렌료와 도슈 모두가 염려하였던 것이다.

2. 도슈의 21개조 결의

(1) 네가 살면서 (너의 환생의) 하나의 위대한 문제를 잊지 마라.

(2) 부처의 다르마 이외의 어떤 것이 너의 심정에 깊게 들어가게 되면, 이를 부끄럽게 여기고 버리라.

(3) 너는 게으름, 해이함 혹은 자기만족의 어떠한 경향을 결연히 돌파하고 없애야 한다.

(4) 네가 부처의 다르마에 비추어서 무언가 부끄럽게 느끼면, 바로 그리고 지체 없이 이것과 모든 관련을 끊어야 한다.

(5) 너의 심정에 편애를 하지 마라. 타인에게 악행을 하지 마라.

(6) 너는 언제나 주시받고 있다. 그러므로 아무도 너의 행동을 주시하고 있지 않다고 악행을 해도 된다고 생각지 마라.

(7) 너는 언제나 부처의 다르마에 경의를 표하고 숭상해야 한다. 자신을 겸허하게 하고 신중함을 가지고 행동하라.

(8) 네가 그것을 보고 있다 하더라도 타인을 부처의 다르마를 이용해 사용하려 생각하는 것은 부끄러운 일이다. 그러한 의도가 너의 마음에 오거든 부처의 다르마에 믿음을 가지는 데 이 삶의 하나의 위

대한 문제에서 너를 돕는 것 이외 어떠한 이유가 없다고 생각하고 그러한 생각을 버려라.

(9) 만약 네가 어딘가에서 악행이 저질러지는 걸 발견했을 때, 그 상대적 좋은 점에도 불구하고, 너는 거기를 떠나야 한다.

(10) 아미타가 나의 심정에서 참담함을 안다는 그 사실이 나를 깊은 슬픔과 고통에 빠지게 한다. 비록 나는 그가 나의 모든 이전의 행동을 용서했다는 것을 잘 알지만, 그가 나의 내면적 상태를 안다는 것은 부끄러움과 비탄의 원인이다. 나의 심정이 이전의 세계 안에 참담함에 매여 있고 지금도 아직 그러함을 생각할 때, 나는 형용할 수 없는 참담함을 안다. 비록 내가 아미타를 만난다고 하더라도 나의 심정은 아직도 참담함에 있다. 오, 놀라운 자비! 나는 나의 이전의 범죄에 용서를 빈다. 나는 당신의 자비에 나를 맡긴다.

(11) 만약 오늘 혹은 내일도 살아있다면, 너는 다르마에 대해서 나태해질 것이다. 너는 이를 부끄럽게 생각해야 한다. 나태함을 제쳐놓고 다르마에 충실하라.

(12) 만약 경이로운 너의 심정에 완전히 일어나지 않는다면, 이를 부끄럽고, 낭비스럽게 여겨야 한다. 그리고 비록 굶어 죽거나, 얼어 죽거나, 너는 왕생을 얻을 것이라고 결의를 가지고 이 현재의 존재에서 하나의 위대한 문제를 결정하고, 너의 욕망을 무시無始의 겁劫에서 완성하고 너의 경이로움의 감각을 되살리기 위해서 자신을 결연하게 독려하라. 만약 그럴 때도 경이로움을 득하지 못하면, 아마도 부처에 의해서 네가 벌을 받고 있을 것이라고 생각하라. 너의 나태함을 깨뜨리고, 동료 신자들에게 다르마를 숭상하라. 왜냐하면 그러한 행동들이 적어도 경이로움의 문제일 것이기

때문이다.

(13) 너는 자기만족의, 너의 삶을 헛되이 잠자며 보내는, 하나의 위대한 문제를 고려하지 못하는 실수를 해서는 안 된다.

(14) 친구를 만들지 못함에 대해서 변명하지 마라. 네 가정의 친구들을 만나면, 비록 그들이 다르마에 대해 의식을 하지 않다 하더라도 가능한 한 그들의 주의를 거기에 집중시키고, 무엇보다도 하나의 위대한 문제에 대해서 그들에게 묻고, 너의 심정에 경이로움의 감각을 유지하는 데 주의를 집중하라.

(15) 무엇보다도 사찰의 문제가 중요하다는 것을 마음에 두라.

(16) 너를 미워하는 사람들에 대해서 증오 혹은 복수하려는 생각을 마음에 품지 말아야 한다.

(17) 너는 단지 하나의 위대한 문제를 깊이 그리고 계속해서 심정에 유지해야 한다. 그리고 너의 동료 신자들이 너에게 주는 조언을 따라야 한다.

(18) 세상의 삼라만상에 애착하지 않고 이 하나의 위대한 문제를 너의 심정에 깊이 유지할 따름이다.

(19) 나의 심정이 너무나도 고질적이고 수치스러워서 나는 이렇게 글을 쓴다. 비록 깊이 숙고해보고 결단을 할지라도 나는 무엇이 결실을 맺을지 의심스럽다. 나는 타인의 조언에 실수 없이 따라야 한다.

(20) 나는 네가 나에게 비할 데 없는 자비를 주고, 내가 방황하는 것을 막고, 나의 심정에 있는 것을 고쳐줄 희망을 갖는 이외에는 생각하는 것이 없다.

(21) 오, 이 비참한 심정이여! 내가 하나의 위대한 문제를 결의한다면,

나는 이 존재의 운명을 생각할 수 없다. 내가 어디든지 가라고 명령을 받는다면, 나는 갈 것이다. 나는 중국 혹은 인도로 다르마를 찾기 위해서 여행을 결정해야 할 것이다. 그러한 결의와 비교해서, 아미타의 길을 따르는 것과 같이 쉬운 길이 있겠는가? 세상의 무상성을 깊이 생각해 보라. 사람은 이 땅에 오래 있지 않는다. 굶주림에 의한 죽음, 얼어서 죽는 것은 거의 다르지 않다. 그러한 생각에 두 번 생각지 마라. 계속해서 하나의 위대한 문제를 위해서 일을 하라. 이 결의에 반대하지 말아라. 노력하고, 각성하며, 사회의 법과 규율을 어기지 마라. 내면적으로 이 하나의 사상의 신뢰성과 축복을 보존하고, 외면적으로는 타인에 대하여 깊은 겸손을 가지고 행동하라.

II. 아사하라 사이이치浅原才市

1. 묘코닌 아사하라 사이이치

나는 처음 묘코닌 사이이치에 대해서 니시타니 케이지 교수에게서 거의 2년 전에 들었다. 나는 그의 시를 읽기를 매우 원했다. 그리고 올해 후지 슈수이 대사의 『대승 상응의 땅大乘相応の地』이라는 책을 받았다. 여기에 사이이치의 시 일부가 포함되어 있다. 그것들을 읽으면서 일본적 영성 통찰이 여기에 그 순수한 형태로 나타나는 것을 느꼈다. 아래의 장에서 그의 시 일부가 제시될 것이다. 이는 나의 주석과 함께이다. 나는 사이이치의 경험을 구체적으로 정토 혹은 정토진종의 경험보다 넓은 정토 사

상의 경험 안에 두는 것이 좋다고 생각한다.

후지 스님에 의하면 묘코닌 사이이치는—아사하라 사이이치라고 지칭되는— 지금의 시마네현인 이와미현의 코하마라는 작은 시골 마을에서 살았다. 그는 83세의 나이로 1933년에 죽었다. 50세까지 그는 선박 목수로 일했다. 그리고 그때 게타—목조 신발의 일종— 장인이 되었다. 이는 그가 죽기까지 가졌던 직업이었다. 그의 아버지는 신심 깊은 사람이었고, 그 역시 80세 이후까지 살았다.

일을 하면서 사이이치는 대패에서 떨어지는 대팻밥에 대해서 시를 지었다. 이 시는 상당한 양에 이르기까지 모였다. 종교적인 희열의 삼매, 염불삼매 속에서 그의 일을 계속하면서, 그의 그것이 일을 간섭하지 않게 하면서 머리에 나타나는 생각들을 소박하게 적었다. 반대로 그는 평균적인 게타 장인보다 더 많이 일하였다. 매우 자주 이러한 삼매의 '황홀경'에 몰입한 사람들은 실천적인 삶에—자신의 일을 잊어버리는— 가장 적게 경향을 보이며, 접시를 떨어뜨리거나 바늘땀을 잊어버린다. 사이이치는 그런 사람들과는 완전히 달랐다. 그의 일 자체가 열락의 염불삼매였다. 그러나 인간의 의식은 자기반성적이다. 그리고 시의 말들은 입에서 자연스럽게 흘러나올 수밖에 없었다. 사이이치의 '시'는 완전히 형태를 갖추지 못하였고, 꾸밈이 없고, 어떠한 종류의 기교 혹은 인위가 없었다. 그는 그가 가졌던 약간의 문예적 지식과 기술을 사용하였고, 마치 거미가 실을 자아내듯이 그는 자연적인 시, 양식이 없는 31음절 또는 다른 어떠한 정해진 수의 음절을 따르지 않고 있다. 이것은 종교적 감성의 실로 놀라운 표현이다.

후지 스님의 책은 사이이치가 18 혹은 19세 길을 배우고자 하는 그의 원에 있어서 얼마나 열의가 있었는지 언급하고 있다. 그러나 그는 어떠한 결의를 얻을 수 없어서 5, 6년 이후에 그 추구를 단념하였다. 27 혹은 28세에 그의 위대한 임무를 하루라도 포기하는 것이 불가능함을 깨닫고 다시 한번 길을 따라 다르마를 탐구하는 것에 정진하기 시작하였다. 그가 교토로 여행을 하여 몇몇 위대한 대사들에게 귀를 기울이는 것만으로 그 길이 그에게 계시될 것이라고 생각하였으나 이와미에 위치한 그의 마을에서 교토로 가는 길은 너무나 큰 일이어서 그것을 고려하기조차 어려웠다. 그리하여 그는 지역의 시골 사찰에 혹은 때가 되는 대로 열리는 강론을 평신도 불자의 집에 가서 가르침의 법회를 들었다. 50세가 넘어서야 그는 드디어 안심의 경지를 득하였다고 전해진다. 우리는 이 시기에 그가 얼마나 어려운 분투를 하였는지 상상할 수 있다. 그러나 동시에 그의 시가 공식적인 정토진종의 술어 어투로 쓰이지 않은 것에 대해서 감사한다. 실재의 경험에 주의를 하는 데 문자를 너무나 많이 생각하는 사람들은 개념적으로 말할 가능성이 크다. 이러한 경향은 직접적으로 경험 자체에 천착하는 묘코닌에게는 나타나지 않는다. 이러한 경험의 맛은 알려져야 한다. 사상의 시스템은 이후에 구축되어야 한다. 시스템을 생산하고, 이후에 그로부터 경험을 짜내는 것은 순무에서 혈액을 짜내는 것과 같다.

아마도 사이이치의 기교라고는 전혀 찾아볼 수 없는 자기표현 때문에 그리고 그의 시의 말들 그리고 문장 사이의 관계를 지시하는 계사가 없어서 때로는 그 의미를 파악하기가 어렵다. 우리는 불가피하게 말들 안에 사로잡힌다. 그러한 경우에는 우리 독자들은 해석자로서 결정을 내려야 한다.

2. "나무아미타불" 시^詩

사이이치의 시에 관해서 처음 특기할 만한 것은 "나무아미타불"의 지속적인 반복이다. "나는 은혜롭습니다, 나무아미타불", "나는 가련합니다, 나무아미타불", "아미타 오야사마, 나무아미타불", "나는 아미타의 자비로 축복받습니다, 나무아미타불", "나의 숨은 들어가고 나옵니다, 나무아미타불", "하루가 지나갑니다, 나무아미타불", "밤이 되었습니다, 나무아미타불" 등등이다. 염불은 끝없는 물줄기로 솟아난다. 그의 염불의 '나무아미타불'은 많은 층위의 의미를 담고 있는 듯하다. 여기 하나하나 그것을 분석하려 시도하는 것 대신에 나는 나무아미타불 자체에 몰입할 것이다.

나무아미타불이 무엇을 의미하는 바에 대해서 나의 답변은 사이이치의 전체 존재가 나무아미타불 자체가 되었다고 할 것이다. 혹은 이보다 사이이치는 나무아미타불 자체 이외에 어떤 것도 되지 않았다고 할 것이다. 그의 의식이 완전히 염불로 채워졌다는 것을 말하는 것은 이원론적인 관점을 지속할 뿐이다. 의식과 염불이 두 가지가 되기 때문이다. 사이이치의 염불은 이러한 이원론적 관점에서 나오지 않는다. 그의 중심된 정체성은 나무아미타불 자체이다. 그의 의식은 하나이고, 거기서 나무아미타불은 나무아미타불을 실현한다. 임제의 '진인' 혹은 신란의 '나 홀로'가 실현된다면, 임제와 신란은 태어난다. 그러면 나무아미타불이 입에서 쏟아져 나오는 것이다. 사이이치는 게타를 만들지 않았다. 나무아미타불이 그것을 만들었다. 이 나무아미타불이 개인적 주체에 돌아올 때 이름의 발언, 염불의 반복, "나무아미타불", "나무아미타불"이 생겨난다. 이 경험을 득하기 위해서 아사하라 사이이치가 자신의 삶의 추구에서 30년을 소비하였다. 그는 자신의 문턱에서 한 발자국도 방황하지 않았던 미아이다. 그러나 길을 잃지 않았더라면 그는 이해하지 못했을 것이다.

　개인적 주체의 의식을 돌파하는 초개인적 인격은 그것이 거기에 있었다는 것을 우리에게 말해줘야 한다. 이러한 경탄이 영성적 통찰이다. 이는 나무아미타불의 실현이다. 거기에는 사이이치의 시가 모두 그 기원을 가지고 있다.

　'나무'가 일본어로 키묘^{帰命}, 즉 피난처로 삼음, 경배, 숭배 등등이고, '아미타불'이 무한의 빛의 여래라고 설명하려고 하는 것은 우스운 일일 것이다. 분명히 때때로 그러한 설명은 묘코닌을 제외하면 필요할 것이다. 왜냐하면 보통의 인간과 여인들은 그러한 대화는 그들을 미혹의 길에 빠지게 하기 때문이다. 나무아미타불만이 이것이 필요한 모든 것이다. 마당의 떡갈나무는 말하지 않는다. "나는 소나무과의 나무이다." 그러나 간단히 정원에서 자신대로 자라난다. 나무아미타불은 "무의미의 의미이다." 그리고 만약 우리가 거기에 어떤 종류의 의미를 주려고 하거나 그 안에 어떤 의미가 있어야만 한다고 생각하기 시작한다면, 6음절의 이름은 더 이상 자신이 아니고 가장 높은 구름으로 움직여 버린다. 왜냐하면 나무아미타불은 시간과 공간을 초월하기 때문이다. 만약 일말의 차별, 구별 혹은 계산이 허용되면 게타는 만들어질 수 없으며, 일을 망치고, 사이이치로서의 사이이치는 사라질 것이기 때문이다. 모순만이 느껴질 것이며, 마음은 심란해지고, 심정과 마음은 지장을 받으며, 초개인적 인격에서 흘러나오는 기쁨, 감정은 날아갈 것이다.

　내가 기쁨과 직면할 때마다
　나는 시간 혹은 장소에 대해서 말하지 않는다.

나는 기쁘다, 너는 기쁘다—

이것이 즐거움이다, "나무아미타불."

사이이치의 기쁨은 자신의 개인적 주체의 한 의식적 현상이 아니다. 그 안에서 초개인적 인격의 참여가 극도의 명확성을 가지고 지각된다. 이는 시간적인 본성의 것이 아니고, 어떠한 고정된 장소에 국한될 수 없다. 이는 사이이치의 의식을 지속적으로 점유한다. 이는 시간 혹은 장소의 구별 없이 지속적인 기쁨이다. 그것이 사이이치의 개인적인 주체에 제한된다면 우발적이고 특정한 것일 것이다. 무엇보다도 개인적인 주체의 성격으로 물들어 있을 것이다. 그렇다면 이는 보통의 기쁨과 같을 것이다. 그리고 영성의 영역이 아닐 것이다. 여기에 종교적 감정의 특이한 면이 놓여있다.

3. 기쁨과 참회

염불은 끊이지 않는 기쁨과 참회의 부처이다. 부처는 나무아미타불로 태어난다.

참회는 기쁨이고, 기쁨은 참회이다. 이 지속적인 섞임은 직접적인 나무아미타불이다. 나무아미타불 때문에 사이이치 자신은 그의 참회와 가련함과 광기를 완전히 의식하고 있다. 그리고 동시에 기쁨의 부처이다. 영성적 통찰은 이러한 모순을 실현한다. 그리고 동시에 거기에는 모순이 없음을 직관적으로 안다. 이는 아래에서 볼 수 있다.

내가 참회의 기회를 만나게 되면

시간과 기회는 극도로 가련하다.

이는 기쁨의 원천이 되었다.

"나무아미타불" 안에서.

이는 모순으로 가득 차 있다. 이 범부는 가련하므로 그는 참회한다. 그의 가련함을 깨닫는 가능성은 '기회'에 있다. 만약 기회가 없으면 깨달음은 없다. 이 깨달음이 기쁨의 근원이다. 이는 기쁨 그 자체이다. 가련함-참회-기쁨-나무아미타불, 이는 경험의 연쇄이다. 이는 어떠한 한 곳에서 다른 곳으로 직선적 이어짐이 아니다. 이는 동시에 일어난다. 개인적 주체의 의식으로 분석되면 모순적 참회와 기쁨의 감정적 이미지는 들어맞지 않는다. 그러나 영성의 관점으로 보면, 참회와 기쁨, 가련함과 나무아미타불은 상호침투하고, 3차원적 혹은 원환圓環적이 된다. 이것의 진실되고 적절한 형태는 "나무아미타불", "나무아미타불"이다. 나무아미타불은 나무아미타불 안에서 기뻐하고 혹은 아마도 염불이 염불을 말한다고 말할 수 있을 것이다.

이 다르마는 참회의 다르마이다.

만약 이것이 참회의 다르마라면, 이는 기쁨의 다르마이다.

만약 이것이 기쁨의 다르마라면, "나무아미타불."

참회와 기쁨 그리고 나무아미타불은 마치 무종無終, 무시無始의 원圓과 같이 서로 연결되어 있다. 만약 당신이 그중 어느 하나를 가지면, 거기에는 자연스럽게 다른 것이 있다. 참회와 기쁨, 기쁨과 참회는 둘이 아니고 하나다. 하나지만 그들은 둘이다. 하나는 많은 것이고, 많은 것은 하나다.

모순의 측면에서 보면 제어 불가능이다. 그러나 그러한 것이 타당하지 않은 다른 면이 있다. 우리는 우리의 삶을 계속 수행해나갈 수 있다. 이것은 자비이다. 나무아미타불의 자비이다. 사이이치의 삶은 끝까지 이 나무아미타불을 그 중심에 가지고 있었다. 그가 이러한 중심의 중대함과 위엄을 경험했을 때, 그는 참회와 기쁨의 중대함과 위엄을 경험했다. 그는 이를 아래와 같이 표현한다.

기쁨의 풍요로움은 또한 가련함이다.
가련함의 풍요로움은, 산의 물의 풍요로움이다,
이는 자연스럽게 바다의 물의 풍요로움이다.
기쁨과 참회의 맛은 이렇게 알려진다.
수치와 기쁨은 자비의 대양이다…
6음절, "나무아미타불."

사이이치의 시는 처음부터 끝까지 "나무아미타불"이다. 그리고 이는 그 시들의 중심이다. 그의 깨달음의 시작은 심오하게 그리고 완전히 이 이름의 6음절에 기초하고 있다.

4. 아미타 삼에서 아미타 삼을 받아들임

나무아미타불을 통해서 무겁게 죄와 가득한 가련함에 짓눌린 사이이치의 개인적인 주체는 아미타 여래의 영역에 있는 자비로운 부처의 세계로 곧바로 들어간다. 이는 뇨라이의 위대한 자비이다. 사이이치에게는 이는 아미타의 위대한 호의이다. 근원적인 기도의 위대한 자비와 아미타의 위대한 긍휼에의 고마움은 동일한 것의 두 가지 측면이다. 초개인적인 인격이 기능하기 시작하면, 이는 위대한 자비라고 불린다. 이 위대한 자비가 '가련한 사이이치'의 개인적 주체를 치면, 개인적인 주체의 의식은 이를 이르러 (부처의) 위대한 호의라고 한다. 숭배받는 자와 숭배자는 동일한 나무아미타불이다.

사이이치는 말한다.

나는 아미타 삼=에서 아미타 삼을 받아들인다,
그는 나에게 말한다, "나무아미타불."

'받아들임', '수락함', '나에게 말한다'는 자비, 부처의 호의 그리고 기쁨의 심정이다. 그것은 나무아미타불 자체이다.

자비는 아미타 삼.
나를 숭배하게 하는 자비,
"나무아미타불"
은 "나무아미타불."

개인적 주체와 초개인적 인격의 만나는 점은 나무아미타불이다. 이 점이 모든 사이이치의 시에서 언제나 되풀이되는 출발점이다.

위대한 호의는
나의 죄를 덕성 있는 부처가 되게 한다,
"나무아미타불."

또는

위대한 호의, 위대한 호의, 오, 위대한 호의,
이 부처는 부처이다,
이는 사이이치를 부처로 만든다,
위대한 호의가 "나무아미타불"을 말한다.

부처는 이 가련하고, 많은 죄를 진, 어리석은 사이이치를 부처로 만든다. 비록 그의 위대한 호의와 자비일지라도 나무아미타불은 타자에서 허락되었고, 바로 자신의 나무아미타불이 된다. 모순의 와중에 사이이치의 자기동일성의 통찰은 점점 더 생동감이 있게 된다. 다음 시를 살펴보자.

나무 부처는 사이이치이고, 사이이치는 부처이다.
사이이치의 깨달음이 온다, "나무아미타불"—
이는 받아들여진다, "나무아미타불."

사이이치가 부처이고, 부처가 사이이치인 곳에서는 나무아미타불이 있다. "사이이치가 부처이다. 부처가 사이이치이다"라고 그는 말하지 않는다. 그 사이에는 나무아미타불의 줌과 받음이 있다. 이를 실현하게 되면 사이이치의 깨달음이 '열린다'. '신성한 길'은 초개인적 인격 = 개인적 주체, 개인적 주체 = 초개인적 인격이라고 말할지 모른다. 그러나 정토의 길의 통찰과 함께 나무아미타불이 포함된다. 이는 시작점이자 목표도 된다.

5. 부처의 사이이치, 사이이치의 부처

한편은 사이이치를 가련하게 하였고, 다른 한편으로는 위대한 자비스러운 아미타(혹은 오야사마 위대한 호의의 발생자)인 나무아미타불은 무엇인가 그리고 중심의 지점 혹은 연결선인 나무아미타불은 무엇인가? 이는 6음절의 이름, 단순히 입으로부터 나오는 소리의 흐름이 아닌가? 이는 단순히 아미타 부처에 대한 의지, 그 안에서 피난처를 찾는 것은 아닌가? 이는 불가해한 것이 아닌가, 사이이치, 사각형의 손잡이를 아미타, 둥근 꽂이에 연결시키는 것처럼 말이다.

사이이치는 보통 사람, 실재적인 개인 주체이다. 부처는 사이이치처럼 보통 사람의 실체를 가지고 있지 않다. 그러나 이에 반대인 것으로 여겨질 수 있는 초개인적 실체를 가진다. 어떠한 정도로도 이 두 개가 반대되는 극단에서 서로 대립되므로 그들은 일치하지 않는다. 이 6음절이 그들을 이어준다는 것은 무엇을 의미하는가? 그들이 단순히 한 선으로 같이 연결되어 있다면 우리는 그들을 상징적으로 봐야 할 것이다. 그러나 개인적 주체의 실재적 삶에서 이름의 기능은 그들을 하나로 만든다. 그리고 이는 보통의 차별적 의식으로는 이해될 수 없는 무엇이다. 그러면 어떻게 초개인적 부처가 이 6음절을 경유해서 사이이치의 개인적 주체에 들어갈 수 있는가? 이 6음절 자체는 사이이치의 가련함의 실재성 안에 어느 곳에도 발견될 수 없다는 것은 참이지 않는가?

다시 한번 문제는 기초로 돌아온다. 나무아미타불은 무엇인가? 사이이치는 이해할 수 있다. 그리고 부처도 이해할 수 있다. 그러나 6음절의 이름은 무엇인가? 그러나 실제로는 사이이치도 부처도 알 수가 없다. 차별을 통해서 많이 연구했건만, 이해될 수 없다가 참이 아닌가? 6음절의 이름에게는 아마도 이는 보다 더 참이다. 아직도 철학자들은 이런저런 방법으로 논리학을 가지고 설명해 보려고 할 것이다. 이는 사람의 지적인 노력이다. 남은 우리에게 그것을 결론짓는 유일한 방법은 영성적 통찰을 통하는 것이다. 다시 말하면 직접적으로 이 6음절의 이름 자신을 정곡을 찌름으로써 우리는 자기동일성과 자유로운 상호 소통에서 뛰노는 사이이치와 부처를 이해할 수 있다.

평신도의 생각을 인정하는 것은 어떤 종류의 해명을 자아낸다. 이는 다음과 같은 것일 것이다. 사이이치—평범한 인간—의 심정이 길을 위한 추구로 돌아섰을 때 6음절 이름이 나타난다는 것이다. 사이이치가 위대한 아미타의 자비와 접촉을 하였을 때 6음절의 출현이 일어난다. 사이이치가 이에 깨우쳐졌을 때 그는 말한다. "나무아미타불, 나는 감동했다." 이는 이전에 말했던 이해 불가능성이다. 이는 보통의 생각의 굴레 밖에 있다. 여기 부처의 지혜의 이해 불가능성에 대한 불자들의 관점이 있다.

나무는 아미타의 이름이다,
아미타는 나무의 이름이다—
이는 사이이치의 "나무아미타불"이다.

사이이치는 이론에 대해서 말을 하지 않는다. 다만 자기에게 나타나는 그의 통찰을 미사여구 없이 표현하고 있다.

이것을 들은 것은 내가 아니다,
이것을 들은 것은 내가 아니다.
"나무아미타불" 나의 심정을 감동시킨다.

이제 나는 당신에 의해서 감동을 받았고, 소유된다.

이 말 '감동시키다'는 사이이치의 이름에 의해서 감동된 경험을 간단하게 말한다. 만약 당신이 부처를 저 너머로 당신 자신을 여기로 위치시키고 그것들을 연결시키려 하면 이는 될 수가 없다. 물과 기름은 섞이지 않는다. 만약 당신에게 부처라는 이해가 있지 않는다면 당신이 아무리 열심히 시도한다 하더라도 당신은 6음절이 될 수 없다.

나는 아미타가 되지 않는다,
아미타가 내가 된다―
"나무아미타불."

이름은 아미타로부터 오고, 사이이치를 '감동시킨다'(친다). 비록 사이이치가 사이이치로 남아 있더라도 그는 이전의 사이이치가 아니다. 그는 나무아미타불이다. 나무아미타불로부터 보면 한 면은 아미타이고, 다른 면은 사이이치이다. 그리고 게다가 각 면은 보존된다. 나무아미타불은 영성적 통찰의 또 다른 이름이다. 이는 통찰의 실체 혹은 내용이라고 말해질 수 있다. 혹은 아미타가 개인적 주체가 되는 것이 나무아미타불이라고 말할 수 있지 않을까? 사이이치의 글을 읽어내면서 다른 결론에 이를 수 없다. 철학자는 몇몇 논리적 연속을 세워야 할지 모른다. 사이이치는 말한다.

나의 심정은 너의 심정이다,
너의 심정은 나의 심정이다.

나의 것이 되는 것은… 너의 심정이다.

이 심정을 진정으로 아는 것이 나무아미타불이다. 다르게 말하면 만약 네가 나무아미타불이 되면, 너는 이 말에서 '너의'의 의미를 이해할 수 있을 것이다. "내 것이 되는 것은… 너의 심정이다."

자비와 빛은, 모두 하나다.
사이이치와 아미타는, 모두 하나다.
"나무아미타불."

위의 상황에서 모든 것이 하나다는 나무아미타불이다. 여기서 나무아미타불, 빛, 자비, 사이이치이다. 나는 이 깨우침을 영성적 통찰이라고 부른다. 그리고 여기에는 일본적인 무엇이 그 형태에 있다.

나는 얼마나 행복한가!
아미타의 인장印章이 나의 심정에 찍혀있다.
"나무아미타불"의 인장,
부모님의 인장,
아이가 잉태되었다.
나는 "나무아미타불"이라고 간단히 말한다.

나는 아미타와 사이이치 사이의 부자 관계에 대해서 다음에 고찰해 보기를 원한다. 그러나 우선 나무아미타불의 '인장'에 관계된 말을 논해 보자. 이 인장은 결합이라는 것은 사이이치와 부처가 모순적이나 자기동일성의 본성을 가진다. 이는 이 인장은 6음절 이름을 뜻한다. 염불을 하나의 인장이라 지칭하는 것은 예사롭지 않은 언어 선택이다. 그러나 사이이치의 느낌을 확연히 보여준다.

만약 우리가 사이이치와 아미타상이 하나고 혹은 나무아미타불이 이 동일성의 존재의 증거로서 주어진 것이라 한다면, 의미는 완전히 공간적이 되어 그들 사이의 관계를 단지 정태적인 것으로 간주하는 경향을 일으킨다. 이것이 일어나면 불교는 범신론적 관점을 가지게 된다. 현대에조차도 몇몇 불교 학자들은 그러한 주장을 한다. 나는 모르겠다. 그러나 불교에 관해서 그 이상의 오해는 없을 것이다. 사이이치와 부처의 자기동일성은 공간적인 것이 시간적이라는 관점을 거친 것으로 보아야만 한다. 거기에는 공간이 시간이고, 시간이 공간이라고 말할 수조차 있다. 공간과 시간은 적극적인 관계라고 술어화될 수 있는 것 속에서 연결되어야 한다. 어떠한 경우에서도 사이이치는 아미타 안에서 활동하고, 아미타는 사이이치 안에서 움직이고, 이는 정확히 나무아미타불이 존재해야 하는 방식이다. 나무아미타불은 발언되야 한다. '발언되는' 것은 입, 마음, 몸의 3가지 활동 안에서 말해진다는 뜻이다. 염불 학파 사람들은 자신들이 선승들처럼 구별되도록 여기까지 말을 하지 않았다. 반면에 그들은 부자 관계 혹은 자비의 전체를 포괄하는 빛에 대해서 말하는 감정적인 측면에 보다 관심을 보였다.

오야사마는 나의 불같은 손안에 거한다.
오야사마는 "나무아미타불"이라고 말한다.

"오야사마가 나의 불같은 손안에 거한다"는 말은 무한의 정념, 인간의 삶이 빠지는 끝없는 고통을 이루는 것을 보이는 지옥과 같은 모순의 무한을 제시한다. 이 모든 것 속에서 아미타는 거한다. 사이이치의 '거함'은 수동적인 무행동, 감정이 없는 무엇을 제시한다. 그러나 실제로 사이이치의 느낌은 그렇지 않다. 그것은 불꽃 그 자체와 강렬하게 타오른다. 비록 아미타는 불꽃에 의해 영향을 받지 않지만 말이다. 이는 "오야사마가 '나무아미타불'을 말하는 것을 이해하는 바다." 이는 단지 조용히, 미동도 하지 않고 남아서 염불을 반복하는 것의 문제는 아니다. 발언하는 것, 말하는 것은 하나의 행동이다. 불이 타는 것처럼 나무아미타불은 그와 함께 타오른다. 그리고 나무아미타불은 발언된다. 대패의 움직임이다. 대팻밥을 바닥으로 쳐낼 때마다 나무아미타불의 소리는 있다. 오야사마는 사이이치의 손과 발 안에서 움직이고, 대팻밥은 대패질에서 떨어져 결국 그의 작업대에 있는 그 주위에 놓이게 된다 ― 손과 발은 사이이치의 것이 아니다. 그는 빈손이나 곡괭이의 손잡이를 잡고 있고, 서 있으나 소를 타고 있으며―발과 손은 오야사마의 것이다― 이는 저절로 오야사마가 발언하는 "나무아미타불"이다.

50년 이전까지 길을 얻기 위해서 그렇게도 열심 분투해 왔던 사이이치는 아마도 말했을 것이다. "사이이치가 염불을 말했다." 사이이치가 아미타의 위대한 바람에 의해 조각나고 쓰러질 때까지 그는 사이이치를 너무 의식했었다. 사이이치는 분투했었고 어떤 것에 맞닥뜨렸다 ― "나무아미타불". 그때부터 그는 불 안에 거했다. 아니, 그는 불과 함께 거했다. 그리고 완전히 염불삼매의 삶을 '맛보았다'.

비록 우리가 환영들의 동일성에 대해서 말을 하지만,
환영 안에서 환영

그리고 환영 안의 다르마

는 다르다—

여기 타력과 자력이 알려진다.

여기서 사이이치는 객관적이고 비판적이 된다. 이는 좀 예사롭지 않다. 그러나 그가 적절하게 말하건대 환영이 환영 안에 머무르는 한, 이는 아직 분별의 장에서 빠져나오지 못한 것이고, 그렇다면 오야사마가 발언한 염불은 결코 이해될 수 없다. 사람은 그 바람에 의해서 넘어뜨려져야 한다. 그는 분별의 끈을 끊어야만 했었다. 그리고 비분별의 광대한 진공으로 던져져야 했었다. 그러나 그 자체로는 충분치 않다. 왜냐하면 그는 다르마에 맞닥뜨려져야 하고, 다르마에 반해서 소진되어야 하고 혹은 그보다는 다르마에 의해서 감동받아야 하기 때문이다. 이는 타자(아미타)로부터 오는 것이기에 그 자신의 행동이 아니다. 반면에 여기 업보적 기회의 문제가 있다. 인간의 본연의 부분은 완전히 수동적이다. 이는 타력의 관점이 실현되는 곳이다. "나무아미타불"의 오야사마는 "나무아미타불"을 말하는 부모님이다. 그들은 하나고 동일하다. 이는 염불을 말하는 염불이다.

6. 사이이치의 왕생관

후지 스님의 책에 포함된 시들의—우리가 사이이치의 "염불-삼매 시 모음선"이라고 부를 만한— 주된 특징은 사이이치의 사상은 사후에 정토에서의 환생의 관념을 전혀 언급하지 않는 점이다. 사후에 사람이 극락으로 모셔져서, 그리하여 이 세상의 시험과 슬픔이 그들이 원하는 대로 하게 하는 관념은 한 번도 거론되지 않는다. 염불 종파는 다음의 것을 말하고 있다고 일반적으로 믿어진다. "이 세계는 고^苦이다. 극락은 그 이름이 지칭하는 바대로 행복의 장소이다. 그러므로 이 세계에서는 사람은 무엇보다도 올곧음, 복종 등을 실천하고 조용한 평정으로 임종을 맞아라. 간단히 아미타의 근원적 기도를 믿고 의심 없이 너는 왕생을 얻을 것이다. 그러므로 자신의 모든 날에 '나무아미타불'을 외면서 보내라. 이 이상의 것은 거의 없다."

아미타의 심정은 너의 심정이다. 그리고 이 사바세계에서 정토를 맞을 수 있다는 관념들은 단지 성도^{聖道}에 속하고 정토 혹은 타력의 길에서는 찾을 수 없다고 일반적으로 생각되고 있다. 그럼에도 불구하고, 사이이치의 시에는 미래의 삶에 대한 언급이 없다. 그의 심정은 완전히 오야에게서 받은 6음절의 이름으로 채워져 있었다. 다른 어떤 것에도 여지가 남아 있지 않았다.

사이이치, 다음 생애에 너는 어디로 가는가?
나는 나무아미타불의 고향으로 갈 것입니다.
"나무아미타불."

이 시가 사이이치의 왕생관과 미래의 환생의 관점에 대한 유일한 단서이다. 거기에는 사후의 정토 관념은 나타나지 않고 있다. 나무아미타불의 고향은 나무아미타불이다. 이것이 이 세상 삶인지 내세의 삶인지는 불명확하다. 사이이치는 내세를 언급한다. 그러나 그의 나무아미타불은 언제나 사이이치 자신, 지금, 현재의 사이이치이고, 여기에는 미래의 삶은 일견 포함되지 않는다.

너는 사후에 정토로 가는 것이 아니다.
너는 임종이 오기 전에 간다.
"나무아미타불"에 맡겨지는 것,
"나무아미타불."

여기에 의거하면 극락은 확실히 죽기 전에 온다. 너는 사후에 거기에 가는 것이 아니다. 단지 아직 살아있을 때이다. 사이이치는 지금 거기에 있다. 나는 3행에 수메테ｽﾒﾃ라는 단어를 '맡기다'라고 새겼지만, 그러한 해석은 확실치 않다. 이는 네가 아미타로 맡겨지거나 혹은 점유되어 있으면, 이것 혹은 저것 혹은 비슷한 것에 대해서 걱정할 필요가 없다는 것을 암시하는 것 같다. 사이이치에게는 필요한 모든 것은 "나무아미타불", "나무아미타불"이다. 그가 극락에 혹은 지옥에 갈지 신경 쓰지 않기 때문이다. 그가 의지하는 대로 아미타상이 하도록 남겨진 모든 것은 이 '가련한 사람'이 계산할 것은 아니고, 사이이치의 심정은 나무아미타불이 되는 것이다. 사이이치는 새로운 부처이므로 아미타는 오래된 부처이다. 그리고 어리석은 보통 사람인 사이이치는 새로운 부처 사이이치가 인도하는 어느 곳이라도 갈 준비가 되어 있다.

사이이치는 새로운 부처이고, 아미타는 오래된 부처이다.
오래된 부처 오야사마는 나의 오야사마이다―
"나무아미타불."

'자기 자신의 아미타'에 대해서 말하는 것은 성도의 바로 그 말을 발언하는 것이다. 그러나 사이이치는 지속적으로 나무아미타불과 함께 살아간다. 비록 그의 표현이 불가해하게 보일 때도 그는 중심적인 나무아미타불을 잊지 않았다.

바람과 공기는 두 개다, 그러나 그것은
하나의 바람, 하나의 공기이다.
아미타와 나는 둘이다,
그러나 "나무아미타불"의 자비는 하나이다.

다음에서 둘은 하나다, 하나는 둘이다. 이 경이로움의 비밀은 나무아미타불이다. 그리고 나무아미타불은 자비 그 자체 이외에 어떤 것도 아니다. 사이이치는 처음부터 중간, 끝에 이르기까지 이름의 6음절 안에 존재했다. 그는 나무아미타불이고, 나무아미타불은 사이이치다. 그는 완전히 아미타의 위대한 자비에 안겨 있었다.

(아미타에 의해) 영접을 받아서, 나의 심정은 처음으로
정토로 간다.
이 사바세계의 나쁜 맛으로 다시 돌아간다.
다시 돌아와서, 모든 존재의 구원을 위해 일한다.

이 시에 따르면 사이이치는 이미 정토로, 처음으로 갔다. 그리고 여기 이제 돌아왔다. 이는 모든 존재를 위한 '회귀와 전이'이다. 사이이치는 과연 아미타의 양자였다. 대패질을 하면서 그의 주위에는 떨어지는 톱밥과 대팻밥으로 둘러싸이게 된다. 이것들은 모든 생물의 구원을 위해서 일하는 진심 어린 심정의 조각들이 아닐까? 이 모든 것이 말해진 후에 왜 그가

사후에 정초로 가는 것에 대해서 아무것도 더하지 않았는지 꽤 당연하지 않을까?

사이이치는 자신을 이미 오래전에 죽을 일을 끝낸 자로 여겼다. 그러므로 자연스럽게 사후에 대해서 괘념치 않았다. 생사의 영역에서 방황하지도 않았다. 다음의 시는 확연히 그의 영성적 태도를 보여주고 있다.

당신은 나의 인생의 종말을 훔쳤습니다,
나의 죽음, 나의 장례가 끝났습니다.
이후의 나의 기쁨, "나무아미타불."

'당신은 나의 인생의 종말을 훔쳤습니다'라는 표현은 확실히 새롭다. 이는 생사의 초월을 놀랍게 표현하고 있다.

죽음은 아직 도착하지 않았다…
이상할 것이 없다―
이는 이미 지나갔다.
인생의 종말은 지나갔다,
"나무아미타불."

위의 두 시 중 처음 것에서 그는 그의 죽음이 이미 지나갔다고 말한다. 두 번째에서 이것이 아직 올 것인지를 질문한다. 그리고 다음에서 그는 그의 종말이 지금이라고 말한다.

지금이 종말이다… 나의 종말,

이는 너의 것이다.

기쁨, "나무아미타불."

카쿠뇨 쇼닌(1270~1351)이 지은 『슈지쇼執持鈔』에는 이렇게 쓰여있다.

좋은 도사의 말을 따라서, 너의 평범한 순간들에서 아미타에게 신뢰하는 한 생각을 깨우치면, 이것이 마지막 순간이라고, 너에게 이 세상의 종말이라고 여겨라.

사이이치의 표현은 개념적이지 않기 때문에 생동감이 있다.

7. 중생 제도

어떻게 사이이치가 생명체들의 구원을 보았는가? 위에서 인용한 "돌아와서, 모든 존재의 구원을 위해서 일하다"라는 행은 이 구원이 그의 현재의 일이라고 확연히 의미하고 있다. 그러나 이후의 독백이 어떻게 해석되어야 할까? 사이이치가 염불삼매에 깊게 침잠하였으므로 그리고 그의 정신적 상태를 노래하는 것에 관여되었으므로 생명체의 구원과 같은 그러한 것에 대해서 학구적인 표현을 하는 데 염려를 할 시간이 없었을 것이다. 그러나 법과 기의 일치, 믿는 심정에 부적합한 사상에 대해서 현자와 성인이 정토에 들어가는 데 불능성에 대해서 말하고 있으므로 그는 객관적·비판적 태도를 수임할 수 없었던 것은 아니다. 그가 아마도 생명체의 구원에 대해서 어떤 생각을 또한 한 것이 이 경우이다.

사이이치 상, 안에 있어요?

예, 나는 집에 있어요.

집의 가장은 안에 없습니다.

그는 생명체의 구원으로 출타 중이오….

바로 그는 돌아올 거요, 잠깐 기다리세요.

"나무아미타불", "나무아미타불."

그는 돌아왔다, 그는 돌아왔다!

어떻게 이 존재의 구원을 이해해야 하나? 아미타는 이제 중생의 구원에 참여하도록 남겨졌다. 그리고 사이이치는 집에 있지 않음을 느낀다. 아미타의 구원의 일은 사이이치의 현재 활동과 다른가? '집에 있지 않음'은 사이이치의 일과 사이이치의 주체가 분리되었고, 외부의 적합지 않은 관념들이 그들 사이에 침입했다는 것을 의미하는가? 사이이치는 자신의 정념상속正念相續에 균열이 발생하지 않았는지를 스스로 돌아보면서 이렇게 자문자답을 하고 있는가? 그는 자신을 성찰하고 있는가, 자기를 향해 바늘을 찌르고, 염불삼매를 지속할 자신의 능력을 시험하는가, 말하자면 자신의 믿음의 이름의 무의식적 의식을 시험하고 있는가? 올바른 사려 깊음을 영속하기 위한 장치로서 개진된, 이룩된 믿음을 아직 소유하지 못한 사람에서 지속적인 근면과는 다른 것이다. 이는 그보다는 그의 스승 아미타 부처와의 장난스러운 문답이 아닐까? 우리 모두가 이러한 장난스러운 정신을 가지고 있다. 인간의 의식은 언제나 앞으로 도약하지는 않고 관광에 능하다. 향기로운 수풀을 쫓고, 떨어지는 꽃잎을 따라 돌아오는 것은 인간만의 특권이다. 그러므로 그는 환영에서 환영으로 방황한다. 그럼에도 불구하고 중생의 사이이치의 구원은 계획되어야 하는 무엇이 아니고, 다른 곳에서 실행되어야 하는 것은 아니다. 구원을 위해서 이것 혹은 저것의 구체적인 행동에서 노력해야 하는 필요는 없었을 것이다. 그의 믿음의 지속성을 검사하고 동시에 게타를 만드는 그의 일을 하면서 사이이치의 삶이 유희 삼매의 방식으로 보내졌다는 것은 의심의 여지가 없다. 짧게 말해서 사이이치에게는 중생의 구원은 비우기, 자신의 밖으로 나가기로 실현된 것이 아니고, 다만 염불삼매의 삶을 이끌고 평소의 사려 깊음에 생명을 주는 것이다. 이는 행동하고 실행하는 것이 그에게는 중생의 구원이다. 다음의 시는 이 조명 아래서 또한 읽힐 수 있다.

믿는 심정은 중생의 구원에서 주된 것이다.
나는 그것을 받아들였다, "나무아미타불."

믿는 심정은 아미타로부터 받은 '주된 것'이다. 이 덕분으로 삶은 영성적으로 움직인다. 사람이 공경스럽고 은혜롭게 믿는 심정을 받아들이고, 나무아미타불이 되면 이는 중생의 구원이다. 중생의 구원은 우리의 평상의 삶 자체이다. 그리고 이에 더해서 다른 어떤 것도 고려될 필요가 없다. 중생의 구원에 바쳐진 삶을 위한 '자본'은 믿음의 득함에, 믿음의 심정의 받음에 허락된다. 나무아미타불이 없는 인생은 공허한 약속으로 극도로 불안정하고 불안전한 인생이다. 우리 대부분은 그러한 삶의 피조물이다. 우리의 행동은 노력 없고, 목적 없는 수준, 의식적인 노력을 모르는 삶의 수준(범어: anabhogacarya)을 전혀 득하지 못한다.

중생의 구원은 이러한 종류의 목적 없는 삶 이상 어느 것도 아니다. 이는 유희의 삼매 속에서 구원이어야만 했다. 사이이치의 게타 나무토막의 대패질과 만듦은 유희적 삼매의 행동, 모든 존재의 구원의 목적 없는 행동이다. 사이이치의 삶은 성인의 그것이었다. 비록 그 자신은 그것을 오야사마와 노는 것이라고 불렀다. 노는 것으로 그는 아미타와 손에 손을 잡고 간다. 그리고 노는 것으로 그는 정토로 간다. 사이이치가 말한 바에 따르면, "노는 것으로 너는 정토로 간다." 선불교에서는 이는 깨달음의 단계로서 거기에서 사람은 타인을 자유롭게 깨닫게 하는 것을 지시한다.

이 가련한 자는 이제 오야사마와 놀고 있다,
이 사바세계에서.
나는 아미타의 정토에 인도될 것이다,
오야사마와 놀이.

이 현재의 사바세계에서 이 그대로의 가련한 주체, 나는 아미타와 함께 유희적 삼매의 삶을 이끈다. 정토는 이 놀이의 연장과 다름없다. 이러한 진술은 믿음의 심정을 완전하게 소유한 자에 의해서만 진정성을 가지고 진술될 수 있다. 약간의 논리와 함께 혹자는 비슷한 무엇을 말할 수 있을 것이다. 그러나 사이이치의 단도직입적이고 꾸밈없는 선포는 보통의 훈련이 말할 수 없는 무엇이다. 아사하라 사이이치에서 일본적 영성 통찰은 극도의 광채와 순수성의 결정을 형성했다고 말할 수 있다.

나는 아래의 시가 중생의 구원에 대한 사이이치의 이전 말들의 의미를 명확하게 이해하는 데 도움을 준다고 생각한다.

이 악인은 부처에서 기쁨을 찾는다, "나무아미타불."

부처는 사이이치의 기機에서 기쁨을 찾는다, "나무아미타불."

나를 중생의 구원으로 보내준다,

기쁘게, "나무아미타불."

이와 같이 나무아미타불은 모든 생각할 수 있는 것들의 주된 구성물이 된다. 악인은 그 매개를 통해서 부처에서 기뻐한다. 부처는 사이이치, 기로서 악인 안에서 그 매개를 통해서 기뻐한다. 다른 곳이 아닌 여기에 이 기쁨이 있다. 악인의 행동, 사이이치의 평상시 마음, 게타 대팻밥, 논에서의 노동 — 나무아미타불은 나무아미타불을 한다. 이는 중생의 구원이다. 자기 자신으로부터 멀어져서 사람은 나무아미타불 뒤로 떠난다. 이는 자신의 집에서 부재함을 의미한다. 그리고 이는 중생들의 구원이될 수 없다. '중생'이란 단수이고, 이 악인, 이 기, 이 사이이치 자신이다. 이것을 구원하지 않으면 안 된다. 왜냐하면 그렇지 않으면 초개인적 차원에서 혹은 다른 차원에서 중생(복수)의 구원에 의미가 없기 때문이다. 그리고 이 구원은 기쁜 유희적 삼매이다.

8. 사이이치의 깨달음

사이이치는 깨달음의 달인이다. 선사와 같이 그는 이를 휘두르지 않는다. 그는 지성적 표현을 하는 대신 고마움, 기쁨, 행복과 같은 용어를 사용한다. 이는 자신들이 감정적 혹은 심정적 용어를 사용하는 정토 전통과 연관된 사람들의 구별되는 특징이다. 그러나 물론 지성적인 본성의 것이 그들의 어휘에서 나타난다. 사이이치까지도 깨달음에 대해서 말을 한다.

나무 부처는 사이이치의 부처이다 — 그는 깨달음이다.
사이이치의 깨달음이 열린다, "나무아미타불."
그는 그것을 받아들였다, "나무아미타불."

이 첫 번째 행은 불명확하다. 그러나 시 전체는 의미하길 사이이치는
부처이고, 부처는 사이이치이다. 나무아미타불은 이 깨달음의 행위자이
다. 그것을 통하여 사이이치와 부처는 한 원에서 연결되어 있다. 말하자
면 사이이치의 깨달음은 이름의 6음절로부터 받아들여진다. 모든 것은
나무아미타불이고, 다른 것은 없다. 이는 사이이치가 부처와 같다는 것
은 아니고, 부처가 사이이치와 같다는 것도 아니다. "나무아미타불", "나
무아미타불"이 사이이치와 부처를 연결하는 매개로 생각되어서는 안 된
다. 3의 관념은 그것들이 3이고, 그것들이 하나라는 것이다. 차별적인 지
성이 말하면 그것들이 3이 되고, 그러나 영성적 깨우침 나무아미타불 홀
로 이외에는 아무것도 아니고, 부처도 없고, 사이이치도 없다. 이는 다음
에서 명확해진다.

무상은 나이다, 이 무상
열반의 깨달음을 득하고,
"나무아미타불."

사이이치는 나무아미타불에서 열반과 무상의 대립을 해체한다. 인격
적인 술어에는 무상이 사이이치 자신이므로 열반은 아미타 부쓰이다. 이
둘의 자기동일성은 나무아미타불이다. 나무아미타불은 언제나 사이이
치에 의해서 절대적인 독립성을 가지고 사용된다. 이는 그의 인격이다.

'모든 우주 안에서 단 하나', 신란의 '일자', 임제의 무위진인의 '사람'이다. 사이이치는 지속적으로 나무아미타불의 올바른 사려 깊음 속에서 산다. 그는 그 안에서 살고, 그 안에서 행동한다. 구테이俱胝는 그의 한 인생 동안에 소진할 수 없는 한 손가락 선불교를 가지고 있다. 사이이치의 한 손가락은 나무아미타불이다. 만약 우리가 구테이가 깨달음의 사람이고 지칭한다면, 사이이치에 대해서도 똑같이 말해야 한다. 그는 '걷기, 서기, 앉기, 눕기의 나무아미타불'에 대해서 말한다. 그는 부처와 함께 거하고, 그와 함께 서고, 함께 돌아가는 깨달은 사람, 자신이다. 『안진케츠죠쇼오安心決定抄』는 나무아미타불이 그 안에서 우리가 왕생을 득할 수 있는 형태라고 말해준다. 사이이치는 이 형태를 실재화한다.

> 되어야 하는 무엇으로 그것에 귀 기울이지 않는 것,
> 처음으로 "나무아미타불"에 귀를 기울이는 것.

여기서도 사이이치의 깨달음은 명확히 지각된다. 그래야 하는 무엇은 현재, 지금, 눈앞에 실제로 나타나는 것과 어떠한 관계도 없다. 이는 개념적인 추론에 제한된다. 사이이치의 이름은 그러한 유약한 개념이 아니다. 이는 실재적인 나무아미타불로 바로 이 순간에, 여기, 지금에 들리는 것이다. 그러므로 이는 언제나 새롭고 신선하다. 매번, 평상시에도 이는 새롭고 처음인 것처럼 느껴진다.

산다는 것이 살아왔다는 것은 아니다, 살아야 하는 기대도 아니다. 이는 살아야 하는 잠재성 혹은 '살아야 하는 것'도 아니다. 이는 지금 사는 것이다. 매 순간 그러므로 이는 지속적인 창조이다. 사이이치의 말에 따르면 이는 "처음으로 들린 나무아미타불"이다. 사이이치는 확실

히 나무아미타불로 엄습당한 사람이다.

그는 자주 '아타루_{ぶたる}'라는 용어를 사용한다. 이는 치다, 때리다 혹은 공격하다라는 뜻이다. 그러나 심오한 의미를 가지고 조우 혹은 충돌의 의미로서 선승들이 자주 이에 대해 말한다. 이는 사이이치가 했던 경험을 잘 기술한다.

"나무아미타불은 나를 때린다."
"나무아미타불은 나의 심정을 때린다."
"너는 나의 심정을 때린다."
"아미타의 이름은 나의 심정을 때린다, 나무아미타불."
"나의 심정을 때린다."
"나무아미타불은 나의 심정을 때린다."

이러한 행들은 사이이치의 시에서 자주 등장한다. '때림'은 사이이치와 나무아미타불이 두 화살이 향하는 것과 같이 만난다는 것이다. 그리고 그들의 만남은 어떻게든 피할 수 없다. 이는 지금까지 지속적으로, 곧바로 움직이던 것이 갑자기 그 운동을 멈추고 새로운 방향 혹은 운동으로 바뀌는 것을 의미한다. 이는 100피트의 기둥 끝을 넘어서 전진하는 것이, 그 지점에서 차별적 지성이, 예기치 못한 그리고 계획치 못한 무엇이 갑자기 열리는 것을 의미한다. 아타루는 불연속성, 깨짐, 무작위성, 직관성을 의미한다. 비록 이것이 다양한 의미, 좋고 나쁜 암시를 가진다 하더라도 여기서 이는 차별적 지혜가 미치는 바를 넘어선 지대를 말하고 있다. 사이이치는 찾고 질문한다. 나무아미타불이 이것인가, 저것인가? 그러나 이러한 모든 것은 완전히 표적을 빗나간다. 그는 예견치 못하게 '맞은' 것이다. 결국 사이이치가 말하는 아타루는 일종의 우연히 운이 좋아서 맞았다는 뜻이 되고, 그것은 우연 혹은 무작위의 조우이다.

9. 맛 · 경험 · 지금

사이이치는 또한 '맛'이라는 용어를 사용한다. 맛은 경험이다. 사람은 무엇이 달다, 쓰다 혹은 다르다는 여부를 맛을 보며 안다. 사람은 추위와 더위를 자체로 안다. 말을 통해서 존재하는 사람에게는 모든 것이 관념과 개념이고, 맛을 보지 않는다. 그 말과의 관계가 먼 사이이치와 같은 사람은 말의 검사를 삼간다. 그리고 모든 것이 경험을 통해서 말해진다. 이 이유로 그의 말은 빠른 자에게 침투한다. 이는 학자의 상상이 미치는 곳을 넘어서 그가 그렇게 쉽게 언어로 표현하는 것을 보는 것은 매우 신선하고, 심지어 신나는 일이다. 나는 그의 글이 어떠한 경우에서도 시라고 불려야 하는지 확신이 서지 않지만, 그것들은 『안진케츠죠쇼오』와 같이 읽힌다. 혹은 우리는 그것들은 『잇펜쇼닌고로쿠—遍上人語錄』과도 비교할 수 있을 것이다. 후지 스님에 의하면, 사이이치의 시는 아래와 함께 시작한다.

나무 아미타, 아미타불로 가는 길에서.
나무를 맛을 보고, "나무아미타불."

그의 메모장은 수년간 걸쳐 쓴 것으로 보이는데, 그의 경험의 진정한 연대기이다. 그것들은 거리낌 없이, 단순하게, 천진스럽게, 꾸밈이 없이 혹은 계산이 없이, 마치 거미가 그 실을 짜듯이 어떻게 사이이치가 나무 아미타불을 그의 매일의 정조에 따라 '맛을 보았는지' 기술하고 있다. 자신의 시를 나뭇가지나 바나나 나무의 넓은 잎사귀 위에 쓰곤 하였던 선승 '광인' 칸잔寒山과 지토쿠拾得처럼 사이이치는 붓을 들고 영성의 천성적인 시인으로서 나무아미타불을 노래하였다. 구름은, 말하자면, 산봉들 사이에서 아무 생각 없이 떠오르고, 만약 산들이 높으면 구름들은 자연스럽게 풍부할 것이다. 만약 사람의 영성적 통찰이 충분히 심오하다면 그는 그 경험을 말로 표현하려 할 수밖에 없을 것이다. 그의 말이 꾸밈없고, 기교가 없기 때문에 보다 더 그 경험의 진정한 본성을 건드린다.

오늘 기쁨의 심정은 맛을 본다,
"나무아미타불"에 의해 길러진 믿는 심정.
"나무아미타불."

사이이치의 삼행은 광대한 의미를 가진다. 나무아미타불은 부처의 모든 것을 정복하는 힘이 들고 있는 비할 데 없는 쇠망치이다. 사이이치는 이 망치로 인해 넘어져서 믿음을 득한다. 이제, 바로 이 순간에 그의 믿음, 그의 믿는 심정을 맛본다. 지금은 영원한 현재, 절대적 현재이다. 이는 과거, 현재, 미래의 직선에서 계속되는 지금이 아니다. 이는 과거, 현재, 미래의 3차원에서는 얻을 수 없는 현재이다. 무한대의 원에서만 발견되는 중심이다. 여기에 사이이치가 서 있다. 아니다, 사이이치가 그 중심이다. 그리고 여기 영성적 통찰이 파악된다. 기쁨의 심정으로서 감정적 차원이 흘러넘친다.

몇 가지 면에서 정토 신도들은 단순성을 지닌 사람들이다. 그들은 단순한 심정 혹은 진정한 마음이라고 부르고 그 이상을 가지지 않는다. 그들과 비교해서 선승들은 철학적 마인드를 가졌다고까지 말할 수 있다. 물론 그들은 직업적 철학자는 아니다. 그러나 짐짓 그들에게는 이성의 냄새가 난다. 그리고 또한 문학적인 표현의 무게를 이해한다. 이를 설명하기 위해서 사이이치의 '오늘의 맛을 보는 기쁨의 심정' 선승의 손에서 무엇이 되는지를 살펴보자. 이 경우에는 교토의 다이토쿠지 사찰의 잘 알려진 창시자 다이토 국사大燈国師(1282~1337)가 있다.

다이토 국사는 20년 이상을 걸인의 삶을 살았다. 그리고 인생의 최저의 수준을 맛봤다. 그의 시대에는 걸인의 위치는, 오늘에 그러한 것처럼, 어떤 면에서는 그렇게 나쁘지 않았던 것 같다. 그러나 확실히 인간 이하라고 멸시를 받았다. 나는 다이토의 걸인으로서의 삶은 물질적 빈곤의 욕망보다는 그의 입장에서 예외자의 가련함을 경험하고자 하는 시도였다고 생각한다.

수도의 북부에 사찰을 건립해 달라는 천황궁의 요청을 받았고, 그렇게 했다. 행려 걸인으로 수년을 보냈음에도 불구하고 그는 박식했으며, 그가 뛰어난 주지가 되었을 때 이는 매우 요긴하게 되었다. 그의 학문과 문학적 능력 그리고 선의 천재성을 보여주는 문서에 더해서 나는 그가 자신의 평상시 삶에 대한 기록을 남겼으면 하고 솔직히 바란다. 사이이치의 경우 그의 발언들은 일상의 담화 안에서 심정에 바로 나오는 발언인데, 이는 어떠한 종류의 첨삭 혹은 윤문을 거치지 않은 것이다. 그의 성격을 각각의 모든 단어에서 찾아보는 것이 가능하다. 반면에 다이토 혹은 다른 선의 조사는 처음 접했을 때 언제나 쉽게 이해 가능한 단어와 문구를 사용하지 않는다. 비록 문자화된 말은 눈으로 말을 건네지만, 중국 문학이나 선불교 문학에 약간의 지식이 없으면 그러한 글은 꽤나 이해 불가능하다. 이는 다만 사람이 필수적인 선의 경험을 가지지 못해서 이해 불가능한 것뿐만 아니라, 이 경험을 싸고 있는 껍질을―매우 두꺼운― 돌파하고 그 안의 맛을 보는 것이 어려운 일이기 때문이다. 사이이치의 시들은 성기게 깎아진 게타를 조각해내는 것과 같은 것이어서 우리는 한눈에 무엇에 대한 것인지 꽤나 잘 파악할 수 있다. 고도로 장식이 되거나 섬세하게 마감질된 작품들은 토코노마(일본식 방에서 액자나 꽃꽂이 등을 위해서 마련된 벽에 움푹 들어간 공간 _ 역자 주)를 위한 것이다. 이는 조금도 다이토오 코쿠시의 글에 관한 것이 아니다. 코쿠시는 '국가의 선생'으로서, 축적된 관습과 그가 살았던 시대의 배경의 영향에 당연히 제약을 받았기 때문이다. 아래의 인용은 『카이안고쿠고樺安国語』 4장에 나타난다. 이는 코쿠시의 시와 설법을 주석과 함께 하쿠인이 모은 것이다. 이는 섣달그믐의 설법이다.

> 섣달그믐. 태양은 오르고, 달도 오른다. 아침은 오고, 밤도 온다. 12개월, 360일이 여기 절정을 이룬다. 새로운 것과 묵은 것이 서로 섞이고 오늘 함께 온다. 만약 어떠한 사람이라도 묵은해에 자신의 몸을 맡기면, 새해에 자신의 새롭게 결정된 잠재력을 방출하지 못한다. 그리고 만약 새해에 자신의 마음을 맡기면, 그는 자신의 원초적인 기능을 잃을 것이다. 그렇기 때문에 북종선은 부처님의 법신을 삶아버렸고, 소옹은 한밤중에 등불을 높이 들어 올렸던 것이다. 비록 그러하더라도, 나는 그러한 동굴에 들어가지 않는다. 왜? 12월의 눈은 눈이 닿을 수 있는 곳으로 가득 채우고 모든 것을 하얗게 만든다. 반면에 문에 부닥치는 봄의 바람은 아직 극심히 차갑다.

여기에는 전통적인 언급들이 있다. 그러나 이를 상세히 지금 설명할 이유는 없다. 이 설법의 목적은 이것이다. 지난해는 간다, 새해가 오려는 순간이다, 어떻게 우리는 이 순간, 이 교차의 지금을 보아야 하나? 섣달 그믐은 오래된 것과 새로운 것이 서로 섞이는 교차점이다. 과거와 미래가 자리를 바꾼다. 이는 질문의 포인트이다. "이제, 이 바로 순간, 그것은 무엇인가!" 여기에 다음과 같이 주석을 한 사람이 있다. 선의 조사인 이이다 토인은 자신의 『카이안고쿠고테이쇼로쿠塊安国語提唱録』에서 이 설법을 아래와 같이 주석한다.

현재에는 새로운 것과 오래된 것은 없다. 과거는 죽어 있고, 미래는 태어나고 있다 ─ 이것이 한순간이라도 멈추지 않는 현재의 일이다. 만약 네가 부지런하다면, 물레방아가 얼어서 정지하는 짬은 없을 것이다. 사람은 그 안에서 각각의 날이 새롭고, 모든 날이 새로운 삶을 즐겨야 한다. 한 사람의 죽음은 이 해의 마지막 날과 같고, 다음 날, 새해는 바로 생명의 시작이다. 한순간이라도 멈춤이 없다. 비록 우리가 삶과 죽음이라는 일시적인 이름을 붙인다고 하더라도, 시간은 언제나 같은 시간이다. 그 활동은 무시의 시간 이래 따라갔다. 죽음은 또한 시간의 활동 사이에 위치한다. 죽음이 없이는 삶도 없다. 다르게 말하면, 현재, 현재를 제외하면 아무것도 없다. 영원한 과거는 또한 현재이다. 그리고 이는 무시이다. 법화경에서 이렇게 말하고 있다. '내가 성불한 이래로 많은 겁이 지나갔다.' 모든 미래를 통한 영원은 또한 현재이다. 이는 무종이다. 그러므로 만약 네가 무시, 무종의 현재를 안다면, 간단히 현재를 바라보라. 영원은 현재가 되고 있다. 만약 네가 영원한 미래를 안다면, 현재를 바라보라. 연장된 현재가 미래이다. 미래의 미륵의 수십억 년은 현재 여기에 있는 우리의 다른 이름일 뿐이다….

다이토의 비평 혹은 '오늘을 맛을 보는 심정'에 관해서 이 근대의 선조사를 사이이치의 자신의 동일한 주제에 대해 간단한 언급을 비교하는 것은 아마도 흥미로울 것이다. 사이이치가 18세에서 50세까지의 시간을 다르마의 해석을 듣는 데 보냈으므로 그가 정토 사상의 술어들에 꽤나 익숙해져 있을 것이라고 상정할 수 있다. 그럼에도 그의 노트에는 문학적이거나 경전적 말을 찾을 수 없다. 그의 글은 극도로 구어적이며, 간단하고 자연스럽다. 기機나 법法이라는 단어가 보이지만, 그것들은 정토 신자들에게 일반적으로 알려져 있는 것이다.

이성과 논리에 귀를 기울이지 마라,
맛에 사로잡혀라, 맛에 귀를 기울여라,
"나무아미타불."

사이이치는 처음부터 끝까지 '맛을 보는 것'의 인생을 살았다. 그의 말들, "맛에 사로잡혀라, 맛에 귀를 기울여라"는 놀랄 만한 신선함을 가지고 있다. 모든 표현은 사이이치가 나무아미타불 삼매에 침잠되어 살았다는 것을 보게 해줄 것이다. 그는 처음부터 이성 혹은 논리에 관심이 없었다. 19세에서부터 그의 진심의 심정은 길을 추구하고자 마음을 먹었다. 일본적 영성의 음성은 언제나 그의 귀에 속삭였다. 한 방식으로 혹은 다른 방식으로 이 음성을 그 모든 명확성을 가지고 이해할 것이라고 결심했다. 그는 잠깐 해이해졌던 듯하다. 그러나 영성은 의식의 표면 위에 언제나 나타나는 무엇이 아니다. 이는 심정의 무의식적인 곳에 부단히 숨겨진 채로 활동한다. 사이이치는 새로운 결의를 가지고 자신의 귀를 되돌려야 했고, 이 속삭임의 방향에서 앞으로 도약해야 했다. 50세 이전에 그는 힘든 투쟁에 처했던 것 같다. 그러나 그의 삶의 이 시기에 대한 어떠한 기록도 없다. 그에게는 어떠한 것도 적어둘 이유가 없었다. 왜냐하면 그는 그의 믿는 심정의 삼매를 맛보는 데 너무나 바빴기 때문이다. 그는 선불교의 조사 반케이盤珪가 말하였던 '태중의' 지금을 살고 있었던 것이다. 사이이치는 그의 과거의 경험에 연연하여 이를 헛되이 반복하지 않았다. 기억을 따른 것은 경험을 재구성하는 것이다. 확실히 그것은 또한 필요하다. 세계 안에서 모든 것의 구언은 이것 없이는 불가능할 것이기 때문이다. 그러나 이는 커다란 해악을 포함한다. 이는 진실된 존재와 경험의 세계에서 유리되기 때문이다. 이는 사이이치가 맛을 받아들이고 논리를 배제한 이유이다. 여기에는 특별한 이유가 없다. 이는 단순히 그가 그렇게 하는 것이 자연스러운 것이기 때문이다.

10. 불범일여관仏凡一如観 — '무지'론

사이이치의 관점, 즉 부처와 평범한 사람, 순수의 세계와 오염의 세계가 동일하다는 관점에 대해서 지금 말하고 싶다. 이는 경험에서 나온 관점이기 때문에 우리는 계산과 결론의 경향이 있는 학자들의 개념에서 어긋남을 염두에 두어야 할 것이다. 우리는 너무나도 계산되는 것을 결론적으로 거부하지 말아야 한다. 인간의 의식은 마음의 논리를 필요로 한다. 이것이 인생의 경험에 근거를 두고 있다면 말이다. 선생이나 학자들에 대한 일률적인 폄하는 없어야 한다. 열쇠는 마음의 논리가 어느 정도로 삶의 실재에 확고히 기초하는지 알아보는 것이다. 비록 사이이치가 불교 선생들의 강론에 여러 해 동안 귀를 기울였다고 생각되지만, 그는 자신의 표현 방식대로 자신의 경험을 나무 조각에 적었다. 우리는 이것을 살펴봐야 한다. 사이이치는 말한다.

> 종파의 창시자의 기일忌日
> 이는 사이이치의 기일이다.
> 이것은 사이이치, 그렇지 않은가? "나무아미타불."

이는 신불교 종파의 창시자인 신란의 기일과 동시에 게타 장인 사이이치의 기일이다. 이는 역시 하나의 도발적인 진술이다. 도발적인, 이것은, 평범한 정토종 추종자에서 나온, 사이이치는 평범함 외에는 어느 것도 아니다. 그는 무신경함으로 "고양이는 고양이다"라고 진술하는 것과 다르지 않게 말한다. 그러한 소박한 단순성을 가지고 그렇게 말하는 것은 쉽지 않다. "이것은 사이이치이다, 그렇지 않은가?"라는 행은 이해하기 좀 어렵다. '이것'은 무엇을 지칭하는가? 비록 다양한 해석이 가능하지만, 나는 사이이치가 말하려 하는 것을 질문해 본다. 우리는 우리 자신을 텍스트에서 분리시켜 그의 자리에 우리를 대입하려 해야 한다.

그는 오늘의 신란의 기일이 자기 자신의 것이라는 깨달음에 서 있으므로 '이것'은 게타 장인 사이이치와 종파의 창시자 신란이 다르다는 것 그리고 동시에 하나이고 동일하다는 것의 깨달음이어야 한다. 바로 이 경험은 사이이치 자신의 주체, 동시에 나무아미타불이다. "그렇지 않은가?"는 "이것은 사이이치이다"에 첨가되어 있다. 이는 그 자신의 장난스러운 주문呪文이다. 선사에게 이는 소용이 없을 것이다. 선사는 상대편의 코를 직접 꼬집거나 밀치거나 하면서 소리 지른다. "'이것'은 무엇인가?" 사이이치는 정토 전통에 속한 사람이다. 그는 머리를 한쪽으로 기울이고 묻는다. "그렇지 않은가?" 그리고 자기 앞에 놓인 나무토막 대패질을 계속한다. 그동안 계속 "나무아미타불"을 반복하며. 어떻게 이것이 그의 인성을 내보이는지는 흥미롭다.

이전에 인용한 행들을 우리는 기억할 수 있을 것이다: "나무 부처는 사이이치의 부처이다, 이것은 사이이치이다." 나무아미타불은 사이이치의 심정 안에서 움직인다. 아미타에게서 허락된 이름의 6음절은 여기에서 셀 수 없는 힘을 가진다. 차별적인 지성적 통찰이었다면, 사이이치는 공허한 고양으로 떠워져서 통제할 수 없는 자기중심주의의 하나가 되었을 것이다. 그러나 나무아미타불의 그의 통찰은 사이이치와 부처 사이의 모순을 동일성으로 보는 것으로 비차별적 차별, 차별적 비차별이다. 사이이치는 무슨 말이라도 할 때 "나무아미타불"을 되넌다. 그리고 그의 시를 끝낼 때 사용한다. 왜냐하면 그의 전체 의식의 중심이 나무아미타불에 의해서 줄곧 제어되고 지도되기 때문이다.

한 평범한 사람으로서 듣지 않는다,
그 평범한 사람은 헛것이다.
당신은 나의 심정에 들어와 꽂힌다.

이렇게 들어와 꽂히는 것이 나무아미타불 이외에 어느 것도 아니다. 요약하면 "나무아미타불"이 "나무아미타불"을 외운다. 그리고 또한 그것에 귀를 기울인다. 잇뻰과 같은 사람들에게 이는 꽤 설득력이 있는 것으로 들린다. 그러나 묘코닌 사이이치의 입술로부터는 놀라운 무엇으로 나오게 된다. 다시 생각하면 아직도 사이이치의 것과 같은 경험적 실재가 동양적인 것이 아닌가, 이는 특별히 일본인의 영성적 통찰이 아닌?

나는 아미타가 되지 않는다,

아미타가 내가 된다,

나무아미타불.

나—평범한 사람, 사이이치—에게는 모든 것이 차별적 지성의 하나
의 결과, 하나의 산물, 하나의 관념이다. 이것은 '사기'이다. 이는 진리에
의거한 것이 아니다. 사기—차별과 혹은 분석에 의해서 생산된 것— 의
식에 의해서 객관적 세계라고 가정된 것이다. 이는 신란이 공허한 유령
혹은 비실재라고 부르던 것이다. 그러므로 사이이치의 나 안이나 차별적
지성의 개인적 주체 안에는 아미타가 되는 게 가능한 것이 아무것도 없
다. 사이이치가 하는 것과 같이 사이이치가 부처이다. 신란의 기일이 자
신의 기일이라고 말할 수 있는 것, 타자, 아미타에게서 전가되어야 하는
무엇이다. 이는 아미타에서부터의 자비, 타력의 작용이어야만 한다. 그
러한 자기 깨달음은 영성적 통찰에서 실재화된다. 이는 진리이고, 다른
것은 없다. 이는 그 최종적인 의미에서 구체적 실재이고, "나무아미타불
만이 참인" 이유이다. 사이이치, 신란 그리고 호넨 모두 이 의식 안에서
살았다.

자비와 (굴레 없는) 빛 모두 하나이다.

사이이치와 아미타 모두 하나다.

"나무아미타불."

정토 사상의 진실은 여기에 있다. 나무아미타불을 통해서 하나가 되
는 경험 안에 있는 것이다. 호넨, 신란 그리고 사이이치가 이 경험 안에서

하나가 되었으므로 창시자의 기일이 사이이치 자신의 기일이다. 그리스도인들에게는 이렇게 말해진다. "아담 안에서 모두가 죽었으므로, 그리스도 안에서 모두가 살아있다." 정토 추종자들은 아미타 안에서 죽고, 아미타 안에서 산다. 그러므로 사이이치는 아미타의 사이이치이고, 아미타는 사이이치의 아미타이다. 이를 깨닫는 것은 나무아미타불이다. 영원한 환영은 영원한 깨달음이다. 사이이치는 지옥에 떨어질 운명이다. 아미타 부처는 완전한 순수 안에서 거한다는 불가피하게 그리고 해결의 가능성 없이 대립된다. 어떠한 해결의 관념을 거부하는 모순이다. 그것들은 절대적인 대립이고, 이는 그렇게 되어야만 한다. 모순은 모순이지만, 자유롭고 지장이 없는 상호 침투가 있어야 한다. 제삼자를 삽입하려는 시도는 이 대립을 무제한적 연속에 지속할 뿐이다. 평범한 사람은 구제가 불가능하므로 사이이치는 영원한 환영과 무지를 벗어나지 못한다. 이것, 일본적 영성의 통찰을 통해서 그는 아래와 같이 해결된다.

비록 내가 영원한 환영에 있지만,
나의 부모님은 영원한 부모님이다.
이 기쁨과 이 고마움, "나무아미타불."

만약 무지가 영원하다면 삶은 영원 속에서 그것을 제거할 수 없다. 만약 깨달음이 영원하다면 영원 속에서 사람은 무지 안으로 들어가지 못한다. 그러나 이 깨달음은 영원한 오야이다. 아미타의 영원한 기도의 화신이다. 그러므로 이 기도의 조명 안에서만 깨달음과 환영은 하나가 된다. 무지에 사로잡힌 사람은 이를 위대한 호의 혹은 부처의 호의라고 받아들인다. 여기가 자유롭고 지장이 없는 상호 침투의 실재화가 일어나는 곳이다. 사이이치는 자신이 경험한 실재를 게타를 만들면서 그의 대팻밥 위에 적어 내려갔다. 그것이 그의 시선詩選의 위대한 의미이다. 나는 논리학자들이 이 실재의 토대 위에서 새로운 것을 건설해야 한다고 믿는다.

사이이치의 시들은 터져 나오면서 심오함을 득한다. 아래의 것은 사이이치의 경험을 가진 누구로부터만 나올 수 있는 것으로서, 학자의 입으로부터 이는 하나의 논리이다. 그리고 거기에 중고 옷상자의 분위기를 가지고 있다.

세계는 어리석다, 나는 어리석다,
아미타도 어리석다.
괘념치 않는다, 부모님은 어리석음을 경감시킨다,
"나무아미타불."

"아미타도 어리석다"라는 대담한 발언이다. 아마도 사이이치만이 그렇게 할 수 있을 것이다. 유마 거사가 말할 때, "모든 존재가 아프다. 그러므로 나도 아프다." '나'와 '모든 존재' 사이에 '그러므로'를 삽입하였다. 사이이치는 아무것도 삽입하지 않는다. 단순히 나열한다. "세계가 어리석다, 나는 어리석다, 아미타는 어리석다." 이 셋을 연결하는 말은 없다. 그리고 그는 방향을 바꾼다. "괘념치 않는다, 부모님이 어리석음을 경감시킨다." 그래야만 아미타의 어리석음과 모든 존재의 어리석음이 다르다는 것이 알려진다. 그러나 아미타에서 사이이치와 세계의 나머지가 그들의 어리석음을 포기해야 하는 요청이 나오지 않는다. 모든 것이 있는 그대로이다. 어리석은 사람들이 있는 그대로 구원된다는 것이 일본적 영성의 통찰이다. 모순은 해체되지 않는다. 그것은 있는 그대로 남아 있다. 그렇지만 남아 있는 모순은 근원적인 것이 아니다. 이는 자유롭고 장애가 없는 상호 침투의 기미를 가진 모순이 되었다. 이는 나무아미타불이다.

이전의 사이이치의 어리석음의 외연적 현상은 현재의 사이이치의 그 것과 동일하다. 그러나 현재 사이이치의 어리석음은 나무아미타불에 의해서 지지된다. 이는 오야사마의 손안에 들려진 어리석음이다. 사이이치의 차별적 의식의 어리석음이 아니다. 물론 사이이치의 개인적 주체는 사라지지 않았다. 그러나 초개인적 인격은 그렇다. 어리석음이 정화되었다고 말해질 수 없다. 그러나 어리석음은 더 이상 개인적 주체로부터 나오지 않는다. 어리석음의 정화는 없다. 그것이 영원하기 때문이다. 그러나 이는 영원한 오야사마와 접촉된 어리석음이라는 것을 잊어선 안 된다. 이는 평범한 논리 혹은 언어에 존재하지 않고, 그러나 영성적 통찰에서는 모순이 있는 그대로 승인된다. 그리고 생동감 있게 된다.

11. 사이이치와 조주趙州

사이이치의 어리석음과 조주의 번뇌를 비교하는 것은 흥미로울 것이다. 사이이치의 나무아미타불과 조주의 수정水晶. 한번은 조주가 모인 승려들에게 말했다.

"이는 너의 손에 투명한 수정을 들고 있는 것과 같다. 이방인이 오면 이는 그를 그렇게 반영한다. 본토의 중국인이 오면 이는 그를 그렇게 반영한다. 수풀의 잎사귀를 들으면 16피트 높이의 황금 본체의 부처처럼 역할을 한다. 나는 다시 16피트 높이의 황금 본체 부처를 잡고 한 잎의 수풀로서 행동하게 한다. 부처는 인간의 욕망을 구성한다. 그리고 인간의 욕망은 불성 이외의 것이 아니다."

한 승려가 물었다, "누구를 위해서 부처의 욕망이 일깨워집니까?"

"그의 욕망은 모든 중생을 위해서 일깨워진다."

"그러면, 어떻게 그는 그것들을 제거합니까?"

"그것들을 제거해서 뭣 하나?"라고 도사는 대답했다.

조주가 말하는 수정 구슬은 사이이치의 나무아미타불이다. 사이이치의 모든 것이 이 이름에 반영되어 있다. 만약 이방인이 오면 이방인은 그렇게 반영된다. 중국인이 오면 그렇게 반영된다. 우리는 중국인과 이방인을 번뇌로 볼 수 있다. 우리는 그것들을 차별의 세계라고 볼 수 있다. 이 수정(영성적 통찰)에 의해 밝혀질 수 없는 것은 없다. 의식 자체는 하나의 조화로운 나무아미타불이다. 이는 한 잎의 수풀이자 16피트의 부처이다. 선승이 많은 자연주의적, 객관적 표현을 사용하는 반면에 정토 추종자들은 개인적 주체의 심리적 현상에 대해서 말한다. 그들은 부처 혹은 수풀에 대해서 말하지 않는다. 다만 미움 혹은 선량함, 가련함 혹은 틀림 혹은 이에 반대로 사랑, 기도 등에 대해서 말한다. 수정은 전지의 눈이다. 이는 내부와 외부를 본다. 사이이치와 부처를 본다. 이는 잘못된 관점들을 보고 또한 깨달음을 본다. 반복해 보자. 그 수정은 나무아미타불이다.

나는 당신으로부터 그 눈을 받아들였습니다,

그 눈은 당신을 보기 위한 것입니다,

"나무아미타불."

'당신을 보기 위한 눈'은 사이이치 자신을 보는 눈이 이외의 것이 아니다. 그리고 이는 나무아미타불이다. 그러므로 부처의 어리석음, 사이이치의 어리석음 그리고 세계의 어리석음 모두가 느껴진다. 그리고 부처=번뇌, 번뇌=부처라는 사실이 가능하다. 만약 그 눈이 한 면이라면 자유롭고 장애가 없는 상호 교류는 작용할 수 없다. 그러므로 번뇌는 배제될 수 없다. 번뇌는 부처이다, 부처는 부처이다. 왜냐하면 그 또한 번뇌를 가지고 있기 때문이다. 그의 번뇌 때문에 부처는 사이이치와 다른 중생의 구치, 번뇌를 의식하고, 값을 쳐주고, 경험하고, 그 안으로부터 목적 없는 일을 끌어낼 수 있다. 이는 16피트의 부처의 일이다. 수풀의 잎의 기능은 바람에 날리고 부스럭거리는 것이다. 이 자기중심주의 몸을 어버이가 승인하고 안아주기 때문이다. 이 자기중심주의 몸은 배고프게 되면 어버이가 안아주신다. 몸은 우유를 원하고, 모기에 의해서 시달리고, 몹시 가렵게 된다.

어버이가 안고 있는 아이가 여기 있다.
어버이에게 안겨진,
"나무아미타불."

'아이가 여기에 있다'라는 문장은 특기할 만하다. 이는 아이 사이이치가 여기에 있다는 뜻이다. 여기에 있는 사이이치는 한 잎의 수풀이다. 그리고 신발을 만들면서 또한 모든 중생의 구원을 위해 목적 없이 일하는 것은 아닌가?

이를 말하면서 정토 사상과 선을 만나게 혹은 융합하려는 의도는 추호도 없다. 그것을 할 사람은 직업적 교육자나 학자들이다. 나의 몫은 조주의 수정과 사이이치의 나무아미타불의 입장 자체에서 오는 표현의 방식을 비교하려 함이다. 끝까지 선은 선이고, 정토는 정토이다. 그들의 차이점들, 유사점들을 보는 것을 잊어서는 안 된다. 유사점들을 봄으로써 또한 우리는 그 차이점들의 존재를 염두에 둘 것이다. 내가 일본적 영성의 깨우침이라고 불릴 만하다고 느끼는 것의 존재에 관심을 환기하려고 바랄 뿐이다.

12. 사바와 정토

이전에 인용하였던 "나는 어리석다, 아미타도 어리석다" 그리고 "나의 생각은 너의 생각이다"와 같은 구절들은 사이이치와 아미타 사이의 관계 그리고 사바와 정토의 상응하는 관계에 의해 일반적인 것의 이해를 제공한다.

사이이치는 어디에 있는가? 정토에인가?
여기가 그 정토이다, "나무아미타불."

그의 나무아미타불은 그 정토이다. 이는 의심 없이 문제이다. 사이이치가 나무아미타불과 따로 떼어져서 발견될 수 없으므로 그가 발견되는 곳에서—사바세계 안에서— 또한 나무아미타불이 있어야 한다. 이것 없이는 정토도 없다. 사바세계는 정토이어야만 하고, 정토는 사바세계이다. 단지 사바는 정토와 같은 것은 아니다. 여기에는 나무아미타불이 있으므로 그것을 통해서 사바는 정토이다. 그것을 통해서 정토는 이 세계로 제거된다. 이 둘은 단순하게 하나가 아니다. 둘은 하나, 하나는 둘이어야 한다. 그것이 나무아미타불이다.

나는 가서 극락을 받아들인다,
"나무아미타불."
이 사바세계에서 나는 그것을 받아들인다—
믿는 심정의 달(月).

비록 그가 거기로 가서 극락을 받아들인다고 말했다고 해서 사후에 거기로 가게 될 것이라고는 말하지 않는다. 믿는 심정의 달과 함께 사바는 빛이 비치고, 정토가 받아들여진다. 사바와 극락은 분리되지만, 완전히 간격이 있는 것은 아니다. 그러나 그것들은 하나로 여겨지는 것도 아니다. 이는 사바세계의 나무아미타불, 극락의 나무아미타불이다. 사이이치가 사바세계 안에 존재하고, 부처는 극락 안에 존재하므로 만약 사이이치가 부처가 되면 사바세계가 극락이 되어야 함은 당연하다.

나는 아미타 부처의 이름을 듣는다.
이는 사이이치가 된 부처이다.
그 부처는 "나무아미타불"이다.

또는

부모님은 사이이치를 부처로 만든다.
"나무아미타불"의 아미타.

나무아미타불이 첨가된 사바와 극락의 연결은 더 이상의 반복을 하지 않는다. 그러나 나는 다시 말해야만 할 것이다. 이는 이름의 6음절이 두 모순적 극단 사이에 개입하거나 혹은 이 이름이 위에 있는 어떤 위치로서 그들을 연결하는 것으로 생각될 수는 없다는 것을 잊어서는 안 된다는 바람에서이다. 이 이름은 "하나는 둘, 둘은 하나이다" 안에서 '이다'(即)에 순응한다. 이 '연결이 아님'의 의미는 보통 파악하기 어렵다. 그래서 나는 다른 방식으로 말하고 싶다. 이는 비지속의 지속이다. 이는 신란이 도약 혹은 교차점을 지나감이라고 부른 것이다. 이렇게 진술되면 공간적인 것, 연속, 한 지점에서 또 하나의 지점으로 도약하는 것으로 해석될 것이다. 그러나 이 모든 것은 차별적 지성의 개념들이다. 여기서 영적인 통찰이 기능을 한다. 이것 없이는 이름의 의미는 어떠한 상황에서도 파악될 수 없다. 사이이치는 그러한 복잡함을 말하지 않는다. 단지 간단히 말한다.

이것은 사이이치가 되는 부처이다.
그 부처는 "나무아미타불"이다.
이는 영성적 통찰의 직접적 발언이다.

이 어둠은 6음절의 밝은 달에 의해 비추어진다.
사바세계 안에 있으면서, 나는 이 6음절 안에 산다,
얼마나 기쁜 일인가!

비록 사바세계의 어둠이 걷혔다는 것을 함의하지는 않다 하더라도 사이이치는 언제나 이 6음절의 이름 안에 산다. 그러므로 그는 말한다.

"사바세계 안에 있는 동안…" 그는 특징적이지 않게도 "나무아미타불"을 말하는 것을 잊어버린다. 그리고 대신에 그가 제^稱음절 안에 산다"라고 말한다. 다음의 시는 이 요점을 재빨리 해명한다.

사바는 여명이다, 정토의 여명이다.
이는 열린다, 이는 나의 기쁨이다, "나무아미타불."

사바의 여명이 정토라고 사변될 수 있을 것이나 이는 옳지 않다. 이는 정토의 여명이다. 여명에서 기쁨은 나무아미타불의 깨우침 외의 어느 것도 아니다. '제^稱음절 안에서 사는 것'의 깨우침 없이는

기쁨 혹은 행복이 있을 수 없으며 그러므로 가련함도 없다. 이 깨달음은 하나의 생각의 깨우침 혹은 일어남(一念発起)이라고 불린다. 다음의 시는 사이이치가 정토 전통의 기술적 술어를 사용하는 드문 경우이다.

다른 곳에서는 영원이 없다,
이 세계는 영원의 세계이다,
여기에도 一念発起,
"나무아미타불."

사바가 정토이고, 정토는 이 세계라고 말할 수 있을 것이다. 그러나 이것이 이치넨 호키의 경험에 기반을 두지 않으면 이는 단지 공허한 염불일 뿐이다. 나무아미타불의 진리에 바로 뛰어들어야 한다. 그것은 하나의 생각, 영성적 통찰의 깨우침이다. 이미 '세계의 종말'을 경험하지 않는

다면 이를 파악하는 것은 가능하지 않다. 금 물고기가 그물을 돌파해야 만 무엇에 먹이를 찾을지 알 수 있다. 나무가 기機이고, 아미타 부처가 법 이며, 기와 법이 함께 나무아미타불이라는 것을 말하는 자는 설교가이지 묘코닌이 아니다. 후자는 나무아미타불에 자신을 한정하고, 이와 다른 어떤 것에도 한정하지 않는다. 이는 이것이 정토왕생의 원인 혹은 조건 의 여부 혹은 지옥에 떨어지는 원인의 여부에 일말의 관심을 가지지 않 고, 그 실재 안에서 살아간다.

> 부처의 6음절, 6가지 본질이 나에게 왔을 때, "나무아미타불."
> 나에게 이를 가르쳐준 부모님은
> "나무아미타불"이다.

'그 6음절이 나에게 온다'를 아는 사이이치는 '나에게 가르쳐 준 부모 님'이다. 가르쳐 주는 것과 가르침을 받는 것은 경험적으로 동일한 실재 이다. 그러므로

> 만약 악을 보는 눈이 나무의 눈이면,
> 이는 아미타 부처에 의해 소유된다.
> 그것은 "나무아미타불"의 6음절이다.

이는 이전에 나왔다. 사이이치를 보는 눈과 부처를 보는 눈은 동일한 나무아미타불이다. 이 눈은 외부 혹은 내부를 보지 않는다. 에크하르트 의 '눈'과 다르게 이는 동시에 내부와 외부 모두를 본다. 네가 아는 시간은 너에게 알려져 있다. 본다(見)는 것은 성性이고, 성이 곧 견이다. 나는 동

시라고 말했다. 그러나 사실은 이는 시간적 본성을 가지고 있지 않다. 이는 또한 장소의 공간적 동일성으로서 이해되어서는 안 된다. 나(사이이치)는 "아미타 상으로부터 아미타 상을 받아들인다"는 이 놀랄 만한 그리고 이해 불가능한 눈이다.

만약 사이이치의 시를 전체로 보아서 관념에 따른 그룹으로 분류한다면 그것들은 훌륭한 일본적 영성 통찰의 내용을 확신하는 데 도움을 줄 것이다. 다음의 시는 이전에 제시되었으나 이 장의 알맞은 결론을 짓는다.

이 가련한 사람은 이제 오야사마와 기도를 한다,
이 사바세계에서 한다.
나는 아미타의 정토로 갈 것이다,
오야사마와 기도를 한다.

13. 감정적인 것과 지성적인 것

정토 사상의 가장 특징적인 요소라고 봐야 하는 것은 오야사마로서 아미타 부처의 시점이다. 지속적으로 아미타와 부자 관계로 있는 사이이치의 시들은 이를 나타낸다. 정토 사상의 중심은 자연스럽게 이 영성 안에 놓는다. 그러나 그 통찰들은 감정적인 것을 통해서 나타난다. 이는 이 점에서 선의 지성적인 것과 대조된다.

아미타 상,
당신은…

당신은 나를 도우려 열심이지요, 그렇지 않습니까?

감사합니다.

이는 사이이치의 시가 아니다. 이는 아키(安芸)의 먼 지역에 사는 한 노인이 지었고, 후지 스님의 책에 인용되어 있다. 이 시가 나타내는 것은 단지 정토 전통에서 아미타에게로 그렇게나 긴밀한 접근이 가능하다. 위와 같은 친밀하고 마음에 맞는 태도를 선에서는 발견할 수 없다. 선은 변함없이 지성적이다.

조오슈우는 모인 승려들에게 말했다.

"나는 '부처'라는 말을 듣고 싶지 않다."

한 승려가 물었다.

"그리고 인간을 위해서 일하지 않습니까, 그렇지 않나요?"

조오슈우는 바로 대답했다. "부처 부처."

중국 문법의 규칙은 이 말들, "부처 부처"가 다양한 방법으로 해석되는 것을 허용한다. 어느 정도로도 조주(조오슈우)는 '부처'라는 말을 듣는 것도 원치 않다고 말했다. 모든 존재를 구원하기 위해서 무엇을 할 것이냐는 물음에 "부처"라는 음성이 조주 자신에게서 들린다. 그는 이렇게 말했을 것이다. "만약 네가 타인을 도울 수 있다면, 이는 부처이다" 혹은 "부처를 소리 내어 부르라, '나무아미타불', '나무아미타불'. 사실은 남는다. 사람은 부처 혹은 부처가 아닌 것에 의해 사로잡혀서는 안 된다. 존재와 비존재는 있는 그대로 남겨져야 한다. 사람은 그것으로부터 자유롭게 되어야만 한다. 사람은 모순 안에서 살아 나가야만 한다. 이는 부처 자신이 되어야 하는 것이다. 비록 정토와 선이 여기서 동일한 것이더라도 선에서는 부정이 먼저 온다. 그러므로 선은 지혜가 아닌 지혜에 대해서 말한다. 정토의 길은 이 부정을 따라가는 긍정으로부터 걸어 나가는 것이다. 그러면 이는 아미타와 손에 손을 잡고 부자가 나가듯이 사람이 따라 걷는 것이 자연스럽게 된다. 지성은 언제나 자신을 사물들로부터 분리하기를 원한다. 감정은 그것들과 같이 산다. 여기 선과 정토 사이의 표면적인 차이가 나타난다. 이것을 온전하게 이해하면 이는 단지 표면적인 차이이다. 그러면 긍정 혹은 부정의 선택은 단지 자신의 구체적 경향 혹은 통찰에 달려 있다.

기쁨, 기쁨의 풍요로움은 가련함이기도 하다.
이 가련함은 자비의 거울의 빛에 비추어진다.
이제 거울 안의 거울이다.

어떤 논점은 여기에서 불명확하다. 그러나 전반적인 의미는 다음과 같다고 생각한다. 단순한 기쁨의 결합하는 넘침은 아직 충분히 주체의 의식으로부터 구별되지 않았다. 이 기쁨이 진정하고 순수한 것이 되면 이는 아미타의 자비 안에 완전히 안겨진다. 바로 이 순간 이는 초개인적인 인격을 득하게 된다. 그리고 개인적 주체의 거울이 아미타의 거울 안에 받아들여져서 그 사이에 이미지가 없는 마주 보는 두 거울과 같이 된다. 그리고 개인적 주체의 의식 안에서 기쁨은 기쁨도 불안도 없는 위대한 거울 지혜로 직접적으로 가게 된다.
'…한 거울 안의 거울'이라는 행은 정토 사상에서 자주 보이지는 않는다. 『무량수경』에는 밝은 거울 안에서 자신의 얼굴을 보는 것에 비유되는 직유가 있다. 또한 동일한 경전에서 정토와 부패된 사바세계가 서로를 반영하는 거울들처럼 대면하는 것에 대한 언급이 있다. 그러나 정토 추종자들 사이에는 이 측면에 대한 관심이 없어 보인다.

여기서 사이이치의 시는 선의 분위기를 가지고 있다. 나는 "한 거울 속에 거울"이라는 표현을 익숙한 자비, 부자, 고마움, 은혜로움 등등의 사이에서 발견하는 것이 얼마나 익숙하지 않은지 강조할 것이다. 어쨌든 우리가 이것을 사이이치에서 그의 "나무아미타불의 맛"과 함께 발견할 때 이는 특별한 주의를 할 가치가 있다.

|역 자 후 기 를 대 신 하 여 |

김승철

I. 『일본적·영성』에 대하여

이 책은 일본의 선불교 학자 스즈키 다이세츠鈴木大拙(1870~1966)의 『일본적 영성日本的靈性』을 우리말로 옮긴 것이다. 스즈키는 금세기에 동양의 선불교를 구미에 소개하는 데 큰 역할을 한 인물이었다. 선禪이 한국식 발음인 '선'이나 중국식 발음인 '찬'이 아니라 일본식 발음인 '젠Zen'으로서 서구 세계에서 널리 사용되게 된 데에는 스즈키의 활동이 그 배경으로 작용했다고 할 수 있다.

스즈키 다이세츠는 1870년, 이시카와현石川県 가나자와시金沢市에서 태어났다. 다이세츠라는 이름은 거사, 곧 출가한 승려가 아니라 재가에서 불도를 닦는 사람에게 주어진 이름으로, 그의 본명은 테이타로貞太郎이다. 이시카와 전문학교와 제4고등학교를 졸업한 후 도쿄제국대학에서 수학하면서 카마쿠라의 엔카쿠지円覚寺에서 참선을 하였다. 그를 지도하던 승려가 세상을 떠난 후 스즈키는 계속해서 사쿠 소엔釈宗演의 가르침을 받았는데, 당시 이 사쿠 소엔에게서 선을 연구하던 미국인 여성 베아트리스 레인Beatrice Lane을 알게 되고, 후에 그녀와 결혼한다. 또한 교토학파의 창시자로서 유명한 니시다 기타로西田幾多郎와는 이시카와 전문학교 이래의 친우로서 오랜 친분 관계를 유지하면서 사상적 교류를 하였다.

1897년에 사쿠 소엔의 추천으로 도미하여 오픈 코트 출판사에서 동양학 관계 서적의 출판을 담당하면서 『대승기신론』과 『대승불교개론』 등 선불교에 관한 서적들을 집필, 출판하였다

1909년에 일본으로 돌아와 영어를 가르치던 스즈키는 1921년에 오오타니대학大谷大学에 부임하였고, 대학 내에 동방불교도협회Eastern Buddhist Society를 설립하고, 학술지 *Eastern Buddhist*를 창간하였다. 이 학술지는 선불교와 서방의 사상이 만나는 중요한 학술 교류의 장이 된다. 그 후 미국의 하와이대학, 예일대학, 하버드대학, 프린스턴대학 등에서 강의를 담당하던 스즈키는 1960년에 오오타니대학을 퇴직하였으며, 그 후에도 왕성한 학문 활동을 전개하였다. 그의 저작들은 이와나미 출판사가 1968~1969년에 펴낸 "스즈키 다이세츠 전집"(30권, 별권 2권)으로 모여 있다. 그가 태어난 카나자와시에는 스즈키 다이세츠 기념관(鈴木大拙館)이 건립되었다.

여기에 우리말로 번역한 『일본적 영성』은 1944년에 쓰이기 시작해서 그해 12월에 다이토 출판사大東出版社에 의해서 출판되었고, 1946년에 재판이 나왔다. 그 후 초판과 재판에 실려있던 "금강경의 선"이라는 장이 생략된 채 역시 같은 출판사에 의해서 간행되었다. 스즈키 자신은 이 "금강경의 선"이라는 장은 앞으로 다른 글과 같이 묶어서 출판해보고 싶다고 하였다.

『일본적 영성』은 스즈키가 그의 불교 연구에 기초해서 쓴 일본문화론이라고 할 수 있다. 20세기에 쓰인 일본인론, 일본문화론은 그 수를

헤아릴 수 없을 정도로 많지만, 스즈키가 자신의 불교적 사상을 '영성'이라는 개념으로 수렴시키면서 선적 자각과 정토 신앙을 일본인들의 정신적 고향으로 묘사한 이 책도 그 반열에 속한다고 할 수 있을 것이다. 더욱이 이 책은 제2차 세계대전이 막바지로 치닫던 1944년이라는 역사적 공간 속에서 일본인 학자에 의해서 쓰이고 출판된 일본문화론이었기에, 이 책을 둘러싸고 많은 논의가 이루어져 왔으며 또 그러한 논의가 복수적인 기준에 의해서 이루어질 수밖에 없다는 복합적인 성격을 지니고 있다. 한국에도 번역·소개되어 있는 브라이언 다이젠 빅토리아[Brian Daizen Victoria]의 『전쟁과 선』(*Zen at War*)도 2차 세계대전이라는 상황하에 스즈키를 포함한 일본의 근대 불교자들의 모습을 다룬 연구서의 하나일 것이다.

『일본적 영성』에 대한 논의는 지금까지 여러 분야에서 이루어져 왔고 또 그에 대한 판단은 이 책을 읽으시는 독자들의 몫이기에 여기서 자세히 논하는 것은 생략하는 것이 옳다고 여겨진다. 스즈키는 자신의 '일본적 영성론'과 관련해서 전후에 『영성적 일본의 건설』(1946)과 『일본의 영성화』(1948)라는 두 편의 글을 더 썼다. 이 두 글에서 스즈키는 전후 일본이 감당하여야 할 사명을 거론하면서 국수주의적으로 채색된 신도[神道]의 사상적 이탈이 일본과 일본인들에게 가져온 폐해를 지적하고 있다. 이와는 달리 일본인들의 마음에 새겨진 신도는 가마쿠라 시대에 깊은 성찰에 이르렀음을 거론하면서 그것이 일본의 영성적 자각에 이르기를 기대하고 있다.

이 책의 번역은 제1편과 제2편을 박연주 선생님이, 제3편과 제4편은 김윤석 선생님이 각각 맡아서 해주셨다. 번역하는 과정에서는 노만 워델[Norman Waddell]이 "Japanese Spirituality"라는 제목으로 번역하고 일본학술진흥회(Japan Society for the Promotion of Science)가 1972년에 간행한 영역본도 참조하였다.

스즈키는 일본의 여러 고전에서 자유롭게 인용하면서 자신의 논지를 전개하고 있기에 이를 그대로 한글로 옮기는 일은 지난한 일이었다. 앞으로 독자들의 지적을 받아 가며 보다 완전한 번역이 되도록 노력하겠다는 말씀을 드리면서 번역해주신 두 분께 깊이 감사드리는 바이다. 이 책이 일본의 근현대 사상을 이해하는 데 조금이나마 도움이 될 수 있기를 박연주, 김윤석 두 선생님과 함께 간절히 바라는 바이다.

II. 『즉비의 논리』에 대하여

앞에서도 말하였듯이 『일본적 영성』에는 "금강경의 논리"라는 장이 포함되어 있었는데, 후에 스즈키 자신에 의해서 생략되었다. 그리고 이 "금강경의 논리"에서 스즈키는 자신의 독특한 '반야즉비의 논리'를 개진하고 있다. 이는 선불교의 논리 구조를 규명함으로써 선의 독특성을 더욱 돋보이게 해준다. 이번에 한글로 번역된 책에서도 이 "금강경의 논리"는 생략되었는데, 『일본적 영성』을 이해하기 위해서 아래에 스즈키의 '즉비의 논리'에 대해 과거에 발표했던 글의 일부를 발췌해서 소개한다.[1]

---

1 김승철, 『무주와 방랑 ─ 기독교 신학의 불교적 상상력』 (동연, 2015), 17-49.

1. 렘마와 즉비

선에 논리가 있는가? 선은 과연 논리성을 추구하는가? 만일 그렇다면 선이 추구하는 논리란 어떤 것인가? 이러한 물음에 대해서 우선 간략하게나마 답하지 않으면 안 되는 것은 선은 지나치게 비논리적인 실재 이해의 방식으로 받아들여지고 있는 것이 사실이기 때문이다. 그러므로 스즈키가 전형적인 '선의 논리'라고 주창하는 즉비의 '논리'에 접근하기 위해서는 근본적으로 선의 논리란 무엇인지를 개략적으로나마 살펴보는 일도 도움이 될 것이다.

구미에 대한 스즈키의 선불교 해석이 심리학적으로 경도되었고 지나치게 '불립문자不立文字'나 '교외별전教外別傳' 유의 것으로 방향지어졌다는 지적도 가능하겠지만, 스즈키 스스로 밝히듯이 선이 평면적 논리를 거부하고 보다 차원 높은 논리를 주창함은 틀림없는 사실이다.

선의 시각은 선의 시각 나름대로 특수한 것이기는 하지만, 그것은 언제나 논리적인 시각에 대해서 반항적 태도를 취하는 것은 아니다. … 그러나 모든 범주를 초월한다는 것은 모든 것에 대해서 그 내면적 근저를 이룬다는 의미이다. 선의 시각은 형식상의 통일이 아니라 작용상의 통일이라야 한다. 논리적 시각은 그 근본 작용을 분별적 지에서 본다. 즉, 작용 그 자체로부터 연속성의 체계를 보지 못하고 이 체계가 자발적으로 전개하는 족적을 필름의 평면에 찍어서 보는 것이다. … 선의 시각은 내면적 시각이다. 예를 들면 여기에 한 그루의 나무가 있고 그 잎이나 가지, 줄기나 꽃이나 씨앗 등을 검사해서 하나하나 그것을 분석적으로 도판으로 찍는 것이 객관적인 논리적 시각이라면, 이것과는 반대로 관찰자 자신이 그 나무 자신이 되어서 그것이 내면적으로 발전해 나가는 과정을 자신이 느끼는 것이 선의 시각이라고 할 수 있을 것이다. 만일 논리에 정교한 분석력이 있다고 한다면, 선에는 가장 풍부한 창조적 상상력이 있다고도 하겠다.”[2]

그런데 여기에서 우리가 선의 '논리'라는 맥락에서 주목하고자 하는 것은—특히 '논리'(logic)라는 말이 서구적 맥락에서 사용되는 한— 논리의 논리성을 부여하는 현실 이해의 근본 구조, 즉 현실의 구성원리로서의 로고스logos이다. 로고스는 논리의 체(體)이고, 논리는 로고스의 작용(用)이기 때문이다. 그러므로 비록 우리가 범논리주의에 빠지는 것은 아니라고 하더라도 논리는 현실의 로고스 구조 없이는 생각될 수 없는 일이다.

현실의 로고스 구조의 작용으로서의 논리는 서구에서 형식 논리, 현실 경험의 논리(칸트) 그리고 변증법적 논리(헤겔)로 변천해 오면서 그 복잡성을 더해갔지만, 로고스의 용으로서의 서구의 논리는 어디까지나 존재에 근거한 논리이다. 그것은 근본적으로 'A는 A이다'라는 동일률에 근거하는 존재의 논리이다. A가 존재한다는 사실과 그것이 A라는 것은 동일한 것이기 때문이다. 그뿐만 아니라 로고스는 항존적인 현전(presence)이다.

로고스에 기초한 존재의 논리에서는 A는 A가 되기 위해서 非A와의 절대적인 비연속성을 필요로 한다. A의 존재와 A의 비존재는 동시에 성립할 수 없기 때문이다. (모순율) A의 존재는 非A라는 비존재와 불연속성만을 지닌다. 헤겔의 변증법에 이르러 비로서 A와 非A는 동시에 생각되기에 이르렀지만, 변증법 역시 A와 非A가 절대 존재로서의 A의

---

2 『鈴木大拙選集』(이하 『選集』으로 표기) 9/22.

시간적 구체화라고 분절시킴으로써 非A는 A에 이르는 과정으로 간주되었기 때문에 결국 非A는 비존재의 그늘에 머물고 마는 것이다. 로고스의 논리는 이렇게 A와 非A, 즉 긍정과 부정이라는 이항의 대립으로부터 성립한다.

따라서 A와 非A의 '중간'은 존재할 수 없다(배중률). 헤겔의 변증법이 모순율을 역전시켜서 모순을 현실 구조의 적극적 요소로 받아들이면서 사유되었지만, 배중률에 대한 역전은 아직 나타나지 않았다. 그 까닭은 방금도 말하였던 것처럼 논리가 기본적으로 긍정과 부정의 양항 대립에 의해서 성립되어 있기 때문이다.

그러나 과연 배중률적 현실은 생각될 수 없는 것일까? 모순율의 역전이 A가 자기 자신 속에 자신과의 모순을 포함하고 있다는 식으로 발생하였듯이 A의 자기동일성 속에 A와 대립되는 非A와의 '중간'이 존재하고, 이것에 의해서 그 장에서 비로서 A는 A로서 존재한다고 말할 수는 없을까?

바로 여기에서 우리는 이러한 이항 대립이 아닌 보다 복합적인 현실 인식에 근거한 이른바 '렘마^{lemma}'의 논리를 말할 수 있다. '렘마'라는 말은 람바노$^{\lambda\alpha\mu\beta\alpha\nu\omega}$에서 유래한 말로서 '직접적으로 파악하다'는 의미를 지니고 있다. 렘마는 긍정과 부정만으로 이루어진 논리를 가지고 동일률, 모순율, 배중률이라는 세 가지 법칙을 발견한 아리스토텔레스로부터 헤겔에 이르기까지의 서구의 로고스의 논리를 뛰어넘어서 긍정과 부정의 '중中'을 사유할 수 있는 현실 이해이다. '중'은 헤겔의 변증법에서도 단지 매개의 차원에 그쳤지만, 렘마의 논리에서는 이 '중'이야말로 논리의 핵심으로 부각되는 것이다.

용수龍樹의 중관철학이 말하는 '팔불八不'(不生不滅不常不斷不一不異

不去不來)은 바로 서구의 논리가 극복하지 못하고 남겨놓은 배중률의 극복을 의미한다. 이것은 서구 철학자들이 말하는 변증법이 결코 아니다. 변증법은 모순율의 역전에서 비롯되었지만, 여전히 불不을 긍정에 대한 부정의 의미로만 판단할 수밖에 없는 로고스의 논리이기 때문이다. 이와는 달리 용수의 '불'은 렘마적 현실로서 그것은 '비非'로 읽지 않으면 안 된다. 왜냐하면 이때의 '불'은 긍정과 부정을 동시에 포괄하는, 다시 말해서 '즉비'의 '불'이기 때문이다. 그것은 '중'이다.

야마우치山內에 의하면 대승의 논리는—반야의 논리는 이의 핵이다 — 렘마의 논리의 기본을 이루는 '4구분별四句分別'을 보다 세련화해서 사고방식으로 나열한 것이다. 4구분별이란 ① 긍정, ② 부정, ③ 긍정이면서 부정, ④ 긍정도 부정도 아닌 것을 의미한다. 야마우치는 이 중 제4항을 '양비兩非', 제3항을 '양시兩是'라고 부른다.

그뿐만 아니라 이것은 임제臨濟의 사료간四料揀에서 말하는 소식과 동일하다. 임제는 주체와 객체의 관계를 가지고 궁극적 실재와 그것을 추구하는 인간의 마음의 존재 양태를 네 가지로 표현하였는바 그것은 ① 탈인불탈경奪人不奪境, ② 탈경불탈인奪境不奪人, ③ 인경양구탈人境兩俱奪, ④ 인경구불탈人境俱不奪이다. 스즈키도 이에 대해서 다음과 같이 주를 달았다.

사료간도 필경은 반야의 논리를 인경人境 위에서 본 것이라고 여겨진다. 인과 경을 나누어서 보는 세계는 이른바 상식의 세계이다. 이것을 함께 빼앗는다는 것은 상식분별의 세계를 절대적으로 부정하는 것이다. 절대적으로 부정하는 바로부터 절대의 긍정이 나와서 인경구불탈人境俱不奪이 된다. 즉, 인은 인으로 서고 경은 경으로 선다. 차별의 세계가 그대로 평등, 평등이 그대로 차별이다.3

그러나 로고스의 논리에서라면 첫 번째 항 '탈인불탈경奪人不奪境'과 두 번째 항 '탈경불탈인奪境不奪人' 이외에 세 번째, 네 번째 항은 존재할 수 없다. 인과 경이 탈奪과 불탈不奪이라는 배중률적 관계를 역전시킬 수 있는 것은 바로 인과 경의 자성自性이 없기 때문이다. 유식唯識이 고의 존재를 설명하기 위해서 식의 존재를 강조한 반면 중관철학은 고의 무자성을 강조함으로써 고의 비존재성을 부각시킨 차이를 또한 연상할 수 있을 것이다. 그러나 식이든 공이든 그것은 불이不二의 관계를 말하는 동시에 불이不二이기에 공임을 말하고 있다.

이처럼 렘마의 논리란 긍정(A), 부정(非A), 긍정이면서 부정(A 그리고 非A), 긍정도 부정도 아닌 것(非A 그리고 非非A)이라는 네 가지 시각으로부터 현실을 본다. 따라서 후에 말하게 될 대승불교 반야의 논리로서의 스즈키의 즉비의 논리는 로고스적인 논리의 맥락이 아니라 렘마적인 논리에서 이해되어야 한다. 로고스 논리의 입장에서 보면 그것은 역설이므로 논리성을 박탈당하게 되지만, 렘마적 입장에서는 당당한 논리성을 획득하는 것이다. 그것은 렘마적 논리가 단지 존재의 우위에 근거한 로고스의 논리와는 달리 긍정과 부정의 복합체를 논리적 단위로 삼기 때문이다. 즉, 렘마적인 현실은 긍정과 부정이 동시적으로 존재하고 또 동시적으로 부재하는 현실이다.

야마우치는 그것을 'A가 非A를 존재의 이유로 한다'는 자각에서 비롯된 것이라고 보았다. 즉, 非A가 A의 근거라는 말이다. 그러므로 변증법의 논리는 모순의 원리를 역전시킴으로써 등장한, 그러나 그러한 한에서 여전히 로고스적인 논리, 즉 A를 非A의 근거로 보는 논리이지만,

---

3 『選集』 4/79.

렘마의 논리—반야의 논리—는 역으로 존재와 무를 함께 근거의 문제로 다루는 논리이다. 무와 유가 동시에 양립한다는 것은 모순이지만, 무가 유의 근거라는 것은 모순이 아니라 논리적인 현실—렘마 논리적인 현실—일 뿐이다. 다시 말해서 로고스의 논리가 존재에 대한 직관에서 출발하는 논리라면, 렘마의 논리는 존재와 그 근거와의 관계를 문제시하는 논리이다. 그리고 그 존재의 근거를 비존재, 즉 무에서 보는 것이다. 그래서 앞서 '사료간'에서도 부정의 항(兩俱奪)이 긍정의 항(俱不奪)보다 먼저 등장함으로써 부정이 긍정을 선취하며 또 그의 근거임을 드러낸다는 사실이다. 야마우치는 그러한 현실 이해의 근본을 불교적인 무상無常에서 찾고 있다. 무상이란 존재자의 비존재성(덧없음)과 동시에 존재자의 존재성(늘 새로움)을 동시에 껴안고 있다. 이 무상관을 『금강경』은 '상비상相非相'이라고 본 것이다.

이로써 우리는 현실이 지닌 로고스 구조의 작용으로서의 논리의 또 다른 국면을 접하게 된 셈이다. 그것은 존재의 근거로서의 비존재에 대한 자각이며 또한 존재와 비존재를 동시에 생각하여야만 되는 현실, 곧 구체적인 종교적 현실이다. 그런데 이러한 존재/비존재의 동시성에 대한 추구는 논리가 기대고 있는 현실의 로고스 구조 자체를 흩뜨려버린다. 왜냐하면 로고스 구조란 존재의 배타적 자기동일성에 기초하고 있는바 존재/비존재라는 절대적인 불연속성의 연속성이라는 것은 로고스 구조 자체를 파열시키기 때문이다. 바로 여기에 선불교적인 논리의 독특성이 있다.

2. 『금강경』과 즉비의 논리

스즈키는 반야경 중에서 『금강경』이 가장 간결한 경문을 가지고 반야사상의 핵심을 표현하고 있다고 보았다. 그리고 『금강경』의 진수—선의 진수—는 제13장 "부처가 말한 반야바라밀은 곧 반야바라밀이 아니요 그 이름이 반야바라밀이니라"(佛說般若波羅蜜多 卽非般若波羅蜜多 是名般若波羅蜜多)라는 문구 중에 드러난다고 보았다. 스즈키는 이것을 '즉비의 논리'라고 정형화하였다. 그에 의하면 "이것이 반야계 사상의 근간을 이루고 있는 논리이고 또 선의 논리이며 일본적 영성의 논리이다."[4] 스즈키는 이러한 즉비의 논리를 『금강경』의 실재 이해의 방식이라고 보고 나아가서는 반야계 사상 전체의 근본이라고 간주하였던 것이다.

다른 곳에서 스즈키는 '즉비의 논리'를 다음과 같이 말하고 있다.

… 인간 존재의 근본 문제를 다루는 것이 선의 특징이다. 이것은 반야 철학의 이론이라고 한다면 '즉비'의 논리 — 변증법이다. '비'란 근본의 모순을 말한다. '그렇다'과 '그렇지 않다'의 대립을 말한다. 즉, 생사의 세계, 춥고 더운 세계, 절대로 상용相瀜하지 못하는 항쟁을 말한다. '즉'이란 이 절대적으로 상용하지 못하는 것이 그대로 동일성이라는 장면에서 작용하고 있다는 뜻이다. 동일성이라는 것—'즉'—이 별도로 있고 그것과 상용하지 않는 것—'비'—을 포함하는 것이 아니다. '비'가 그대로 '즉', 즉 절대로 서로 '비'하는 것, 그것이 바로 '즉'인 것이다. '즉'과

---

4 『選集』 4/17.

'비'는 그대로 동일한 것이다. 한편으로부터 다른 편으로 이동하는 것이 아니다. 이동한다고 한다면 '즉'도 '비'도 없어지고 '즉비'의 논리는 성립하지 않는다. 따라서 이 논리를 성립시키려면 이른바 지적 분별이라는 것을 버리지 않으면 안 된다.[5]

위에서 스즈키가 즉비의 논리를 변증법이라고 표현한 것에 과도한 무게를 둘 필요는 없을 것 같다. 왜냐하면 '심'과 '비심'은 정신과 그의 자기소외 사이의 대립을 거쳐서 다시금 정신의 자기복귀적인 자각을 말하는 헤겔의 사상과 유사하게 보이지만, 헤겔에게 정신과 그와 대립하는 정신의 자기소외 사이에는 연속성이 있기 때문이다. 즉, 앞에서도 언급하였던 것처럼 헤겔의 변증법은 발전, 즉 자기 전개의 논리인 것이다. 그것은 잠세태로부터 현실태를 향해서 부정 매개를 둔다고 해도 연속성이 근저에 있는 이상 자기동일적인 존재를 인정하지 않을 수 없는 것이다.

그러나 즉비의 논리는 스즈키 자신의 말대로 "한편에서 다른 편으로 이동하는 것이 아니다." 그래서 즉비의 논리는 존재의 자기동일적 연속성에 기초한 과정 변증법과는 종류를 달리한다. 즉비의 논리는 대립이 대립인 채 '그대로' 동일하다고 말한다. 그러므로 즉비의 유의 논리, 로고스의 논리인 변증법과는 달리 '무의 논리'이다. 조금 각도를 달리해서 말한다면 무의 논리의 출발점이 되는 연기의 자각이 과정 변증법으로서가 아니라 '관조의 입장', '전체적이고 일회一回의 직관'이어야 하는 이유를 여기서 알 수 있다. 렘마라는 말이 '직접적으로 파악하다'

---

5 『選集』 4/149-150.

를 의미함을 여기서 상기한다면 좋을 것이다. 그러므로 스즈키는 즉비의 논리를 이해하기 위해서 로고스에 기대는 '지적 분별'—긍정이냐 부정이냐—을 버려야 한다고 말한 것이다. 아래의 스즈키의 말은 이러한 사실을 뒷받침해 주고 있다.

> '즉비'의 논리는 보통 이런 형식으로 말해진다. ― '심心은 비심非心이다. 이것을 심이라고 한다.' 심은 긍정, 비심은 부정. 심과 비심의 대립은 긍정과 부정의 대립이다. 이 대립이 그대로 '심'이다. 그러나 이 '심'은 심/비심 할 때의 심과 같은 것은 아니다. 문자는 같지만 그 의미는 깊다. 즉, 심과 비심을 포함한 심이라고 보아도 좋다. '포함한다'는 말은 달갑지 않지만 우선 그렇게 말해두자.6

'대립이 그대로 심'이라는 말은 심과 비심의 렘마적 동일성을 의미한다고 볼 수 있다. 스즈키는 그것을 '심과 비심을 포함한 심'이라고 말하면서도 '포함한다'는 표현을 불만스럽게 생각하듯이 렘마의 논리를 말하는 야마우치 역시 배중률적 '중'을 긍정과 부정을 '포월包越'한다는 다소 만족스럽지 못한 표현을 임시로 쓰고 있다. 즉, 심과 비심은 한쪽이 다른 한쪽으로 이동하는 변증법적 지양의 과정도, 양자를 제삼의 무언가에 의해서 '포함하는' 관계도 아니다. 즉비의 논리의 자리는 바로 여기에 있다.

'스즈키 선학禪學의 비밀'이라고까지 부를 수 있는 이 즉비의 논리는 그러나 단순한 논리가 아니라—즉, 추상적인 형식이 아니라— "사상 내

---

6 『選集』 4/151.

용 그 자체의 운동 중에서 그 논리성이 드러나지 않으면 안 된다." 논리는 앞에서 말한 대로 실재 자체의 작용(用)이 아니어서는 안 되기 때문이다. 이러한 한에서 "논리는 내용의 생명이고 그 운동의 눈이다. 즉, 사상적 내용의 자각 형태"인 것이다. 이처럼 즉비의 논리는 스즈키 다이세츠가 제창한 선의 논리로서 그것은 형식 논리를 뛰어넘은 '영성적 자각의 논리'이고 '생사의 문제'가 걸린 논리라고 하겠다.

> 반야의 논리는 영성의 논리이기 때문에 그것을 확인하기 위해서는 횡초橫超의 경험이 있어야만 한다. 선은 이 논리를 논리의 형식으로 다루지 않으며 바로 거기에 선의 특수성이 있다. 즉, 생사의 문제 등에 대해서는 이렇게 말한다. '그대가 그렇게 피하고자 하는 생사의 문제는 어디에 있는가? 떠나고 싶다는 결박은 어디에 있는가? 누가 그대를 결박하였는가?' … 이렇게 역습해 오는 것이 선 논리의 특성이다.7

'긍정도 부정도 아니다', 즉 '긍정이기도하고 부정이기도 하다'는 입장의 렘마의 논리에 대한 대승불교적 전개로서의 즉비의 논리는 배중률에 대한 부정 극복으로서, 그것은 종교적 실존의 신앙지, 즉 주체적 직관의 내용을 표현하는 논리이지 형식적 대상적 논리는 아니다. 다시 말해서 초월자와 실존의 관계는 부정을 통한 긍정이라는 점에서 그리고 신앙의 내용은 직접적으로 전달하는 것이 불가능한 객관적 지식이 아니라는 점에서 동일률에 근거한 존재의 논리로는 충분히 표현할 수 없는 것이다. 이러한 배중률의 부정 극복은 기독교 신학 내에서도 '무지

---

7 『選集』 4/18.

의 지'라든지 '대립의 일치'를 말하는 쿠자누스와 같은 신비주의—비록 이들은 기독교 내에서 언제나 방계의 자리에 머물렀지만—에서도 찾아볼 수 있다.

즉비의 논리가 영성적 자각의 논리 또는 '실존의 자각의 논리'인 이유는 그것이 자기가 자기 부정에 있어서 자기를 긍정하는 사실을 말하기 때문이다. 즉, 자기 중에서 자기를 부정·초월하는 작용 자체가 자기라는 말이다. 자기는 비자기로서의 자기이고, 이 경우 렘마의 논리가 말하듯이 비자기는 자기의 근거가 되는 것이다. 그러나 자기와 비자기의 대립 극복을 말한다고 해서 이것이 기독교적인 초월의 논리—예를 들어서 키르케고르 등에서 볼 수 있는 실존변증법—와 동일한 것은 아니다. 즉, 거기에는 초월과 자기의 관계에 있어서 결정적인 차이가 있기 때문이다. 키르케고르의 경우 초월과 자기는 절대적 대립이고, 실존의 사실에 있어서 이것이 역설적으로 현성하지만, 그렇다고 초월자의 초월성이 폐기되는 것은 아니다. 또한 바로 그렇기 때문에 키르케고르의 경우 이 관계가 '역설'로서 성립하는 것이다. 그러나 즉비의 논리의 경우 이러한 자기 밖의 초월이란 존재치 않는다.

그렇다면 과연 실존적 자각의 논리로서의 즉비의 논리란 무엇인가? 스즈키 자신의 공식화대로 "A는 A이다. 왜냐하면 A는 A가 아니기 때문이다"라고 표현되는 즉비의 논리가 말하는 실재 이해의 요체는 어디에 있는 것인가?

모든 논리는 'A는 A이다'라는 동일률에 근거한다. 이런 점에서 보면 스즈키의 즉비의 논리는 '즉비적 자동율'이라고 할 수 있는 독특한 동일률에 대한 자각이다. "A와 非A, 즉 긍정(卽)과 부정(非)이 그대로 자기 동일이다. 이것이 즉비의 논리에 있어서 'A는 A이다'라는 독자적인 자동률의 존재 방식 — 즉비적 자기동일이라는 것이다." 이러한 '즉비적 자기동일성'에 대한 이해 방식은 스즈키가 프라쥬나[prajuna]를 다음과 같이 설명하는 데에서 근거를 찾을 수 있다.

프라쥬나는 스스로 안으로 향하고 자기 자신을 볼 수 있는 눈이다. 왜 냐하면 그것은 동일률 그 자체이기 때문이다. 주체와 객체가 동일하게 될 수 있는 것은 프라쥬나에 의한, 더욱이 그것은 여하한 종류의 매개 도 없이 이루어지기 때문이다. … 프라쥬나는 동일률 그 자체인 이상 주체로부터 객체로의 이전은 필요치 않다. 그 때문에 그것은 긍정하는 가 생각하면 부정한다. 또 "A는 A가 아니다. 그러므로 A는 A이다"라고 선언한다. 이것이 프라쥬나 직관의 '논리'이다. '미분화의 계속체'는 이 렇게 이해되지 않으면 안 된다.

그러므로 반야 사상을 지탱하는 논리는 'A는 A이다'라는 것의 근저에 있는 'A는 非A이다'라는 것이 존재한다는 자각이다. 'A는 A이다'와 'A는 A가 아니다'가 바로 A의 자기동일성을 이루기 때문이다. 이런 이 유에서 즉비의 논리는 "반야 사상이라는 특수한 사상 내용에 즉하면서 그것을 초월하는 논리", 즉 스스로를 뛰어넘는 역동적 논리이다.

만일 '즉'의 체험이 '즉비'의 체험으로 철저화되지 않는다면 그것은 즉조차 실체화되고 절대화되어버릴 위험에 빠지게 되는 것이다. 이런 의미에서 '즉심즉불'은 '비심비불'과 동근원적으로 자각되지 않으면 안 되고, 불은 비불非佛, 즉 마魔의 경계와 동시에 발음되지 않으면 안 되는 것이다.

그러므로 이들의 근저에는 '견상비상見相非相'이라는 주체적 견성의 체험이 있고, 거기에 우선 이러한 보는 자(실존)로서의 주체(동양적 개체)가 확립되지 않으면 안 된다. "반야는 이 '견'의 객관적 철학화로서의 지이고, 선은 그 종교적 생활로서의 행이다." 이러한 지적은 스즈키의 다음과 같은 말에 대한 해석이라고 보아 무방할 것이다.

> 이 사람은 행위의 주체이고 영성적 직각의 주인공이다. ⋯ 절대무의 장소에 생각이 매이지 않고서 작용을 내는 기機를 볼 수 있는 것이다. 거기에 사람이 있다. 무소주는 절대무이고 이생기심이라는 것이 행위의 주체, 즉 사람이다.[8]

그런데 절대무는 로고스적 입장의 결론이며, 동시에 객관적 이법의 세계가 극한까지 사유되어 도달된 절대적 일一마저도 부정되어서 전환되는 바에 현성한다. 그리고 비로소 "거기에 사람이 있다." 이러한 일이 가능한 것은 절대 진리는 무상이고, 무체無體이기 때문인 것이다. 따라서 니시다니의 아래의 말은 위의 스즈키의 주장에 대한 부연 설명이라고 볼 수 있겠다.

> 절대일로부터 절대무로의 전환은 이법 세계가 지닌 객관성의 흔적을 어딘가 남긴 듯한 '절대'의 입장이 자기의 주체성 바로 그 자리에서 주체성 그 자체의 근저적인 열림으로 전환되는 것이다. 절대무는 자기가 자기 자신을 부정하는 극한에서의 탈자脱自의 장이면서, 더욱이 자각에 있어서 근저적인 열림이다. 이런 의미에서 절대무는 그 자신 자각지自

---

8 『選集』 4/37.

覺知의 성격을 갖는다. 대지大智라든가 반야지라고 말해지는 지의 의미를 갖는다. 탈자에 있어서 전적으로 부정을 받아들인 자기는 절대무에 있어서 다시금 자기 자신을 돌려받는다. 그런 의미에서는 자기가 죽어서 새롭게 된다고도 할 수 있다. 이른바 반야바라밀에 있어서 각체覺體로서의 자기이다. 절대무는 그러한 각체로서의 자기 자신 그 자체, 자기 자신의 당체當體로서 노정되는 것이다.

위의 스즈키의 말속에는 실로 즉비의 논리의 요체가 함축적으로 드러나 있다. 즉, 거기에는 궁극적 존재로서의 '절대무'와 그 절대무에 대해서 '생각'하는 '사람'과 절대무의 장소에 '매이지 않는' 존재 방식이 언급되어 있는 것이다. 그러므로 자기 스스로를 부정하는 논리, 다시 말해서 논리 자신의 체로서의 로고스 구조를 흐트러뜨리고 해체하는 논리, 그것은 "마땅히 어느 곳에도 머무르지 않으면서도 마음을 낸다"(應無所住而生其心, 『금강경』)라고 표현된다. 스즈키는 이것이 "실로 동양적 종교 영성이라고도 해야 할 근본적인 의의를 구성하고 있는 것"이라고 말하였다. 그는 "반야의 즉비논리가 영성적 직각의 지성면을 꿰뚫어 말한다고 한다면, '무소주'는 그 행위 면을 바로 언급한 것이다. 양방 면이 서로 도와서 영성적 생활의 완벽이 기대된다"9고 말함으로써 즉비의 논리와 '무소주'는 중생의 진실된 존재 방식과 그 장소, 즉 진불의 존재 장소를 설하려는 『금강경』의 두 축이라고 본 것이다.

즉, 철학적으로는 '진공무상眞空無相'의 반야 사상을 말한 것이고, 종교행적으로는 '무소주행無所住行'이라는 선적 실행을 가르친 것이다. 진

---

9 『選集』 4/34.

공무상이라는 무/존재론이 무소주행의 실천을 가능하게 한다는 말이다. 무주無住라는 실천과 그것을 지지하는 무상無相이라는 교리가 『금강경』의 양대 주장인 것이다. 이런 점에서 렘마의 논리는 철저히 수행의 논리이다.

아키즈키 료민에 의하면 『금강경』의 핵심은 "(아뇩다라삼먁삼보리의 마음을 낸 이는) 어떻게 머물러야 하는가?"(應云何住, 제2장)라는 물음으로 집약된다. 그것은 동시에 진불眞佛의 존재 자리에 대한 물음인 동시에 우리가 어떠한 장소에 서야 하는가라는 물음이기도 하다. 그러므로 우리의 문제는 이 실존(장소적 개체)이 머무는(住) '장소'를 논리적으로 밝히는 일이다.

'무주'에 대해서 『금강경』은 "모든 중생을 구도하였으나 실은 그 누구도 구도한 일이 없다. 왜냐하면 중생에게는 상이 없기非相 때문이다"라고 말한다. 그래서 "보살은 응당 법에 머무르는 바 없이 보시를 행한다"(菩薩 於法 應無所住 行於布施, 41). 이것은 동시에 육바라밀 모두에 해당되는 말이기도 하다. 보시하는 자도, 보시받는 자도, 보시도 모두 공이라고 말하는 '삼륜청정三輪淸淨'은 바로 이러한 사실을 말하고 있다.

이와 같이 한량없고, 헤일 수 없고, 끝없는 중생들을 제도하였으나, 실은 중생으로서 멸도滅度를 얻은 자가 없느니라. 무슨 까닭인가? 수보리야, 만약 보살이 아상我相, 인상人相, 중생상衆生相, 수자상壽者相이 있다고 한다면 곧 보살이 아니기 때문이다.

부처님께서 수보리에게 이르시었다. "만약 선남자, 선여인이 아뇩다라삼먁삼보리심을 발하였다면 마땅히 이와 같은 마음이 나리라. 내가 응당 일체중생을 멸도할 것이나, 일체중생을 멸도하고 난 후에는, 실은 한 중생도 멸도된 자가 없게 하리라. 왜냐하면 수보리여, 만약 보살이 아상, 인상, 중생상, 수자상을 가지면 곧 보살이 아니기 때문이라."

그러므로 "여래는 '일체제상이 곧 상이 아니요, 또 일체중생이 곧 중생이 아니다'라고 설하셨도다"(如來說 一切諸相是非相 一切衆生卽非衆生)에서 드러나듯이 모든 상은 상이 아니므로 그 상에 머물러서는 안 된다. 진공무상은 그러므로 무주행無住行으로 연결된다. 무상을 대지大智라고 한다면 무주는 대용大用이다. 그리고 앞에서 스즈키가 말한 바대로 "금강경이 금강경이 되는 것은 이 무주無住에 있다." 바로 여기에 『금강경』이 선종의 소의경전所依經典이 되는 까닭이 있다.

주住란 사물에 마음을 멈추어서 집착한다는 의미로서 정체, 고립, 사로잡힘, 무애자재하지 못함 등의 의미이다. 그러므로 무주란 집착심이 없음을 뜻한다.

'응무소주이생기심'은 경계境에 따르고 연緣에 따르는 자유자재의 경지이다. 이것은 결코 사물에 대해서 머물지 않는다. 절대 주체의 길이다. 이것은 절대 수동에 의한 것이고 절대 능동적으로 '도달하는 곳에서 주가 되는 것'(동양적 개체)의 절대 자유의 행위이다. 이것을 묘행무주라고 한다. … 이것은 일체의 하중을 버린 무공덕無功德의 무심행無心行이다.

『금강경』은 '응운하주應云何住'라는 물음에 대해서 '응여시주應如是住'라고 답하고 있다. 또한 '운하항기심云何降其心'에 대해서도 '응여시발심應如是發心'이라고 답한다. 이때 '여시如是'는 다름 아니라 응무소주이생기심應無

所住而生其心, 즉 무주無住를 가리킨다. 그렇다면 문제는 이제 과연 어떻게 무주일 수 있는가에 달려있다. 이것이 『금강경』의 운하수행云何修行이라는 물음이기도 한 것이다.

『금강경』은 이에 대해서 "무릇 모든 상이 다 허망한 것이니라. 만약 모든 상이 상 아님을 보면 곧 여래를 보는 것이니라"(若見諸相非相 卽見如來, 45)라고 답한다. 그러므로 야마우치가 앞에서 말한 대로 '상비상'의 근저에는 '모든 상이 다 허망한 것'이라는 '무상'의 종교적 자각이 있지 않으면 안 되는 것이다. 그리고 이 무상이야말로 즉비의 논리의 근본이다.

그렇다면 문제는 왜 보살은 상을 비상으로 보는가 하는 물음으로 요약된다. 이것을 세 가지 단계로 나누어서 살펴보면 ① 상비상相非相(實相般若), ② 견見(觀照般若), ③ 보살菩薩(大悲般若)로 나누어진다. 그리고 이것은 즉비의 논리가 밝히는 세 가지 포인트를 의미한다. 즉, ① 비/존재의 논리로서의 즉비의 논리, ② 자각의 논리로서의 즉비의 논리, ③ 장소적 논리로서 즉비의 논리가 그것이다. 스즈키는 육조혜능의 선은 "무념으로 종을 삼고, 무상으로 체를 삼으며, 무주를 본으로 한다"(立無念爲宗 無相爲體 無住爲本)는 사실을 강조하고 있는데[10] 혜능선의 세 기둥으로서의 무념, 무상, 무주가 바로 『금강경』이 주창하는 즉비의 논리의 세 가지 포인트에 일치하기 때문이다.

여기에서 우리는 금강경을 소의경전으로 한다고 할 수 있는 혜능선의 요체를 파악한 셈인 동시에 금강경의 핵심인 '응무소주이생기심'이 해석될 수 있는 방향을 획득한 셈이다. 금강경이 주창하는 무상의 상이란 상비상을, 무념의 념은 보살을 그리고 무주의 주는 보살의 존재 방식

---

10 『選集』 4/25.

을 가리키고 있는 것이다.

3. 무념무상무주無相無念無住

그러면 이제 『금강경』의 즉비의 논리의 세 기둥이 되는 무상, 무념, 무주에 대해서 살펴보기로 하자.

(1) 비상이란 법신法身의 의미이다. 색신色身의 상을 가지고 보는 것이 허망인 것처럼 단순히 법신의 상을 가지고 여래를 보는 것도 또한 허망이다. 그러므로 상비상의 견지에서 보라고 『금강경』은 말하는 것이다. 그런데 이때 상비상은 '한숨에' 말해지지 않으면 안 되는 동시성을 지닌다. 그러므로 상비상은 사실 상/비상으로 쓰이지 않으면 안 된다. 이때 '/'는 쓰이지만 읽히지는 않는 것, 즉卽의 의미이다. 그러므로 상과 비상이 둘이 있는 것이 아니고 상과 비상은 상즉한다. 즉비의 자리에서 참된 실재의 진상이 있으므로 진공무상眞空無相은 진공묘유眞空妙有와 상즉相卽하는 것이다. 'A 즉비 A'란 무상 즉 묘유, 본체 즉 현상의 실상반야이고, 이사무애의 경계인 것이다.

그러므로 선은 신비주의와는 거리가 멀다. 선은 근원적 일一에 대한 대상적 집착으로부터의 해방을 의미하기 때문이다. 그것은 실상반야의 일상성으로 구체화된다.

> 단적으로 말한다면 '신비'가 되는 것은 동양적인 사고방식에는 없는 것
> 이다. 무엇보다도 당당히 드러나 있으며 적나라한 것이다. 또는 이것을
> 평상저平常底라고도 한다. 잠자고 일어나고 먹고 죽는 것이라는 것이
> 다.[11]

(2) 그러나 이러한 'A 즉비 A'는 대상논리적으로 이해되어서는 안 된다. 그것은 'A 즉비 A'라고 보는 주체의 논리가 아니어서는 안 되기 때문이다. 이런 점에서 이것은 정토계에서 말하는 횡초의 체험이고, 선자의 돈오의 체험이다. 이러므로 우리는 자각의 논리로서의 즉비의 논리의 두 번째 의미를 말할 수 있다. 즉비의 논리는 실존의 초월의 논리이고, 자각의 논리이기 때문이다. 하지만 실상반야와 관조반야가 둘이 있는 것이 아니고 편의상 둘로 나누어 본 것이다.

> 영성적 직각은 능소能所가 없는 인식, 스스로 안다고 해도 자지저自知底가 없는 자지이다. 이 자지에는 보통 분별식상에서 말한다면 '자'가 있다. 그 '자' 중에 자가 되지 못할 것을 나누어서, 즉 하나인 자를 둘로 나누어서 자自가 비자非自를 본다는 의미가 있다. 하나가 둘로 나누어져서 그리고서 그 둘 사이에 본다든가 인다든가 하는 한 영성적 직각으로부터 멀어지게 되는 것이다. 하나가 그대로 봄이고 앎인 바에 직각이 성립한다. 때문에 알려진 것, 보여진 것의 밖에 아는 것, 보는 것은 없다. 그것과 동시에 보는 것, 아는 것 밖에 알려진 것, 보인 것이 없는 것이다. 이것이 능소를 끊는다는 의의이다. 분별 의식 위에서는 능지와 소지, 능견과 소견의 둘이 없어서는 안 된다. 영성적 직각의 경우는 분별 의식에서는 비판 불가능하다.[12]

이러한 영성적 직각으로서의 즉비의 논리는 물음의 자리에서 대답을 찾으며 대답은 또 하나의 물음으로만 가능함을 보여준다.

---

11 『選集』11/25.
12 『選集』4/42-43.

스님은 "여하반야바라밀如何般若波羅蜜"라고 묻는다. 조주는 대답한다. "반야바라밀般若波羅蜜" 묻는 자리와 대답의 자리가 전적으로 동일하다. 선에서는 대답은 묻는 자리에 있고 물음은 대답의 자리에 있어서 물음과 대답 사이에 논리적 관계를 인정하지 않는다. 물음 그 자체가 대답이고 대답 자체가 물음이 되는 것이다. … 여기에는 손을 쓸 수도 없고 손가락 하나 들어갈 틈도 없다. 그러나 내면적 직관의 당체는 (별도로 실재의 체라는 것은 아니지만) 모든 선험적 원리가 살아있는 자리이기 때문에 '도불득저道不得底'의 소식은 논리적으로 아무리 순환해도 방법이 없다.[13]

우리는 이러한 사실을 다음과 같이 정리할 수 있다. 자기에 대해 묻는 자기와 물어지는 자기의 동일성은 단순한 악순환을 의미하는 것이 아니라, 그 물음의 자리 자체에서 물음과 대답의 연속성과 불연속성을 동시에 포괄하는 자기라는 장이 스스로 비롯된다. 즉비적 논리의 형식을 빌리면 이것은 "자기즉비자기시명자기自己卽非自己是名自己"라고 쓸 수 있다. 감성적이고 지성적 존재로서의 자기가 영성적이고 법신적 자기로서의 진인저의 무아인 비자기이며, 이것이 근본에 있어서는 무아적 자기로서 현성하는 자기인 것이다. 스즈키는 이것을 선 특유의 내면적 연속성의 논리라고 표현한다. 다시 말해서 방금 말했던 세 가지 자기는 모두 자기 내의 연속성과 불연속성을 동시에 드러낸다는 말이다.

논리의 입장과 선의 입장의 근본적 차이는 전자의 절단적 공간적 시각

---

13 『選集』 9/12-13.

을 주로 하는 데 반해서 선은 연속적 시각, 내면적 시각을 한다는 데에 있다.[14]

즉비의 논리는 주체적 실존의 초월의 논리, 따라서 자각의 논리이며 동양적 개체가 성립하는 장소의 논리이기 때문에 이번에 즉비의 논리는 견見의 장소에 대한 자각으로 이어진다. 이 장소는 종교적 실존과 그가 추구하는 진리 모두가 커다란 죽음을 경험하는 장이다. "대사일번절후소생大死一番絶後蘇生"의 소식이 이것을 말해준다. 선은 이처럼 단순히 휴머니즘이 아니라 '죽는 공부'이고, 죽음과의 조우이다. 그것은 '부정 즉 긍정의 고차의 휴머니즘'인 것이다.

선은 구라파적 의미에서의 근대적 자율이 아니라 그 자율적 이성에 또 한 번 절망하고서 도달되는 '깨달은 사람', 곧 '후근대적 인간상'을 지향한다. '깨달은 사람'이란 자기의 존재에 대해서 절대적 타자인 죽음을 배제하지 않고 자신 안으로 끌어들여서 그것을 뛰어넘는 존재를 가리킨다.

(3) 그렇다면 이러한 죽음의 장소는 어디인가? 그것은 절대 자유의 경지이다.

대비반야란 무엇인가? 깨달은 자는 단적으로 '여如'를 보고 스스로 또 '여'로서 현성한다. 거기에서는 실상반야(보이는 것)와 관조반야(보는 자)는 완전히 하나가 되어 있어서, 그것은 양경반조兩鏡返照해도 중심 영상이 없으며, 그 무엇에도 집착해서 머물지 않으며… 자유무애의 경

---

14 『選集』 9/15.

지이다. 차별과 평등이 원융하고, 이미 무엇에도 집착하지 않고 무엇에도 사로잡히지 않는 경지, 이것이야말로 '상비상'의 반야의 진체를 꿰뚫어 본 보살이 서 있는 장소(住處)이다. 즉 『금강경』은 우리에게 이 '무주'의 장소에 설 것을 가르치는 것이다.

깨달은 자는 단적으로 '여'를 보기 때문에 그 역시 여가 되지 않으면 안 된다. 무주는 "현성저現成底 그대로이다. 주저하는 것도 아무것도 없다"라고 말한다.[15] 그러므로 무주의 주체 역시 여, 즉 무이다. 이런 의미에서 무를 깨달은 사람이 비로서 무주를 실천한다기보다는 무주란 무의 자기 실행, 무가 스스로의 자리에 머무는 것이라고 파악하는 편이 좋겠다. 무의 머무름이란 그 어디에도 머무르지 않음이고 동시에 도처가 무의 장소가 됨을 의미하기 때문이다. 중中은 도처에 있다. 무는 그 어디서 벗어날 필요가 없고 또 그 어디에 들어갈 필요도 없이 그대로 무이다. 무의 장소는 무 자체이기 때문이다.

여기에서 무주의 본은 무주라고 한다면 무의 본은 무가 된다. 이것은 아무리 반복해도 마찬가지이다. 이것이 절대무이다. 유무의 무가 아니다. 또 유무의 밖에 있는 무인 것도 아니다. 유무 바로 그것이 무이다. 여기에 영성적 자각이 있다.[16]

바로 이때 대상에 집착하지 않는 자유로운 사랑이 가능해진다. 그것이 대비大悲이다. 대비는 그러므로 인위적인 수여 행위가 아니라 실상반

---

15 『選集』 4/25.
16 『選集』 4/27.

야의 대용大用인 것이다. 그래서 "'대비'는 단순히 보살 개개인의 것이 아니라 역한정적으로 이러한 보살을 불러일으키며, 역사적 현실의 '근원'으로서의 역사적 생명 그 자체의, 역사 형성의 논리라고 생각한다. … 깨달은 자의 '반야'는 이 세계의 근원적 일자, 즉 '즉비적 자기동일자' 그 자체의 자각인 것이다."

스즈키는 이러한 즉비적 자기동일자의 인식은 횡초, 즉 돈오頓悟에 의해서 가능하다고 본다. 돈오가 깨달음의 순간성을 의미하는 것이 아니라 깨달음과 깨닫지 못함의 경계의 해체를 의미한다면 스즈키의 즉비 논리의 본질을 꿰뚫어 보게 될 것이다. 그것은 성과 속, 자와 타, 안과 밖의 경계의 해체에 대한 자각이다. '번뇌 즉 보리'이고 '생사 즉 열반'이다. 편계소집성遍計所執性과 원성실성圓成實性이 바로 의타기성依他起性으로 매개된다는 '전환의 논리', 다시 말해서 "절대로 비연속적이어야 할 번뇌가 그대로 열반이나 구제의 종자가 된다는 전환의 논리는 궁극적으로 연기 내지 의타기가 기초가 되어서 생각된다"는 자각이 다름 아닌 돈오이고, 나아가서는 이 전환적 구조에 있어서만 비로서 '회향回向'이 가능하다면 돈오의 가능성 역시 즉비적 현실 구조 자체에 근거한 것이다. 그러므로 돈오는 새삼스레 얻는 것도 아니고 또 얻을 수 없는 것도 아닌 '존재 그대로'의 입장이 아닐 수 없다. 이런 점에서 돈오란 번뇌와 열반, 생과 사 사이의 경계의 해체로서의 경계 넘기다. 이와 연관된 그의 말을 몇군데 인용해 보자.

유한한 일이 그대로 무한의 전체라는 바에 주의하지 않으면 안 된다. 유한인 한 우리는 어느 방향으로도 묶여있을 뿐이다. 무애의 일도一道 위에 날아가지 않으면 안 된다. '무한의 전체'라고 하지만 이 전체가 되는 것이 또 하나하나 한정된 것이듯이 일로서 유한의 하나하나의 밖에 있는 것처럼 생각한다면 그것은 또 한정된 것이 되고 유한의 하나하나에 대립하게 된다. 이 대립을 횡초橫超하지 않으면 안 된다. 수초竪超가 아니라 횡초이다. 이것이 비연속의 연속이다.[17]

이 횡초라든가 격절이라는 것이 수초가 아니라 횡초임을 잊어서는 안 된다. 그래서 이 횡이라는 것은 옆으로 날아 나간다는 의미가 아니라 그중에 뛰어 들어간다는 의미임을 잊어서는 안 되는 것이다. … 횡으로 나가는 것뿐만 아니라 그 모로감이 바로 본래의 길로 향해서 돌아가는 것이다. … 원래의 범부, 이대로의 자기가 되는 것이다.[18]

이처럼 보살의 자비는 세상을 벗어나는 것이 아니라 세상 안으로 '뛰어 들어가는 것'이며, 바로 거기에서 보살은 자유로운 사랑을 한다. 이와 같은 자유로운 사랑이 보살의 무집착적 자비이다.

---

17 『選集』 11/93.
18 『選集』 11/97.

일본적 영성 日本的靈性

2023년 3월 27일 처음 펴냄

지은이   스즈키 다이세츠
옮긴이   박연주 김윤석
감수자   김승철
펴낸이   김영호
펴낸곳   도서출판 동연
등록   제1-1383호(1992.6. 12)
주소   서울시 마포구 월드컵로 163-3
전화   (02)335-2630
전송   (02)335-2640
이메일   yh4321@gmail.com
인스타그램 https://www.instagram.com/dongyeon_press

ISBN 978-89-6447-877-6 94100
ISBN 978-89-6447-876-9 (난잔종교문화연구소 연구총서)